锦绣中华大地,是中华民族赖以生存和发展的家园,孕育了中华民族5000多年的灿烂文明,造就了中华民族天人合一的崇高追求。

——习近平

品读中国

风物与人文

全国哲学社会科学工作办公室 编

中华书局 | 科学出版社

目录

前言　何以中国　　　　　　　　　　　　　葛剑雄　　i

自然编

01 孕育中华民族的自然环境　　　　　王守春　003
　　好山好水好地方：多样而优越的自然环境　　004
　　孕育中华文明的全新世气候最温暖时期　　　008
　　得天独厚的地貌环境　　　　　　　　　　　012
　　气候变化促进民族与文化融合　　　　　　　016

02 黄河与中华文明　　　　　　　　　侯甬坚　021
　　石质农具凿开沉睡的黄土地　　　　　　　　023
　　黄河文明向四周其他地区的辐射和影响　　　030
　　黄河气韵关联民族的精神气质　　　　　　　035

03 长江：稻作文明与鱼米之乡　　　　傅才武　045
　　世界稻作文明的发源地　　　　　　　　　　047
　　稻作文明形塑了中华文化的空间形态　　　　049
　　长江稻作文化与黄河粟（麦）作文化的差异与互补　054

04 华夏文明中的山脉　　　　　　　　唐晓峰　063
　　山脉与历史　　　　　　　　　　　　　　　064
　　五岳：高山神圣性的代表　　　　　　　　　069

05 秦岭—淮河线：中国的"南与北"   王社教   079
    南北地理分界线的确立   080
    中华文明发展的轴心地带   085
    交流融汇，和合南北   087

06 "胡焕庸线"：中国的"东与西"   秦大河   093
    什么是"胡焕庸线"？   094
    "胡焕庸线"能否突破？   097
    如何破解"胡焕庸线"难题？   099

人文编

07 天地之中：中国古代都城的选址与布局   李令福   105
    西安与北京：中国古代都城的最佳选址   106
    中轴对称：中国古都城市布局的基本追求   109
    天地之中：中国古代都城营建的基本理念   119

08 长安叙事：大一统王朝都城的经典与荣光
                                                         康震   125
    大一统王朝都城话语体系的内涵   126
    大一统王朝都城话语体系的演进   127
    大一统王朝都城话语体系建构的意义   135

09 体国经野：中国省制的由来   华林甫   137
    "省"的来龙去脉：中央机关地方化与历代行省划分   138
    多民族统一国家与建省模式   142
    省制演进的规律性认识   144

10 长城：中华文明的重要象征   艾冲   147
    绵延万里：古代长城的构筑、分布与其作用   148
    坚固屏障：古代长城构筑技术的发展   155
    顽强坚韧：中华民族的伟大精神   160

11 大运河：纵贯南北的大动脉   刘曙光   165
    运河与漕运的历史脉络   166
    沟通地理空间的工程杰作   169
    国家统一政权稳定的风向标   172
    城乡经济发展的大动脉   174
    社会文化交流汇融的载体   175
    历史地理标识的当代传承   178

12 都江堰：人类生态文明的杰出典范   彭邦本   181
    李冰其人与都江堰水利工程的典范意义   182
    都江堰水利工程概说   184
    都江堰留给后世的文化遗产及意义   188

13 万里通途：中国历史上的陆路交通   曹家齐   195
    通达全国的陆路交通网络的开拓   196
    中国驿传制度的形成、发展与演进   200
    陆路交通与驿传制度的重要历史作用   205

14 方言：多元一体中华文化的有声印证   游汝杰   211
    汉语方言的形成和地理分布   212
    移民方式与方言地理分布类型   215
    方言地理与人文地理   217
    地名的区域文化特征   221

15 农耕文化：乡土中国的文化本根   孙庆忠   225
    农耕文化的生态属性   226
    循环永续的传统农业   232
    农业文化遗产的保护与传承   235

16 天人合一：人与环境和谐共处的理念   韩昭庆   241
    "天人合一"中"自然之天"理念的发掘   242
    "天人合一"的思想根源   244
    从"天人合一"到万物一体   248

"天人合一"在古人生产生活实践中的具体体现 253
"天人合一"对人与自然和谐共处的启发 255

中外编

17 陆上丝绸之路与中外交流　　邢广程 等　261
古代丝绸之路的形成 262
古代丝绸之路的基本路线 265
"丝绸之路"，唯美丝绸 270
古代丝绸之路上的交流与互鉴 272
丝路精神需要发扬光大 275

18 郑和下西洋与海上丝绸之路的开拓　　万 明　277
郑和下西洋核心地理概念"西洋" 278
从海上给陆海丝绸之路画了一个圆 282
拉开早期全球化的序幕 284
郑和下西洋给我们的启发 287

19 全球化与明清以来中国经济重心的东移　倪玉平　291
"基本经济区"概念 292
从"苏松熟，天下足"到"湖广熟，天下足" 293
经济重心的东向转移 295
明清中国是全球经济的重要一环 298

何以中国

葛剑雄

　　1963年8月，在陕西省宝鸡县（今宝鸡市陈仓区）东北郊贾村出土了一件青铜器，后被命名为"何尊"。1975年，考古学家发现在何尊底部铸有一篇122字的铭文，其中有"宅兹中国"一句。何尊铸造于周成王初年，约公元前11世纪后期，距今已有三千余年，这是迄今为止发现最早的"中国"两字。

　　铭文中有这样一段话："唯武王既克大邑商，则廷告于天，曰：余其宅兹中国，自之乂民。"大意是说，周武王在攻克了商朝的王都后，举行隆重的仪式向上天报告：我已经在中国安家（建都）了，统治民众。显然，"中国"就是指周武王的王都。

　　为什么周武王的王都可以称为"中国"呢？这还得从五千多年的中华文明史说起。

"中国"的由来

5800年前，文明曙光在中华大地出现。公元前3500—前1500年在今浙江余杭良渚、山西襄汾陶寺、陕西神木石峁、河南偃师二里头等四处形成都邑性遗址，在黄河流域、长江流域、辽河流域形成其他中心性遗址。距今5100—4300年前，一些社会发展较快的地区相继出现了早期国家，跨入了文明阶段。距今4300—4100年前，长江中下游的区域文明相对衰落，中原地区持续崛起，在汇聚吸收各地先进文化因素的基础上，政治、经济、文化持续发展，为进入王朝文明奠定了基础。夏朝建立后，经过约二百年的发展，在河南偃师二里头建造了同时期全国范围内规模最大的都邑，在中原各地形成不少人口集中的聚邑。

这些都邑和聚邑，被称为"国"（國）。"國"是一个象形字，中间的"口"代表人、人群，下面的一横代表一片土地（一般认为"国"字为会意字，但笔者认为作象形字解释更合理）。由于这片土地是这群人生活和生产的基础，必须有人拿着戈守卫着。为了安全起见，周围还要建一圈墙——外面的一个大"囗"。何尊中那个"國"字的写法还没有外面这个大"囗"。这样的国当时已经很多，所以有了"万国"的说法。"万"不是一个确切的数字，而是一个形容词，万国形容国之多。相传大禹在涂山（一般认为在今安徽蚌埠禹会区淮河东岸）大会诸侯，"执玉帛者万国"。到夏朝期间，尽管国的数量不可能达到万，但肯定会比大禹时代有所增加。

商朝的统治范围和影响所及比夏朝更大，国的数量应该更多。随着国家形态的形成和强化，以及行政中心功能的完善，商王的驻地由不断迁移转变为长期稳定，成为最大、最重要的国。盘庚迁殷后的

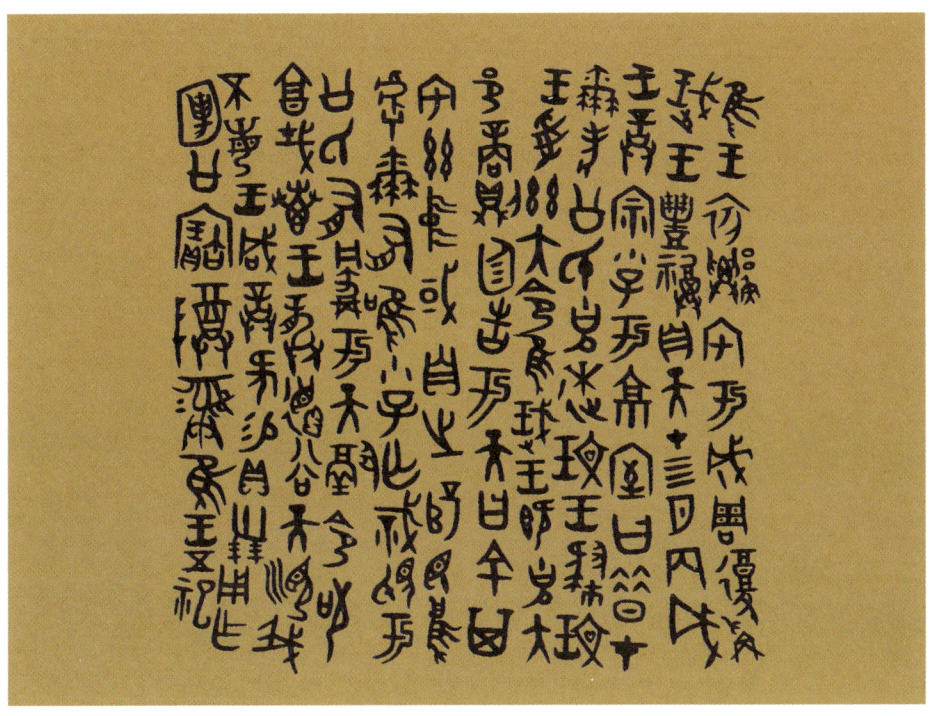

何尊铭文

二百多年间,商朝的首都一直在殷(今河南安阳殷都区)。殷虽然也是"万国"之一,但其地位与重要性已远在其他任何国之上,因而被称为"中国"。"中"本来是商人制作的一面特殊的大旗的名称,用作召集部众的标志。由于每次召集,部众都会围绕聚集在这面大旗"中"的周围,时间久了,"中"就衍生出中心、中央、最重要的含义,成了一个形容词。中国,就是万国的中心、中央,万国中最重要的一个国,也就是何尊铭文中的"大邑商"。所以周武王在攻克商朝的首都"大邑商"后,可以向上天报告,"余其宅兹中国"。不言而喻,到了周朝,周朝的首都——原来的宗周和新建的成周——就是中国,其地位高于万国,也高于所有诸侯国的都城。直到东周初,中国还是周天子所在的周朝首都的专名，诸侯国的都城只能称"都"。

进入春秋时代，周天子的权威逐渐丧失，"天下共主"的地位名存实亡。强大的诸侯在"尊王攘夷"的旗号下相互争夺兼并，对因灾祸而亡的小国不再兴灭继绝，而是直接吞并。春秋时有名有氏的国还有一千多个，到了战国时已经只剩下秦、楚、齐、燕、韩、赵、魏七国和若干个无足轻重的附庸小国。周天子的实际地位已经降到了与附庸小国相当的程度，他的首都已不如七国中稍大一点的都城。七国中的任何一国都比他拥有更大的土地、更强的实力。"中国"早已不是周天子的专属，诸侯国，特别是地处中原的诸侯国，都已将自己的都城或自己统治的国当作中国。中国还被称为"赤县神州"，或称为"神州"。到公元前221年秦始皇灭六国，实现统一，他的首都咸阳当然稳居中国的地位，而六国的首都和疆域也都成了他的统治范围，各自的"中国"概念也得以延续，所以整个秦始皇的统治区都成了中国。秦始皇二十八年（前219）的琅邪台刻石中称："六合之内，皇帝之土，西涉流沙，南尽北户，东有东海，北过大夏。"这一广阔的疆域都成了中国。

但秦朝的存在时间太短，这一"中国"概念尚未普及，在西汉前期还与传统的、狭义的"中国"概念并存。狭义的"中国"相当于中原地区，如司马迁在《史记·货殖列传》中所说"皆中国人民所喜好"，"中国人民"即是指中原的居民。一方面，"中国"就是汉朝的代名词，尤其是对外而言，如在汉宣帝议定匈奴呼韩邪单于的朝见仪式时，萧望之提出的原则是"使于中国不为叛臣"。另一方面，在汉朝内部，"中国"的定义还不一致，如对边疆新设置郡县的地区，当地民众已经认同中国，但此前已经设置郡县内的民众还不将这些地方当作中国。

汉朝疆域内一些尚未设置郡县的区域和非华夏的部族聚居区，也往往被认为不属于中国。

此后建立的中原王朝，自东汉、晋、隋、唐、宋、元、明、清，无不以中国自称，无不以中国为本朝国号的代名词。无论朝代如何更迭，皇帝如何易姓，中国的名称始终延续，从未间断。在分裂时期，分裂的双方或各方，只要有统一的愿望，或者为了取得合法性，都会以中国自居，而不承认对方为中国。但当统一恢复，双方或多方都成了下一朝修正史的对象，即都被承认为中国。非华夏族一旦建立政权，统治了华夏，或者入主中原，或者统一了全国，也必定会以中国自居，如西晋、十六国时期匈奴建的汉、前赵、夏、北凉，巴氏建的成汉，羯人建的后赵，慕容鲜卑建的前燕、后燕、西燕、南燕，氐人建的前秦、西凉，羌人建的后秦，乞伏鲜卑建的西秦，秃发鲜卑建的南凉；南北朝时期拓跋鲜卑建的北魏、东魏、西魏；以及后来的南诏，大长和，大理，渤海，契丹建的辽朝，党项建的西夏，女真建的金朝。就连藩属国朝鲜、越南、琉球，也要强调自己属于中国，是中国的一部分。

清乾隆二十四年（1759）平定天山南北，实现了空前的统一，疆域北至唐努乌梁海（今俄罗斯联邦图瓦共和国）、萨彦岭、额尔古纳河、外兴安岭，南至南海诸岛，西起巴尔喀什湖、帕米尔高原，东至库页岛，使中国的概念扩大到1300万平方千米的空间范围。但清朝的国号、正式名称还是大清、大清国，清朝与外国签订的条约，除《尼布楚条约》因没有中文文本（是满、俄、拉丁三种文本）而使用"中国"一词外，其他全部称"大清国"。"中国"一词也还有两种用法，有时是指清朝全部疆域，有时仅指直隶、江苏、安徽、山西、山东、河南、陕西、甘肃、浙江、江西、湖北、湖南、四川、福建、广东、广西、云南、贵州十八省，而不包括满洲（东北）、新疆、乌里雅苏台（今蒙古国大部及俄罗斯、哈萨克斯坦、中国新疆各一小部分地区）、青海、西藏等。

1912年中华民国成立，在多数场合即称中国。从此，中国成为我们国家的正式名称，其空间范围覆盖我国的全部领土。中华人民共和国成立后，中国作为国号和国名的概念和涵义延续至今。

中华民族的形成

五千多年来，中华民族就是在这片土地上形成、发展成为今天以汉族为主体的56个民族的大家庭。

五千多年前散居各地的部落，在生存发展的过程中逐渐结成部落联盟，以迁移来规避和抗拒天灾人祸。经过无数次的试错，其中一支较大的部落联盟迁入在当时最适宜的生存环境——黄河中下游地区。经过在夏朝数百年的聚居，形成了部族集合体——夏人。由于聚居区域还比较分散，部族间的交往也不可能频繁，他们并没有完全融合为一个种族，因而被称为诸夏。

商人来自诸夏聚居区之外，尽管他们在军事上征服了夏人，并建立了商朝，但始终无法改变诸夏在人口数量上和文化上的优势。商朝时期，尽管主流文化已经是夏、商文化融合的产物，但人口的主体仍为夏人。商被灭后，残余的商人被强制迁移和监控，散处的商人成了诸夏的一部分。

周人虽是灭商的主力，但直到周朝建立，周人在总人口中还居少数。周朝分封的范围几乎都是诸夏的聚居区，被封的诸侯与他们的宗

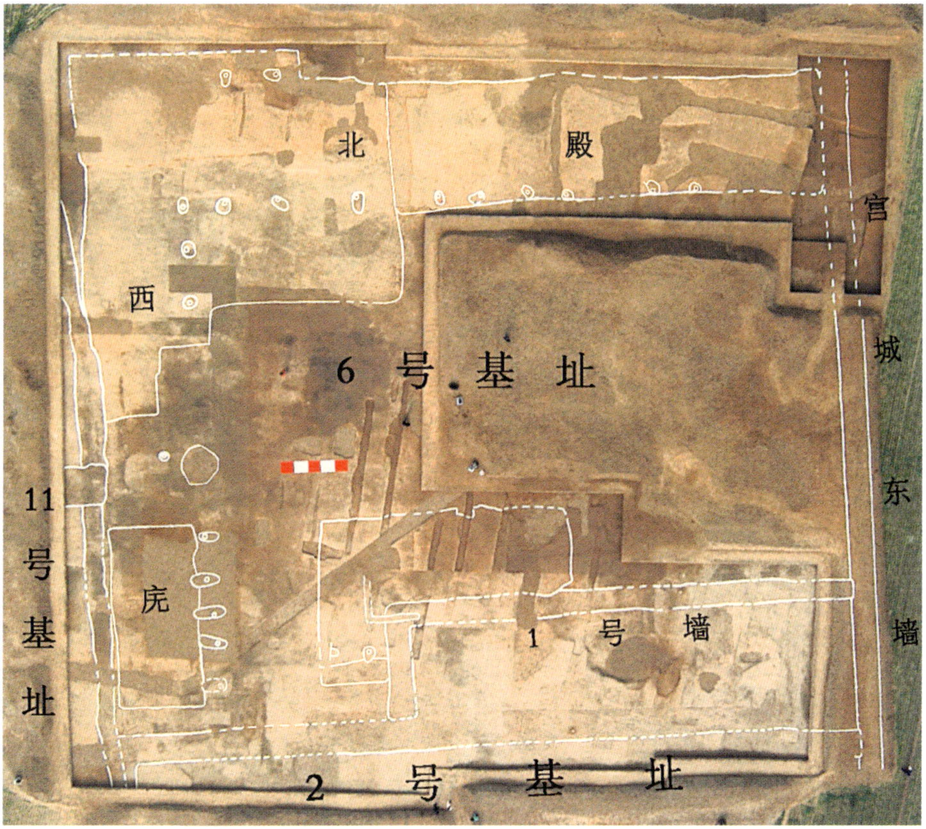

河南洛阳二里头遗址

河南洛阳二里头遗址出土器物
1. 绿松石龙形器（局部，龙首）；2. 绿松石牌饰；3. 陶盉

族、部属、军士、仆从在封邑也往往居少数。因而除了在关中周人的旧地，占人口大部分的诸侯国的民众仍为诸夏，仍以诸夏自居。到周平王东迁时，经过近三百年的融合，江淮以北诸侯国范围内的民众都已成了诸夏、夏人。

华，本义是花，引申为美丽、典雅、高尚，由赞扬夏人服饰之"华"扩展为形容夏人之"华"，如今日之称"美丽中国"。诸夏、夏人乐意接受，并逐渐以此自称为"华夏"。以后，华夏亦被简称为"夏"或"华"。

华夏以外的部族、种族还很多，到东周时，被泛称为胡、戎、狄、夷、蛮等，并根据分布区域、方位、特征被细化为林胡、山戎、北戎、伊洛之戎、赤狄、长狄、东夷、淮夷等，或者还保留各自的名称，如彭戏氏、白翟、楼烦、屠何、东莱等。随着华夏人口的增加和农业区的扩展，一部分非华夏部族由牧业、狩猎或采集转化为农耕，并与华夏融合，一部分迁往北方。到秦始皇统一六国时，长城之内的黄河流域，基本上已没有聚居的非华夏部族。

秦汉期间，华夏人口从中原迁入河套地区、阴山南麓、长江两岸、巴蜀、岭南、辽东、朝鲜。在两汉之际、东汉末年至三国期间、西晋永嘉之乱后至南北朝后期、安史之乱至唐朝末年、靖康之乱至宋元之际，一次次大规模的人口南迁使华夏人口遍布于南方各地。在这一过程中，南方的三苗、百越（如山越、瓯越、闽越、于越、骆越等）、巴、氐、蛮、滇、僰、爨、僚、俚、僮等，大部分逐渐融入华夏，一部分退居山区或边僻地区，形成或组合为不同的少数民族。

从秦朝到明朝，一部分华夏人口主动或被动迁入匈奴、乌桓、鲜卑、朝鲜、高句丽、突厥、吐蕃、南诏、回鹘、契丹、渤海、党项、大理、蒙古、女真、满族的聚居区，在与这些民族融合的同时，传播了华夏的制度、礼仪、文化、技艺、习俗、器物等，扩大了中华文明的影响范围，促进了中华民族大家庭的逐渐形成。到了近代，成百上千万的内地移民闯关东、走西口、渡台湾、迁新疆，开发和巩固了祖国的边疆，也继续与当地的少数民族融合。

历代王朝的疆域内，特别是中原地区，一直在大量吸收境外或周边区域的非华夏移民。匈奴、东瓯、闽越、南越、乌桓、鲜卑、西域诸族、昭武九姓、突厥、粟特、吐谷浑、吐蕃、党项、高丽、新罗、百济、契丹、奚、女真、蒙古等先后迁入，这些民族的整体或大部分人口最终融合于中华民族之中。

魏晋南北朝时期，面对大量迁入的非华夏种族和已经认同华夏的非华夏人口，华夏的主体更强调自己属于"中国"的华夏，即"中华"。以后，中华与华夏并称，"华"成为中华与华夏的简称，也可以是中国的简称。

在不同的朝代，特别是历年长久的统一王朝，该朝疆域内的华夏和非华夏，均可以国号冠名相称，如汉（大汉）人、唐（大唐）人、明（大明）人、清（大清）人，并会在朝代以后长期沿用，如汉以后至南北朝都有"汉人"之称，此后往往以"汉"称华夏以区别于非华夏的"胡"。在清朝，内地十八省纳入编户的人口都称为汉人，以"满汉"象征全国人民。而"唐人"之称一直用至近代，尤其是在海外华人中。

清朝末年筹办宪政，提出"五族"的概念，即满、汉、蒙、藏、回。中华民国建立时，定五色旗为国旗，象征汉、满、蒙、藏、回五族共和。

中华人民共和国成立后，形成以汉族为主体的，包括其他55个民族的中华民族大家庭。

黄河弯道航拍

中华文明的演进过程

五千多年来，中华文明在这片土地上形成和发展。

五千多年前，在中华大地上形成了裴李岗文化、仰韶文化、良渚文化、红山文化、马家窑文化、大汶口文化、龙山文化等众多的文明雏形，考古学家形象地比喻为满天星斗。中华文明的起源和早期发展阶段，呈现出多元格局，并在长期交流互动中相互促进、取长补短、兼收并蓄，最终融汇凝聚出以二里头文化为代表的文明核心，开启了夏商周三代文明，绝不是偶然的。

首先是气候条件。据竺可桢等人的研究，当时黄河中下游地区的年平均气温要比现在高2摄氏度左右，气候温暖湿润，降水量充沛，是东亚大陆上最适宜人类生存的地方。不仅生活、生产用水得到保障，而且大多数地方的农作物不需要人工灌溉。而长江流域的气候过于湿热、降水过多，蒙古高原和东北的气候寒冷、干燥，都不利于人类的生存和文明雏形的成长。

黄河中下游地区主要是黄土高原和黄土冲积形成的平原，土壤疏松，大多属稀树草原地貌。在只有石器或简单的木制农具的情况下，这样的土地上面的植被容易清除，容易开垦成农田，并且容易耕种。其他地方茂密的原始森林，在铁制工具产生和普及之前就很难有效地清除，黏性板结或砂石过多的土壤也无法得到开垦。

黄河中下游地区的土地面积大，是当时北半球最大的宜农地，比西亚、北非的肥沃新月带的总面积还大。尤其是在小麦被引种后，可以生产出足够的粮食促使阶层分化和统治者、贵族、士人、军队、祭祀人员、巫师、史官（由巫师分化）、工匠等专业人员规模的扩大，也较快地增加了人口和劳动力。统治者控制了较多粮食，促成了"公天下"的禅让制向"家天下"的世袭制的转化。到公元初的西汉末年，在6000余万总人口中，黄河中下游地区占60%以上。

土地连成一片，中间没有完全封闭的地理障碍。这样的土地便于大面积的开垦和耕作，便于新作物，如小麦的推广，便于统治者、管理者组织生产、流通和分配，也便于人口的扩散、迁徙和重新定居。在没有机械或动力交通工具的条件下，这一区域群体内部和群体之间的交流比较容易，活动半径容易扩大，交往的次数趋于频繁，会在较大范围内形成通用的表达方式，密切人际关系。由于人流、物流的成本较低，强大的部落在联合或吞并其他部落后控制或管理的范围较大，并能形成更大的部落或部落联盟，最终发展为酋邦或早期国家，由诸夏建成夏朝。这样的环境也使地域性的神灵逐渐被大范围、普遍性的神所取代，进而形成统一的最高神——天，天下也成为已知和未知的地域范围的代名词。天和天下的概念进而催生出大一统的观念，以后的统一就是以这片土地为基础，并且不断扩大。

战国时，随着统治范围的扩大，一些诸侯国开始在新扩展的疆域内设置行政机构，划定行政区域。"先天下之忧而忧"的敏感士人已经在规划统一后的蓝图——将中国划分为九个州并确定九州的名称。为了使自己的规划能为未来的君主所采用，他们将这个宏伟的方案托名于大禹，记录于《尚书·禹贡》，九州因而又被称为"禹贡九州"。尽管九州从未成为事实，但从此成为中国的代名词，而"州"也被采用为行政区域或监察区域的通名，沿用至今。九州的具体名称，也一直被行政区域所采用，今天还是一些政区的专名。公元前221

年秦始皇普遍推行郡县制度，建立起由中央集权对全国实行分层级、分区域的统一行政管理。清朝又在牧业地区和边疆地区建立了相应的行政机构和行政区域，政区制度最终覆盖到全部疆域。两千多年来，尽管具体的层级和区域有所不同，但与中央集权制度相适应的政区制度一直没有实质性的变化。

春秋战国时的黄河流域是文化最发达的地区。儒家学说的创始人孔子是鲁国曲阜（今山东曲阜）人，他曾周游列国，晚年回到曲阜，致力于儒家典籍的整理和教学，他的众多学生主要来自鲁、卫、齐、宋等国，他的主要传承人曾子、孟子等也都生活在这一带，齐鲁地区是儒家文化的中心。战国时百家争鸣，几种主要学派的创始人和主要传播地区也集中在黄河流域。墨家的创始人墨子（墨翟），道家的创始人老子，道家学派代表人物庄子、杨朱、宋钘、尹文、田骈，儒家代表人物荀子（荀况），从道家分化出来的法家慎到、商鞅、韩非等，以及其他各家的代表人物，都不出黄河流域的范围。

秦汉时代，黄河中游已是名副其实的全国性政治中心，其影响还远及亚洲腹地。黄河下游是全国的经济中心，是最主要的农业区、手工业区和商业区，黄河流域的优势地位由于政治中心的存在而更有加强。两汉时期见于记载的各类知识分子、各种书籍、各个学派、私家教授、官方选拔的博士和孝廉等的分布，绝大多数跨黄河流域，"关东出相，关西出将"的说法反映了当时人才的分布高度集中的实际状况。

从公元589年隋朝统一至755年安史之乱爆发，黄河流域又经历了一个繁荣时期。隋唐先后在长安和洛阳建都，关中平原和伊洛平原再次成为全国的政治中心。唐朝的开疆拓土和富裕强盛还使长安的影响远及西亚、朝鲜、日本，成为当时世界上最大最繁荣的城市。

随着气候逐渐变冷，黄河流域变得越来越寒冷、干燥，黄河中游的降水量减少，但集中在每年夏秋之交。强烈的冲刷和下蚀造成黄土高原和黄河中游严重的水土流失，并因大量人口迁入产生不合理的农业开发而加剧。大量泥沙流入黄河，使这条原来被称为"河"或"大河"的河在春秋时已有了"浊河"的称号，到公元前3世纪末的西汉初就有了"黄河"的名称。在晋陕峡谷中汹涌奔流的河水挟带着巨量泥沙，在进入开阔平缓的下游河道时沉积下来，使河床不断淤高，成为高于两岸地表的"悬河"。直到20世纪末，每年流入黄河的泥沙还有16亿吨，其中4亿吨就沉积在下游河道。在河南开封一带，河床高出两岸地表8—10米，而最高河段的河床高出两岸地表20米。这高悬于地表上面的黄河水就靠两道堤坝约束，在水位突破堤坝平面或堤坝出现泄漏垮塌时就会造成决溢泛滥。由于太行山、伏牛山、大别山以东没有山岭阻隔，决溢泛滥极易引起河水改道。在世界大河中，黄河在历史上改道最频繁，幅度最大，最北可在今天津入海，最南可夺淮河入海，甚至流入长江。每次决溢改道都会造成当地民众生命财产的巨大损失，还会毁坏农田、淤塞湖沼、形成流沙，给环境留下难以消除的危害。

黄河中下游地区长期是政治中心所在，无论是内部叛乱，还是外部入侵；无论是农民起义，还是军阀混战，凡是要夺取政权，建立新朝，入主中原，都必然以中原为主要战场，以首都为最终夺取目标。在战乱中，争斗各方都会置黄河的工程维护和抗灾救灾于不顾，甚至以水代兵，造成人为的决溢改道，如北宋末年杜充曾试图决黄河阻挡金兵，造成首次黄河改道夺淮。

中原的战乱驱使本地人口外迁。由于游牧民族的入侵一般自北而南，中原政权在无法生存时也选择南迁，历史上出现过多次大规模的人口南迁。战乱和自然灾害造成的死亡、人口外迁使黄河流域受到毁灭性的破坏。如元朝之际，黄河流域的人口损失近80%，长期无法恢复。

黄河流域不可避免地衰落了。到宋代，全国的经济重心已经转移到南方；明清时南方的文化水平，无论是整体还是个人，都全面超过北方。政治中心虽然还留在黄河流域，但为保证首都和边防的粮食供应，不得不采取特别措施，付出巨大代价。

气候变冷使长江流域逐渐变得温暖湿润，四季分明，适合粮食和各种经济作物的栽种，成为宜居的乐土。铁制农具和工具的普及使更多土地得到开垦，环境得到改善，水利设施得以建设和维护。大量南迁人口不仅补充了充足的劳动力，而且带来了相对先进的文化、制度、技术、工具、器物，还包括一批天才与各方面的杰出人物。他们在长江流域多样的自然环境和丰富的景观中，创造出大量新的精神财富和物质财富。

西周时的长江下游，当地人"被发文身"。公元前2世纪的西汉初期，在中原人的眼中，"江南（主要指今江西、湖南的长江以南）卑湿，丈夫早夭"，是"饭稻羹鱼"的落后生活方式。但随着一次次人口南迁，华夏文明在南方传播扩大，4世纪中叶王羲之在今绍兴创作并书写了《兰亭序》；5世纪初谢灵运开创了山水诗；6世纪初产生了"暮春三月，江南草长，杂花生树，群莺乱飞"的名句；9世纪前期流传着白居易的"江南好"，"能不忆江南"；唐末的韦庄更演绎为"人人尽说江南好"；至迟在12世纪形成"上有天堂，下有苏杭"的民谚。

1万年前就出现在长江流域的稻作文化，在有利的气候、充足的劳力条件下逐渐形成自江淮至岭南和海南岛的稻作农业区，成为中国主要的粮食生产地。唐朝后期，首都长安已完全仰赖江淮漕运。北宋时开封的供应几乎全部来自江南。北宋末年有了"苏常熟，天下足"的说法，明朝中期它被"湖广熟，天下足"所取代，说明长江中游已成为全国商品粮的基地，而长江下游已转化为商业、手工业的发达地区。明清时，"松江（指松江府，大致即除崇明岛外的今上海市辖境）衣被天下"。明朝"苏松赋税甲天下"，苏州、松江两府的赋税收入成为朝廷重要的经济支撑。从南宋到明代，江西一直是全国的文化重镇。明清的江浙被称为人文渊薮，科举之盛甲于天下，苏州状元更居榜首。

要是中国只有黄河，中华文明的衰落不可避免。因为有了长江，自黄河流域开始出现衰象，即由长江流域补充替代，在整体上从未有过退步。一旦长江流域兴起，中华文明顿开新篇，浩荡蓬勃，一往无前。

淮河、秦岭、白龙江是中国自然地理的南北分界线，以此划分北方、南方。由于黄河流域、长江流域在开发和发展上的时间差异和程度上的差异，这条分界线正好与人文地理的分界线即经济、文化、社会、民俗等方面的分界线一致。中国历来存在南北差异，唐以前北方在经济、文化各方面都处于优势，人口占总数的大部分。但唐以后，南方在经济、文化各方面渐占优势，人口也占了总数的大部分，并保持至今。

到了近代，新的科学、文化、产业、技术、物资自海上传入，沿海渐趋发达，香港、广州、汕头、厦门、福州、温州、宁波、上海、南通、连云港、青岛、威海、烟台、天津、大连成为通商口岸、交通枢纽、大中型城市。黄河下游已不具通航功能，沿河地带未受其惠。长江则全河畅通，轮船溯江而上，自上海至镇江、南京、芜湖、安庆、九江、汉口、沙市、宜昌、万县（今重庆万州区）、重庆、宜宾，沿江城市得以跻身发达地区。中国的经济、文化由南北差异演变为东西差异。

长城的修筑与交通的拓展

战国后期，中原残存的零星牧业部族已远迁北方，在河西走廊、蒙古高原、辽河上游、大兴安岭西南形成以匈奴、东胡为主的牧业民族分布区。秦、赵、燕三国先后在自己的北部边疆筑起长城，抵御匈奴的侵扰。秦始皇在三国长城的基础上，筑成东起辽东（今朝鲜半岛西北）西至临洮（今甘肃岷县）的长城。唐朝以前各朝始终无法有效控制牧业地区，汉、北魏、北齐、北周、隋都曾在北边与牧业民族接界地区修筑长城。明朝为了防御鞑靼、瓦剌的侵扰，自洪武至万历期间，前后修筑长城18次，东起山海关，西至嘉峪关，称为"边墙"。宣化、大同二镇之南，直隶与山西界上并筑有内长城，称为"次边"，总长约6700千米。清朝统一了长城内外，长城已失去军事价值。康熙皇帝认为，蒙古就是大清的长城，下令停修长城。长城完成了它的历史使命，成为珍贵的文物和文化遗产，长城所凝聚的精神象征将与中华文明、中华民族永存。

中原王朝与牧业民族之间的交流并未因长城的存在而中断。长城上建的关隘大多处于交通路线，在双方休战阶段，在和平时期，这些关隘成为开放的口岸、人员交流和商品交易的场所，长城沿线的城市也因此而成为区域经济中心。如阳关、玉门关、敦煌成为丝绸之路上的重要节点，杀虎口是走西口的主要出发点，古北口是通往蒙古和东北的枢纽，大同成为繁荣的商业和服务业城市。

历代长城都处于中原王朝的边缘，也是当时农业区的边缘。长城的修筑固定了农业区的范围，成为当时的农牧业分界线。随着生产力的发展和人口的增加，只要有可能，农业区就会突破这条界线，向北扩展。特别是在长城废弛或长城内外统一的阶段，如在唐后期至五代，大批中原移民北迁，或被契丹掳掠，在内蒙古和辽河上游开垦出大片农田。而在19世纪60年代东北、内蒙古放垦后，经上千万移民的开发，农业区扩大至东北的松辽平原、阴山山脉以南、河套地区和鄂尔多斯高原。

中国人口的绝大部分分布在农业区，这次农业区的大规模扩展，到20世纪前期形成了东南部人口稠密地区。1935年地理学家胡焕庸划定了瑷珲—腾冲线（又称"胡焕庸线"），即在此线东南约占总面积36%的国土上所分布的人口约占总数的96%，而其西北部约占总面积64%的国土上的人口仅占总数的4%。

"周道如砥，其直如矢。"周朝已有了专门负责修筑和维护道路的机构，道路的好坏成为官员政绩和诸侯治乱的指标。春秋战国时期，中原的道路四通八达，小河上架起桥梁，大河边设立渡船，井陉、崤山的险道凿通，秦岭巴山间架设千里栈道，蜀道虽难也已通行。由于车、马是当时主要的陆路交通工具，绝大多数道路都可供车马行驶。

公元前221年秦朝的统一使原来各国间的道路连成一体，为了适应中央集权制度的需要，又修通了由首都咸阳出发连接全国大多数郡治的驰道。秦始皇巡游从咸阳出发，涉及今陕西、甘肃、河南、山东、江苏、浙江、安徽、江西、湖北、湖南，他经过的道路都按最高标准修筑维护。

西汉末年的疆域东至于海，西至巴尔喀什湖、帕米尔高原，北至阴山、辽河下游，南至今越南南部，全国的道路系统从首都长安连接各郡治。张骞第二次通西域，使汉朝境内的道路与西域的道路连接，形成丝绸之路。西域都护府管辖今新疆和相邻的中亚约200万平方千米

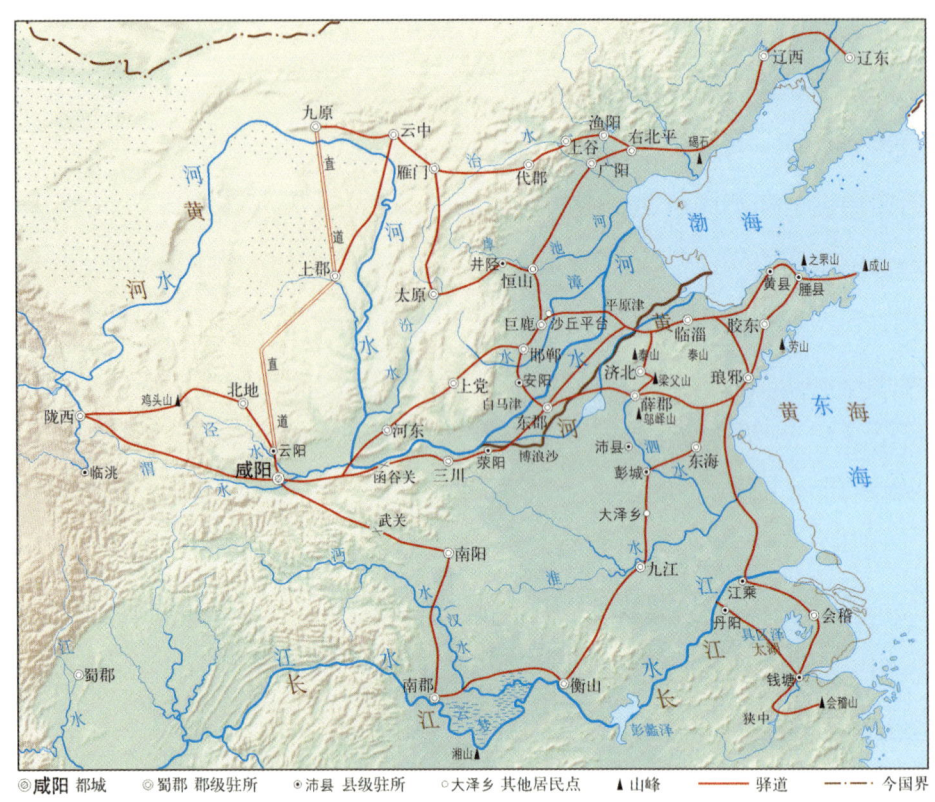

秦开辟驰道示意图

范围内的数十个政权,由首都长安和都护府治所(乌垒城,今新疆轮台县东北野云沟)至各国的道路都有精确的里程记录。唐朝时,从长安出发的道路,最北曾到达蒙古高原以北的安格拉河,最南到达今越南中部,最西到达今伊朗的阿姆河流域,最东到达朝鲜半岛南部。18世纪中叶清朝完成统一,全国的道路网北起唐努乌梁海、外兴安岭,南至海南岛南端,东起库页岛,西至巴尔喀什湖、帕米尔高原。

在遍及全国的交通运输路线中,水路占重要地位,特别是在南方的货物运输中。黄河、长江、淮河、珠江、海河水系的干流和支流,洞庭湖、鄱阳湖、太湖等湖泊，南方密集的水网，构成了畅通便捷的航道。但主要的大河都是东西流向，南北之间无法沟通。河流的上游之间大多隔着分水岭。早在公元前486年，吴国就开通邗沟，沟通长江和淮河。秦始皇令史禄在湘江和漓江上游开通灵渠，连接了长江和珠江两大水系。公元605年，隋炀帝开凿由洛阳而东穿越黄河、连通淮河的通济渠，经过整治的邗沟通达江都（今江苏扬州）。为便利军事运输，在608年开凿了由洛阳北通涿郡（治所在今北京西城区）的永济渠。610年，又重浚加宽了自京口（今江苏镇江）至余杭（今浙江杭州）的江南河。至此，自洛阳的水运东北可达涿郡，东南可达余杭。

历代中原王朝都在黄河流域建都，但在西汉建都长安时，就不得不依靠漕运从关东输入粮食，弥补关中产粮的不足。唐朝后期，长安的粮食和物资供应已经完全依靠江淮漕运，沟通江淮的运河成为朝廷的生命线。北宋定都于军事上无险可守的开封，就是为了能就近通过汴河沟通江淮，保证首都的粮食和物资的供应。到元朝定都大都（今北京），已完全离不开江南的粮食，因此修浚利用一部分隋唐以来原有运河和某些天然河道，又在山东开凿济州河、会通河，在今北京城区与通州间开凿会通河，形成一条由北京直达杭州的大运河。元、明、清三代能在北京建都，京杭大运河的开通是一个不可或缺的基本条件。没有大运河就没有那时北京的首都地位，就没有国家的统一和稳定。

这就是中国，五千多年来中华民族创造文明、缔造历史的大舞台。

这就是中国，中华民族自立自强、生生不息的家园。

这就是中国，我们美丽、光荣、伟大的祖国。

（作者系复旦大学文科资深教授、中央文史馆馆员）

自然编

01
孕育中华民族的自然环境

王守春

天佑中华。中华大地有着优越而独特的自然环境,这是大自然的恩赐。优越的自然环境为中华民族和中华文明的孕育和生生不息连续不断发展提供了得天独厚的环境条件。我国地域辽阔,自然条件不仅优越,还复杂多样。中华民族先民在这丰富多样的生存环境中,创造了多彩纷呈的灿烂文化。

中华民族的先民是在怎样的自然环境中生存和发展的?气候环境的变化又是怎样影响中华民族的历史进程?下文将就此予以概略阐述。

好山好水好地方：多样而优越的自然环境

中华大地的自然环境，主要由地理位置、气候和地貌条件所决定。

从最南面位于赤道北侧南沙群岛的曾母暗沙到最北面的漠河，我国领土南北跨越五十多个纬度，形成多个气候带：从热带，到亚热带、暖温带、温带，再到寒温带。

中国位于亚欧大陆东部，东边面临太平洋，南边距离印度洋很近，两个大洋对我国气候有着深刻影响。夏季，从两个大洋吹来的湿润气团，给东南部地区带来丰沛降水。冬季，亚欧大陆内地的西伯利亚形成势力强大的干冷气团，横扫我国大部分地区，天气因此干燥寒冷。

我国地貌条件复杂。除了山东半岛、辽东半岛以及东北东部这三个地区多山地，地势的总趋势是东部低、西部高，呈现为几个台阶。在中纬度地区，东部从黄淮海平原向西，越过太行山脉，升上一个台阶就是黄土高原。黄土高原向西北是蒙新高原。黄土高原向西南，与青藏高原相接。在南方，从东南沿海地区经过南方的低山丘陵地区，向西是云贵高原。云贵高原向西，越过横断山脉，就是青藏高原。在东北地区，从长白山脉向西，经松辽平原，越过大兴安岭，就是蒙古高原。在最西部，帕米尔高原高高矗立，被称为"世界屋脊"。

东部低、向西逐渐升高的地势总趋势，以及向几个方向延伸的山脉，使得我国地貌变得复杂，对生态环境和人文地理有着深刻影响。中华大地上有几条重要的东西方向延伸的山脉，如中东部地区的秦岭、南岭、阴山，西部的天山山脉。南北走向的山脉中，最重要的是横断山脉。有近似于东北—西南方向延伸的山脉，如大兴安岭、太行山脉、湖南西部的雪峰山以及宁夏的贺兰山等。也有西北—东南方向延伸的山脉，如新疆北部的阿尔泰山、西藏的喜马拉雅山脉以及青海和甘肃交界处的祁连山。还有走向复杂的昆仑山脉。这些山脉，在自然地理或人文地理上有着重要意义。如秦岭，阻挡冬季来自北方的寒冷气团，今天是我国亚热带和暖温带的分界线。阴山，在历史上是农业文化与游牧文化的交汇融合地带。横断山脉南北向河谷则是来自印度洋的暖湿气团北上的通道，也是许多物种南北迁徙的通道，历史上还是一些民族迁徙和文化融合的走廊。太行山脉是黄土高原东缘的边界，对夏季来自东南方向携带大量水汽的气团有一定阻挡作用。河南省中部的伏牛山脉也有同样作用。因此，在太行山脉和伏牛山脉东侧的山前地带，夏季多发生暴雨洪水。昆仑山脉很早就出现在《山海经》等典籍中，在中华传统文化中有着重要地位。

由于向西地势逐渐升高，夏季来自海洋的湿润气团在向西北运行时，受到地势阻挡，气团势力逐渐减弱，西北内陆地区的降水量也随之减少。

东部低、西部高的地势，还使得我国最重要的几条大河都自西向东流，主要有黄河、长江、珠江、淮河、海河诸多支流（永定河、滹沱河、漳河等），以及中俄界河黑龙江。这些大河奔腾东流，形成中华大地上壮观的自然景象，对于中华民族的孕育和发展也起到重要作用。

除了多个山地以外，还有多个高原，这是我国自然环境的又一特点。青藏高原是我国面积最大、平均海拔最高的高原，由于地势高亢、气候相对寒冷、降水较少而成为我国一个独特的气候区，被称为寒旱区，又有"地球第三极"之称。黄土高原和云贵高原也是我国两个独特的自然地理区域。位于北面的内蒙古高原，地处内陆、降水较

喜马拉雅山脉珠穆朗玛峰

少、气候干旱,是草原游牧民族活动的地域。

我国气候的一个突出特点是雨热同季,即作物生长的季节也是降水最多的季节,这对作物生长极为有利,为农业文化的发展提供了得天独厚的条件。亚热带地区在地球大气环流上受副热带高压控制,世界这一纬度的其他地区多为沙漠或荒漠,而我国得益于季风气候特点,夏季受来自海洋的携带水汽的气团控制,丰沛的降水使我国这一地区不但没有变成沙漠,反而成为植被茂密之地。

我国气候的另一特点是四季分明,在黄河流域和长江流域,这一特点尤为明显。在适应四季变化的过程中，中华先民发明创立了二十四节气。二十四节气是中华农业文明的重要组成部分。

我国气候存在南北和东西两个方向的巨大差异，这是我国生态环境多样的重要原因。

南北纬度的巨大跨度，形成我国南北气候的显著差异。南方气候温暖，如海南省长夏无冬；而北方黑龙江省黑河市，一年中几乎有半年时间大地为冰雪所覆盖。

我国西部地区深处大陆内部，海洋性气团难以到达。海洋性气团从东南部沿海向内陆逐渐减弱直至消失，形成我国东部季风气候区和西北干旱区，随着降水量从东南沿海地区向西北地区递减，形成湿润区、半湿润区、半干旱区和干旱区。只有新疆的准噶尔盆地，降水主要受到来自大西洋气流的影响。

在气候和地貌的制约影响下，我国生态环境呈现多样性的特点。东部气候湿润区是森林覆盖的地区，西北干旱气候区是荒漠区，地面植被稀少，有很大面积为戈壁和沙漠。在森林区和荒漠区之间则是草原带。多样的生态环境使中华先民选择了不同生存方式。东部湿润地区为农业生产提供了良好条件，其中南方雨量丰沛，发展了稻作农业，北方降水相对较少，发展了旱作农业，而草原为游牧民族提供了广阔的活动空间。西北干旱区虽然气候干旱，但这里的一些高大山体对于水汽有凝聚作用，被称为荒漠中的湿岛，如天山和祁连山，凝聚水汽从而形成河流，为山前地带发展灌溉农业提供了条件。

一方水土培育一方文化。考古学家苏秉琦提出新石器时代我国六大考古文化区系，分别是：北方新石器文化、东方新石器文化、中原新石器文化、东南地区新石器文化、西南地区新石器文化、南方新石器文化。六大考古文化区系的划分，不仅是对我国新石器时代考古文化的区域差异的高度概括，也是对新石器时代考古文化与气候及生态环境关系的高度概括。

孕育中华文明的全新世气候最温暖时期

距今约1.1万年前，地球上最后一次冰期结束，气候逐渐转暖，进入地质历史上最新的一个时期，被称为全新世。据我国学者研究，距今约8500年前至距今约3000年前，是全新世较温暖时期，因而被称为全新世大暖期。其中距今约7700年前至距今约6000年前，被认为是全新世最温暖时期。

关于全新世最温暖时期和相对较温暖的大暖期的论定，有冰芯研究的依据和湖相沉积地层研究的依据，还有对喜暖动物地理分布变化研究的依据。一些喜暖动物在全新世最温暖时期的分布可以说明当时的气候状况与生态环境。

亚洲象属于喜暖的动物。在全新世中期的多处新石器时代遗址中都发现有亚洲象残骨。据贾兰坡等学者的研究，在河北省阳原县丁家堡水库全新世中期（距今约6000年至5000年）地层中发现的亚洲象骨骸，是我国亚洲象分布最北的记录。和亚洲象一起被发现的还有两种软体动物遗骸，即厚美带蚌和巴氏丽蚌。这两种蚌类的现生种主要分布在长江以南地区。

此外，在长江三角洲的浙江桐乡罗家角遗址、上海崧泽遗址和宁绍平原的浙江余姚河姆渡遗址，长江以北地区的河南淅川下王岗遗址，以及淮河以北的苏北地区多处新石器时代遗址中，均发现了象骨制品。在山东大汶口遗址亦发现亚洲象的残骨。这些遗址的时代大致都在距今7000年至6000年前。

可见，在全新世最温暖时期，亚洲象在我国东部地区有广泛分布，北纬40度可能是其分布的北界。

另一种喜暖的动物——犀，在全新世最温暖时期的我国东部地区也有广泛分布。如在浙江宁波市余姚河姆渡遗址出土了苏门犀和爪哇犀的残骨，在河南淅川县下王岗遗址发现苏门犀残骨，在汉水上游地区新石器时代遗址中发现犀骨。

竹鼠也是考察气候与生态环境的标志性动物。竹鼠以竹子为重要食物，生存在有大片茂密竹林的地方。今天，竹鼠只在长江以南地区分布。但在黄河流域新石器时代的多处遗址中都发现有竹鼠的骨骸。

两栖动物扬子鳄也是一种喜暖动物，今天分布于长江以南的安徽省东南部与江苏、浙江接壤地区。扬子鳄栖息于温暖的环境，离不开水体。属于大汶口文化早期的山东兖州王因遗址出土20具扬子鳄的骨骸，说明当时鲁西地区不仅气候温暖，还有众多的湖沼等水体。大汶口文化的时代为距今6100年至4600年。

上述多种喜暖动物的地理分布表明，在距今6000多年前的全新世最温暖时期，相当于今天长江以南的气候与生态环境向北一直推进到北纬40度。

这一时期，来自海洋携带大量水汽的气团势力空前强盛，它的前锋猛力向内陆推进，使得湿润气候区的范围也大大向内陆拓展。相应的，森林分布范围也大幅向西北内陆推进，草原带和荒漠带的位置则相应向西北退移，范围缩小。

至于全新世最温暖时期森林带的西北界线，周昆叔对鄂尔多斯市鄂托克旗都思兔河阶地的泥炭层孢粉分析发现，全新世中期地层中出现栎属花粉，表明那时这里的植被为稀树草原；黄赐璇对陕北靖边县海则滩的全新世地层孢粉分析表明，全新世中期这里的植被为森林草原。由此得出结论，全新世中期森林带西界在今天鄂尔多斯高原西部，今天鄂尔多斯市和陕北的毛乌素沙地在全新世最暖期也属于森林带。在北部，全新世最暖期森林带的西界在内蒙古呼和浩特市附近，今天内蒙古呼和浩特东南面的岱海地区在全新世最暖期植被为森林。再向东北，全新世最暖期森林带西界大致在达里诺尔湖附近。

在全新世最温暖时期，荒漠带与草原带之间的界线（大致相当于200毫米等降水量线）也相应向西退移，其位置大致在嘉峪关，由此向西南和东北延伸：向西南经柴达木盆地到青藏高原的中部，向东北则延伸到中蒙边界线的中部。今天我国荒漠带的东界在贺兰山—乌鞘岭一线，在全新世最温暖时期，草原与荒漠带之间的界线与今天的界线位置相比，向西推进了400—500千米。

全新世最温暖时期，我国东部有许多湖沼，西北地区也有许多湖泊，有的湖泊面积还很大。

统万城遗址，位于陕北毛乌素沙地的靖边县无定河上游红柳河北侧
（2000年6月初摄）

总之，在全新世最温暖时期，植被茂密，生物资源丰富，为先民提供了良好的生存环境。在这一时期，新石器文化在中华大地空前繁荣，在黄河中游有以制作精美的彩陶而著称的仰韶文化，在黄河下游有大汶口文化，在今内蒙古赤峰市的南部和辽宁朝阳市有因精美的玉龙和大量玉器而著称的红山文化，在长江下游的今上海市及太湖地区有从事水稻种植的马家浜文化和崧泽文化，在宁绍平原的今宁波市余姚有以崇拜鸟和太阳以及从事水稻种植而著名的河姆渡文化。这些散布在中华大地上的众多新石器文化，被考古学家严文明称为多重花瓣，共同形成以黄河流域为中心的绚丽花朵。

从距今约6000年前到距今约4000年前，气候波动，曾出现几次降温事件，但总体来看还是比较温暖。如距今5000多年的甘肃庆阳南佐遗址，发现了大量稻粒遗存。这应是在庆阳附近或距离庆阳不远的地方有水稻种植的证据。另外，考古研究还在黄河流域多个龙山文化遗址中发现水稻的遗存。这些事实表明，那时黄河流域气候环境还是温暖湿润的。距今4000多年前的属于龙山文化的山西省临汾市陶寺遗址中，也出土有竹鼠遗骸。这表明，距今4000多年前的山西省南部，其气候环境和今天的长江以南地区大致相当，属于亚热带气候环境。因此，在中华大地上，距今5000年前至4000年前，各地新石器文化蓬勃发展，黄河下游地区在大汶口文化之后发展出龙山文化；在黄河上游地区，继仰韶文化后发展出马家窑文化；在长江下游的太湖地区，继马家浜文化—崧泽文化后发展出良渚文化；在内蒙古岱海北侧有老虎山文化等。

大约在距今4000多年前，有一次突发性降温事件，对中华先民的生存发展有着广泛深刻的影响。此次降温事件已由冰芯研究和沉积地层研究等多项研究所证实。

此次降温事件之后，直到距今约3000多年前，气候又转为温暖。河南安阳殷墟遗址多次发现象骨及埋象的坑，在甲骨刻辞中也有捕象的记载。这说明，在豫北地区，3000多年前是有野象生存的。此外，安阳殷墟遗址还发现了犀牛残骨。这些都表明，距今3000多年前，中华大地气候温暖湿润，生态环境较好。

得天独厚的地貌环境

全新世最温暖时期，中华大地地貌环境为中华先民的繁育和发展提供了得天独厚的条件。

平原地貌为先民提供了最重要的生存和繁育环境。我国的平原皆为河流冲积而成，土层深厚，非常适合农业种植。古代黄淮海平原有众多河流，古代黄河下游在黄淮海平原上有多条分支流，有"九河"之称。还有海河的众多支流和淮河的众多支流。古代黄淮海平原还有很多湖泊和沼泽，其中著名的是今河北省南部的大陆泽。河北省中部的古白洋淀面积广大，从今雄安新区直到天津，为一片广阔水域。在鲁西地区有巨野泽，又称大野泽，在今河北省东南和鲁西北接壤处有雷泽，在鲁北平原有巨淀湖。在河南省东部商丘东面有孟诸泽，在开封和郑州之间有圃田泽等。古代黄淮海平原还有众多地形相对高起的丘，这些丘为先民提供了从事农业种植的优越条件。古代黄河下游夏秋季节经常发生的洪水，给下游平原带来肥力很高的淤泥。居住在丘上的先民，可农可渔，如相传舜渔雷泽。黄淮海平原上的许多丘，在中华民族早期历史上有着重要地位，如河南省濮阳古称帝丘，曾经是黄帝之孙、五帝中的颛顼帝高阳的都邑所在。

黄淮海平原周围的低山丘陵及山前地带，背依山地，面向平原，可农可渔可猎，又不受洪水威胁，也为先民提供了极佳的生存和发展空间。如出土大量窖藏粟的河北邯郸磁山文化遗址即位于太行山的山前地带，河南省裴李岗文化遗址主要分布在豫西山地和黄淮海平原的接壤地带，属于裴李岗文化的著名的舞阳贾湖遗址也位于山前地带，新郑是轩辕黄帝的故里，新郑西面的具茨山有许多关于轩辕黄帝的传说和遗迹，大汶口文化遗址主要分布在大汶河和泗水两侧的山前地带，少昊的都邑曲阜、龙山文化的最早发现地山东章丘都位于山前地带，殷商的都城安阳殷墟位于太行山东侧洹河出山口的山前地带，等等。

长江下游地区有太湖平原和宁绍平原，地势平坦，河网密布，为先民发展水稻种植提供了良好条件，是我国稻作文化发祥地之一。从河姆渡文化、马家浜文化、崧泽文化发展到后来的良渚文化，构成连续发展系列。特别是良渚文化，见证了中华文明的起源。两个平原还是我国吴越文化的发祥地。

长江中游的江汉平原，为长江和汉水冲积而成，古代河网密布，湖泊众多。古代江汉平原连同周围森林密布的低山丘陵，被统称为云梦泽。这里曾经是多种野生动物的繁衍之所，是屈家岭文化和石家河文化的主要分布地域，也是楚文化的发祥地，还是稻作文化的发祥地之一。

成都平原，古代河流密布，平原连同周围山地曾经植被茂密，"犀象竞驰"，是古蜀文化的发祥地。距今4500多年的宝墩文化，位于成都平原的山前高地和平原上河流之间的高地上，说明那时成都平原降水丰沛，环境良好，为古蜀文化发展提供了有利条件。作为古蜀文化代表的三星堆文化和金沙遗址，成为中华文明在西南地区的一道亮丽风景。

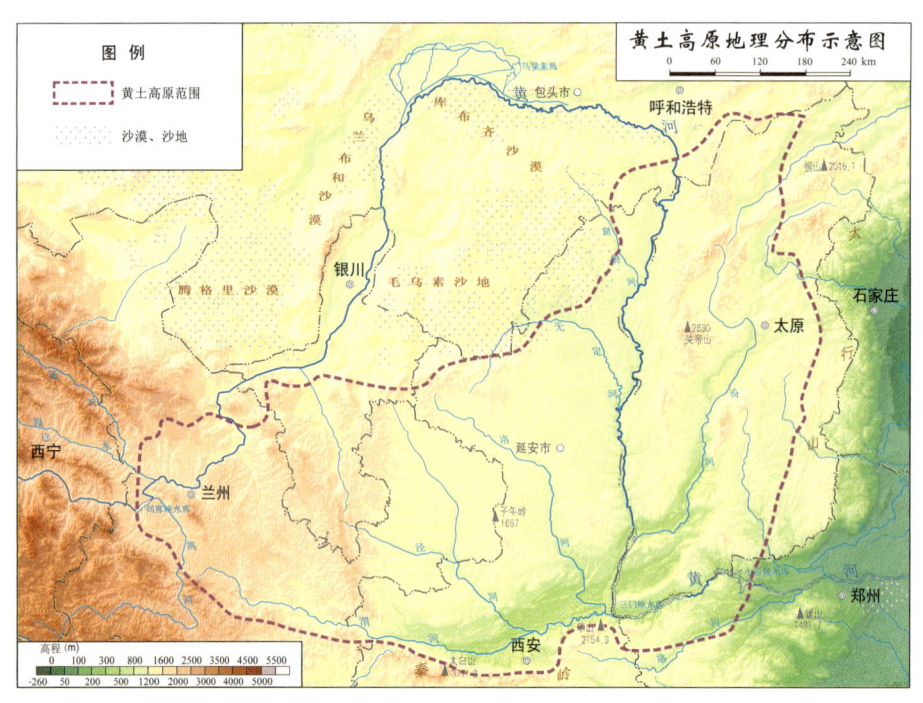

黄土高原地理分布示意图

黄土高原是大自然赐予中华先民的又一自然地理单元，在中华民族孕育和发展的历史上有着重要地位。高原幅员辽阔，其范围东至太行山，西至贺兰山、乌鞘岭、青海日月山一线，南至秦岭，北至明长城。大范围连续覆盖着厚层的黄土，结构疏松，易于为使用石器的先民所耕种，黄土肥力很高，特别是在6000多年前的温暖时期，高原植被茂盛，大部分地区为森林草原，形成了一层黑土，为原始农业生产提供了有利条件。

黄土高原上还有着宽广的河谷平原，即关中平原，有"八百里秦川"的美誉。渭河流经该平原，渭河以及众多支流两侧广泛分布着二级阶地，是6000多年前仰韶文化遗址的主要分布地貌。仰韶文化时期的先民凭借肥沃的黄土和临水的环境，可农可渔，创造了灿烂的彩陶文化。

黄土高原还有多个盆地，如晋中盆地、临汾盆地、侯马盆地、运城盆地、洛阳盆地等。这些盆地中，厚层黄土形成二级阶地。这些阶地土质肥沃，不受洪水威胁，为先民进行农业生产和生存提供了独特的地貌环境。一旦黄河下游地区遭受洪水灾害，黄土高原上的这些盆地就成为遭受洪灾的先民迁徙的首选之地，如临汾盆地和侯马盆地的二级阶地分布着众多龙山文化遗址。这些龙山文化遗址，可能就是黄河下游地区遭受洪灾的龙山文化人群迁徙至此形成的。陶寺遗址就是尧的族群从黄河下游的菏泽地区迁徙而来形成的。

黄土高原还有面积广大而平坦的塬。著名的有位于甘肃平凉和庆阳地区的董志塬，有"八百里秦川不如董志塬"之说，此外还有洛川塬等。这几个塬面积很大，纵横数十里，深厚的黄土层非常有利于农业生产。5000多年前的庆阳南佐遗址，就位于董志塬上。

黄土高原还有地形相对破碎的墚峁区。此类地貌主要分布在陕北。在多雨的全新世最温暖时期，黄河下游容易遭受暴雨洪水，墚峁地貌区由于排水良好而成为先民躲避洪水威胁的地方。因此，陕北的黄土墚峁地区分布着许多仰韶文化遗址，还有时代更晚的神木石峁遗址。可见黄土高原，包括墚峁地貌区，是中华文明的重要发祥地。

我国还有面积广大的低山丘陵。在低山丘陵区，河谷中有溪流，河谷两旁的阶地和缓缓的山坡是从事农业生产的理想之地。6000多年前的红山文化，就兴起于今内蒙古赤峰市和辽宁朝阳市接壤地区的低山丘陵。川东地区的低山丘陵，曾经是巴人和巴文化的发祥地。

中华大地的诸多地貌类型，为中华先民的生存和繁育发展提供了良好条件，为进入文明社会进行了必要准备和文明要素的积蓄。

陶寺遗址

（2000年4月初摄）

二里头夏都遗址博物馆

气候变化促进民族与文化融合

　　气候变化对人类经济社会多方面都有影响。在生产力水平低下的古代，人类应对气候变化的能力很弱，一旦气候发生大的变化、影响生存，迁徙到一个更适合生存的地方，就成为古人的最好选择。中华大地疆域辽阔，中华民族历史上发生过多次民族大迁徙和人口大流动。虽然并不是每一次都与气候变化有关，但4000多年前的民族迁徙和人口流动以及魏晋南北朝时期的民族迁徙和人口流动，都与气候变化有密切关系。

山西省临汾市陶寺遗址所反映的是4000多年前气候变化导致不同文化融合的事例。

苏秉琦指出，陶寺遗址出土的遗物具有多元文化的特点，并对这一文化融合给予了高度评价。他指出，陶寺遗址一方面融入了河套地区的文化因素："陶寺圆底腹斝到三袋足捏合而成的鬲的序列的原型可以追溯到河套东北角（河曲）与河北西北部出土的尖圆底腹斝。"（"陶寺圆底腹斝到三袋足捏合而成的鬲的序列的原型"即后来考古学家田广金所论定的"老虎山文化"的陶器发展序列）又指出，陶寺遗址融入了大汶口文化与良渚文化的因素，其"特点是大墓有成套礼器与成套乐器殉葬，其主要文化因素如彩绘纹、三足器与燕山以北和河曲地带有关，也有大汶口文化的背壶、良渚文化的刀俎，是多种文化融合产生的又一文明火花"。苏秉琦还作过一首七言诗："华山玫瑰燕山龙，大青山下斝与瓮。汾河湾旁磬和鼓，夏商周及晋文公。"诗中"华山玫瑰"是指位于三门峡市陕州区的庙底沟遗址出土的花瓣纹陶器；"燕山龙"是指在内蒙古赤峰市发现的红山文化玉龙；"大青山下斝与瓮"是指老虎山文化的陶器；"汾河湾旁磬和鼓"是指陶寺遗址出土的礼乐器石磬和鼍鼓。该诗高度概括了作为晋文化渊源的陶寺文化是由诸多文化融合发展而来。

为什么会有如此多的考古文化在陶寺遗址融合？

陶寺遗址已被学术界普遍认为是尧的政治中心，其绝对年代为公元前2300年至公元前1900年之间。其实，尧的都邑最初不是在陶寺遗址，而是在鲁西菏泽地区的陶丘。鲁西地区是大汶口文化的分布区，陶寺遗址的大汶口文化因素应该是随着尧的都邑迁移而带来的。据

《尚书·尧典》记载，尧的时期发生了特大洪水："汤汤洪水方割，荡荡怀山襄陵，浩浩滔天。"而鲁西的菏泽地区是一片平原，遭此特大洪水，尧和他的部族不得不离开这里，选择更好的生存地方。陶寺遗址在汾河东侧高高的略有倾斜的台地上，排水条件良好，而且有厚层黄土，适宜农作。那时，这里气候温暖，有茂密的竹林和高大乔木，自然环境比尧的部族原先居住的鲁西地区优越。尧和他的部族将原来在黄河下游继承了大汶口文化的龙山文化带到这里，这就是苏秉琦所说的"陶寺遗址融入了大汶口文化"的由来。陶寺遗址还融合了来自北方的老虎山文化和来自华山附近地区的庙底沟文化以及来自东南太湖流域的良渚文化，使这里成为华夏的政治中心，开启了中华文明的发展历程。

老虎山文化是田广金命名的。他曾主持老虎山遗址考古发掘，将以老虎山遗址为中心及周围与之时代相当的遗址称为老虎山文化。据田广金研究，老虎山遗址的时代约为距今4800年至4300年，该遗址大致于4300年前突然被废弃。遗址废弃后，其一部分居民向西南迁徙到今天的鄂尔多斯市，发展为朱开沟文化；还有一部分居民向南迁徙，融入陶寺遗址。关于老虎山文化融入陶寺遗址的情况，田广金从老虎山文化陶器器型的发展和陶寺遗址陶器器型的关系作了阐述。他指出，老虎山文化的斝式鬲到鬲的发展序列，以及老虎山文化的鬲向南传至晋南的陶寺遗址，形成了以太行山为界线的面向内陆的鬲文化区，以后，鬲形器又成为夏、商、周文明的代表性器物之一。

良渚文化是位于太湖流域的新石器时代晚期的考古文化，学者们对其时代有不同认识，较多学者认为是在距今5300年至4000年之间。良渚文化有城、大墓，有精美的玉器，有水利系统，有以大城为中心的聚落体系，被认为已进入国家，但是在4000多年前突然消失，应是受到不可抗拒的重大自然变化所致。良渚文化消失，这里的人群去了哪里呢？三星堆遗址中出土的被认为是良渚文化具有代表性玉器的玉琮，表明良渚文化有部分人群沿着长江向西迁徙到巴蜀地区，也有一部分人群向北迁徙，如苏秉琦所认为的融入陶寺遗址中。

4000多年前的突发性降温事件，已经得到学术界普遍确认。有的学者认为此次气候变化是在4000年前左右，有的学者认为是在距今4100年前，有的学者认为是在距今4300年至3900年这一时间段，即此次降温事件持续了一段时间。在距今4000年前左右，中华大地发生了许多变动，许多考古文化衰落或消失，这一情况也得到考古界的普遍认同。

大洪水导致尧和他的族群迁徙，老虎山遗址的废弃以及良渚文化的消失，这些考古文化的重大变化和距今4000年前的气候变化在时间上大致吻合，可见气候变化导致人群的迁徙和文化的融合，并促进陶寺遗址成为中华文明的源头之一。

中国历史上另一次由于气候变化导致民族大迁徙和人口大流动是从东汉末年开始，经历三国和晋代，直到南北朝末期，其时间大致为公元210年至公元560年。这是我国历史上持续时间较长的一个冷期。《晋书》卷二十九《五行志下》中多次记录在不该出现下雪和降霜的季节发生下雪和降霜的极端寒冷事件。这一时期，北方草原游牧民族多批次迁徙到中原地区。《晋书》卷九十七《匈奴传》记载，太康五年（284）"有匈奴胡太阿厚率其部落二万九千三百人归化"，七年（286），"又有匈奴胡都大博及萎莎胡等各率种类大小凡十万余口，诣雍州刺史扶风王骏降附"。实际上，魏晋南北朝时期从蒙古高原迁徙到内地的北方游牧民族远不止这些，他们后来都融入中华民族大家庭中。

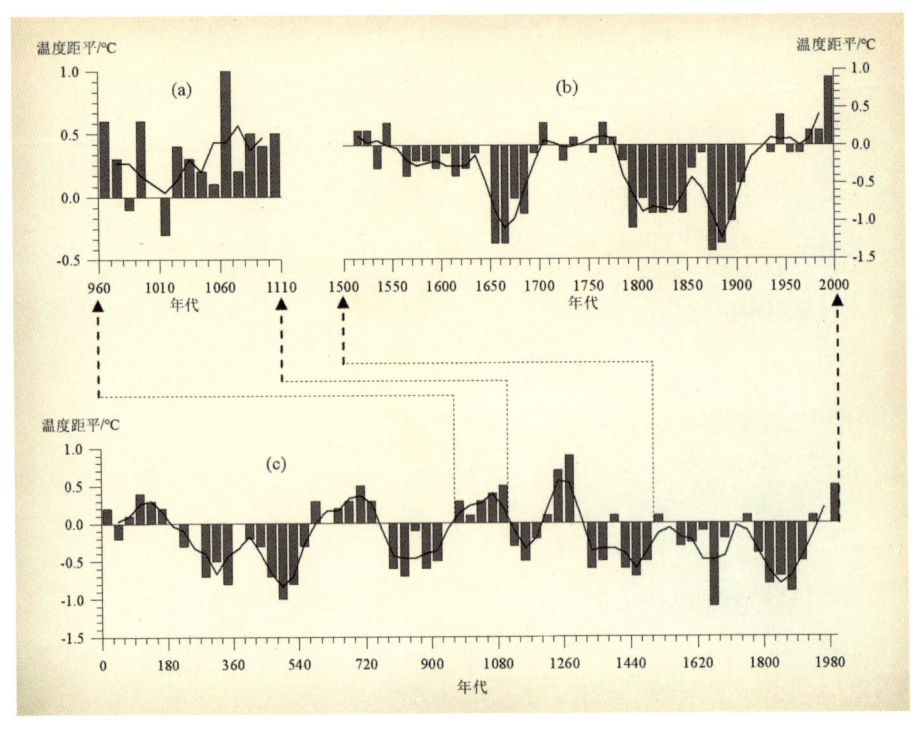

过去2000年中国东部地区冬半年平均温度变化序列
(葛全胜等制,2002年)
(a) 960年代—1100年代,分辨率10年;(b) 1500年代—1990年代,分辨率10年;(c) 0—1990年代,分辨率30年,其中最后一个点的资料为1981—1999年;图中折线为3点滑动平均。
(邹逸麟、张修桂主编《中国历史自然地理》,科学出版社,2013年)

在南北朝时期,另一类人口大流动则是北方黄河流域的大量人口向南迁徙,他们和后来唐代以及宋代从北向南迁徙的中原人口形成今天分布在江西赣州、福建西南部和广东梅州诸地的客家人,成为中华民族极具特色的群体。

总之,在漫长的历史时期中,气候变化导致的民族迁徙和人口流动,对中华民族的孕育发展和中华文化的融合起到了至关重要的作用。

(作者系中国科学院地理科学与资源研究所研究员)

黄河与中华文明

侯甬坚

黄河是中华民族的母亲河,在中华文明进程中发挥了决定性作用。黄河中下游地区大部分属于黄土高原和黄河冲积平原,地形平坦,土质肥沃,对早期农业开发及农耕文明的发展非常有利。在这里形成的黄河文化是中华文明的核心与基础,开启了夏、商、周三代文明。中华民族早期的行为规范、政治制度、礼乐文化、价值观念、意识形态、道德观念、崇拜信仰等都是在黄河流域形成,然后再传播到其他地方的。中国历史上的统一时期,政治中心大都在黄河流域。大量事实证明,黄河不但哺育了华夏民族的主体,而且塑造了中国人自强不息、勇于抗争的民族精神气质。

20世纪前半叶，中国人已获得"黄河是中华文明的摇篮""黄河是中华民族的母亲河"这样的历史认知。那么，黄河及其众多支流流经的广大流域，究竟与生活在这片土地上的先民所创造的历史精华——中华文明存在什么关系，至今仍然是许多学者时常思考的问题。

2020年9月，历史地理学家葛剑雄在新版《黄河与中华文明》一书中，就此提出了"关于河流与文明关系"的新见解，即"每一种文明都是某一个特定的人类群体在一个特定的时间和空间范围内所创造的物质财富和精神财富的总和"。其中强调的文明形成要素是：某一个特定的人类群体，在一个特定的时间和空间范围内的创造性劳作。这种劳作包含体力劳动和脑力劳动两方面，这是人类获得物质财富和精神财富的基本方式。

对于"黄河"的理解，笔者认为不能完全拘泥于河流的干流、支流，仅从河水这一水文因素上进行考虑，而是要着眼于以干流、支流为大小动脉的全流域土地及生存于土地上的早期人类的种种活动。

试看黄河，这条河身长度超过五千千米的大河，沿途依循西高东低的自然阶梯地势，接纳了许多支流，从源头到入海口都在中国境内。非常符合地势特点的是，黄河上游经过一连串高山峡谷、起伏沙区，中游又流经黄土高原和晋陕峡谷，通过风陵渡折向东去，下游在漫长的地质时期以河水四季缓流与泛滥的交替韵律，造就了广大的华北平原。

所以，欲推进对黄河与中华文明关系的认识，首先需要将作为物质条件的地理事物整理出来，与作为中华文明要素的诸多内容做一个对应，就其相互间的联系及文明发生的可能性、机制做出分析。下面尝试逐步展开。

石质农具凿开沉睡的黄土地

试想一下，经过约为300万年的旧石器时代，早期人类的智力和体质已进化到智人阶段。他们长期以采集为主、狩猎为辅的生活，已经促使自身掌握了用火的技巧，相互协作猎杀凶猛的野生动物，越来越熟练地使用彼此可以懂得的语言，还学会使用种类繁多的石制工具及一些复合工具做事情。最重要的是，一些培育的作物、驯化的动物来到他们中间，生活在黄河中下游地区的先民们掌握了劳作的技能，开始自己生产食物，这是人类历史上开天辟地的大事。有了支撑原始社会生活的生存方式，他们的人数才能不断地增多，生活技能才可以不断提高，有的人才能向外面走出很远，跟其他地方的人群产生了联系。

早期人类无不有过十分艰难的迁徙经历，他们每到一个新的地方，如若滞留数年，就可以了解到当地的基本情况。有了新的生存技能的他们，在选择自己的居留地时，既要看当地的地势是否开阔，更要看那里是不是有清澈的河水，生长着树木的土地是否肥沃易垦。这时他们所追求的生存愿望，是把人的生命、生活和生产结合在一起的状态，甚至每一个细节都开始从地理环境上进行打量，看能否获得较为可靠的物质依赖，再汇合成一种直观的感受，来说服自己和身边人，决定是否可以就在当地安家。

2004年底发现于河南新密的李家沟等遗址，是几个距今万年左右的小型定居村落，那里出土了新石器时代初期的陶器和细石器，属于距今9000—7000年前的裴李岗文化时期。从遗址、遗物可见当时农业取得发展，人口增加，村落的数量和面积也有所增加，人们的精神生活也丰富起来，开始从旧石器时代慢慢向新石器时代过渡，是联结新、旧石器两个时代的重要见证。

1984年出版的《新中国的考古发现和研究》里有过这样的记述：黄土高原上的仰韶文化遗址相当密集，陕西一省已发现五六百处。在沣河中游沿岸其密度约与现代村落相等。遗址面积一般在数万或十数万平方米，大的几十万平方米，最大的如华阴西关堡、咸阳尹家村可

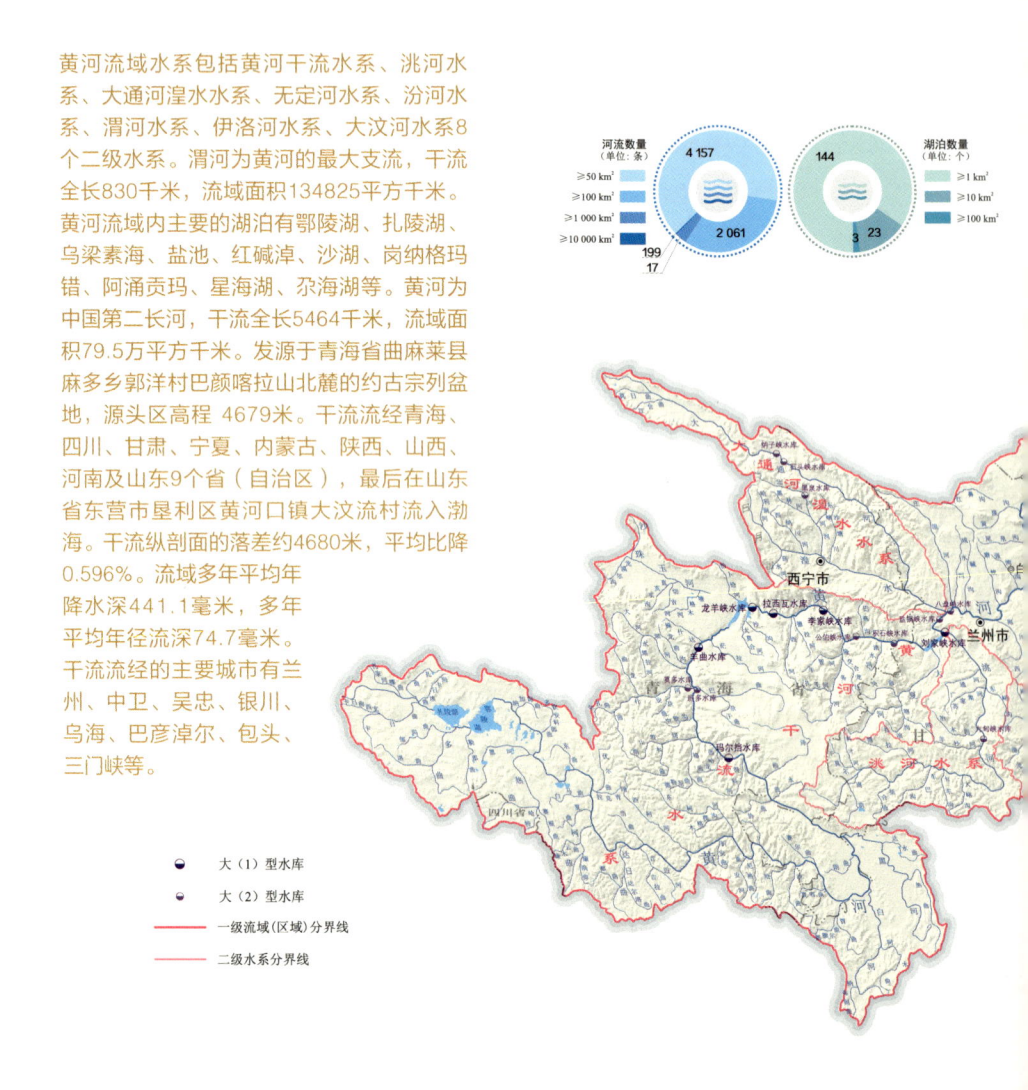

黄河流域水系包括黄河干流水系、洮河水系、大通河湟水水系、无定河水系、汾河水系、渭河水系、伊洛河水系、大汶河水系8个二级水系。渭河为黄河的最大支流，干流全长830千米，流域面积134825平方千米。黄河流域内主要的湖泊有鄂陵湖、扎陵湖、乌梁素海、盐池、红碱淖、沙湖、岗纳格玛错、阿涌贡玛、星海湖、尕海湖等。黄河为中国第二长河，干流全长5464千米，流域面积79.5万平方千米。发源于青海省曲麻莱县麻多乡郭洋村巴颜喀拉山北麓的约古宗列盆地，源头区高程 4679米。干流流经青海、四川、甘肃、宁夏、内蒙古、陕西、山西、河南及山东9个省（自治区），最后在山东省东营市垦利区黄河口镇大汶流村流入渤海。干流纵剖面的落差约4680米，平均比降0.596‰。流域多年平均年降水深441.1毫米，多年平均年径流深74.7毫米。干流流经的主要城市有兰州、中卫、吴忠、银川、乌海、巴彦淖尔、包头、三门峡等。

- 大（1）型水库
- 大（2）型水库
- 一级流域(区域)分界线
- 二级水系分界线

达100万平方米左右。文化堆积厚度一般为1米至五六米。各遗址往往保存着房基、陶窑、灰坑、墓葬或大片墓地，说明仰韶文化经营定居的农业生活，经历了长久的发展过程。

这里必须注意的是先民们脚下、房屋地基下、田地里的地层物质——黄土。黄河中游地区是地质时代自西北随风刮来的黄土的主要降尘区，降尘带来的黄土分布范围西起祁连山和贺兰山，东至太行

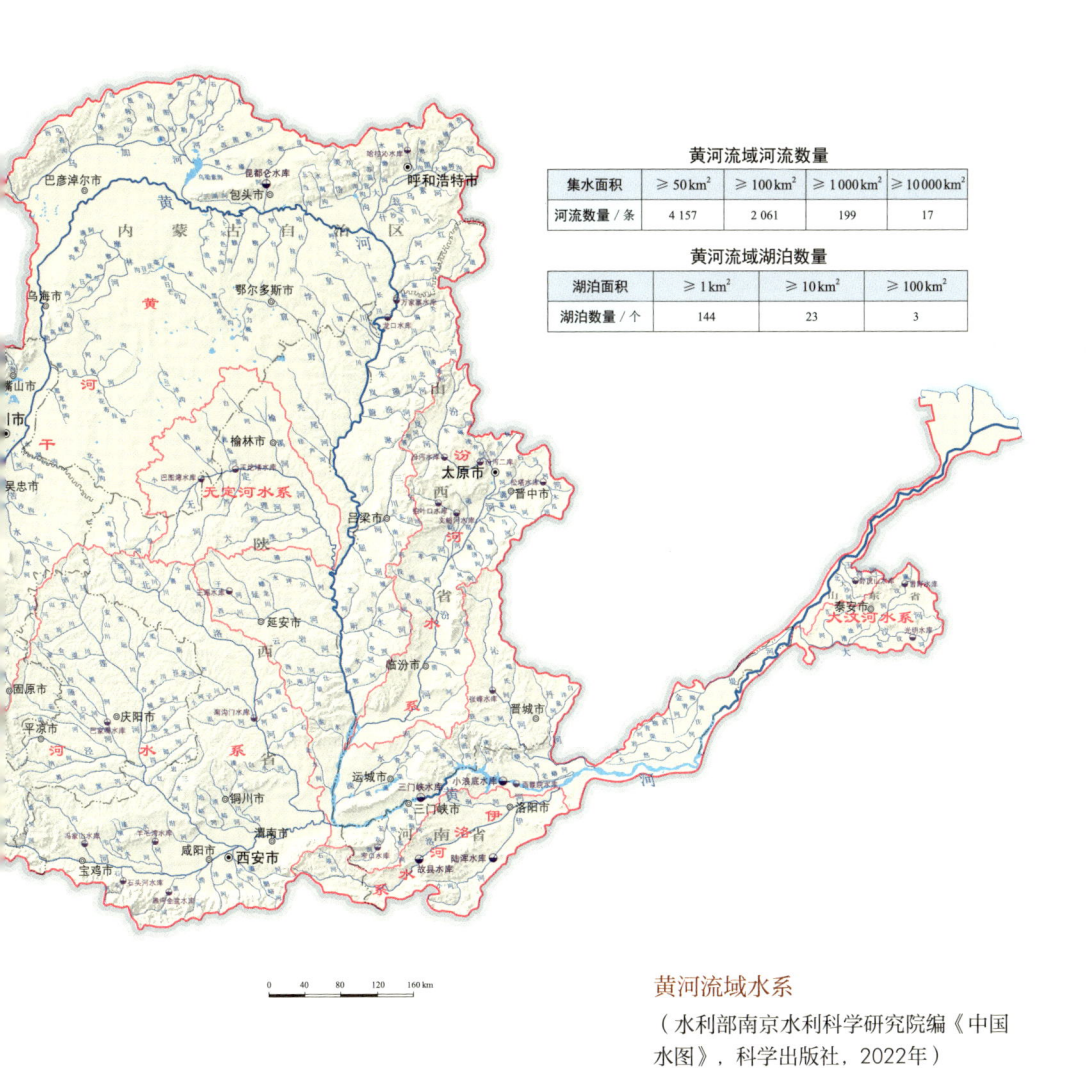

黄河流域河流数量				
集水面积	≥50 km²	≥100 km²	≥1 000 km²	≥10 000 km²
河流数量/条	4 157	2 061	199	17

黄河流域湖泊数量			
湖泊面积	≥1 km²	≥10 km²	≥100 km²
湖泊数量/个	144	23	3

黄河流域水系

（水利部南京水利科学研究院编《中国水图》，科学出版社，2022年）

山，南抵秦岭山脉，北达万里长城脚下，面积广达63.5万平方千米。黄土具有土层深厚、垂直节理明显、土质疏松、易于挖掘、肥力较足、雨水易于渗透等特点，特别适宜早期人类使用笨重的石质农具侍弄作物。那时先民所使用的石斧、石锄、石刀、石铲之类的农具，本身就很笨拙，若捆在木把上，就好使力些，可是在凿地面时，总是容易松脱，就需要停下来，不停地拾掇。

说到黄土土层深厚，需要与土层很薄的南方山区比较，才会有切实的体会。据福建省水土保持学会的资料，福建侵蚀区土壤年均侵蚀深为2.96毫米，但其土层平均厚度仅为20—80厘米，抗蚀年限为68—270年；而黄土高原严重侵蚀区的延安杏子河流域，其年侵蚀深为12.16毫米，为福建侵蚀区的4倍多，但该区土层厚度均达100米左右，则抗蚀年限为福建侵蚀区的39—154倍。由此可知，南方土壤侵蚀的潜在危险性远甚于西北。再说到黄土的肥力，1872年初旅行考察至陕西的德国地质学家李希霍芬说过："我猜黄土的特点之一就是自保肥沃。实际上似乎也是如此。尽管多施肥比少施要好，但没怎么施肥年成也挺好，据说即便不施肥，只要下雨收成就也还可以。我此前已经猜到浸润黄土的水中的矿物质增多，还有很可能是因为可渗透的黄土能够从空气中吸收某些成分，使得这里的土地在历经4000年的使用之后仍能保持肥力。"战国时期的《尚书·禹贡》将天下划分为九州，又列出九州土壤的名称和田地、贡赋的等级，雍州的黄壤土质被列为上上等，也就是九州中的第一等，但贡赋列为第六等。古人解释原因为"地狭而人功少也"，如果人力充足，的确可以再提高生产效率。

距今1万年前，耐旱耐瘠的粟（谷子，小米）、黍（糜子，黄米），已成为黄河中游地区的主要作物。粟是起源于中国或东亚的古老作物，属于新石器时代早期文化的武安磁山遗址、新郑裴李岗遗址出土的粟种子，经鉴定均有七八千年的历史。秦安大地湾一期文化遗址发现过少量的黍种子，用碳14测定经树轮新表校正，距今为8170—7370年。加之具有各种原始性状的野糜子在西北、华北广泛分布，专家认为这里正是栽培黍的古代初生基因中心。距今约7700年前至距今约6000年前，先民们遇上了全新世最温暖的气候适宜时期，这也是粮食作物播种后能获得收获的有利条件。

作物种植对于先民及众多先民构成的社会而言，具有许多让人难

秦安大地湾出土的彩陶人头器口瓶
（甘肃省博物馆藏）

以估量的作用。仅简单予以概括，就有下列几项：

（1）日出而作，日落而息。辛勤劳作，不仅为了避免饥饿，求得自给自足，还要尽力争取粮食的盈余，以带动更多植物的培育和种植，那样才有助于人口的繁衍，有益于社会财富的增加，并促进物品交换和商业贸易，推动社会逐渐进步，甚至还可以造就出一批批"劳心者"——靠脑力劳动的人。

（2）人们在劳动中出于交换意见的需要，在已有习惯性语言的基础上，将会有"劳心者"忙于发明文字，用以记录劳动生活，推演算术方法，记录下生产事项及过程，计算出数量的变化结果。这种年复一年、周而复始的农事活动，最有利于日常文化的积累。

（3）为了达到粮食增产、质量优化的目的，人们势必要在施肥、浇水、除草、收获等环节苦下功夫、巧挖潜力，甚至还要在育种、耕田、合理密植等方面进行尝试，有的还要观象授时，观察和总结天气现象，以至做出了属于古代农业科技方面的探索。

（4）为了保证和促进农事活动的正常进行，每家子弟从幼年开始，就跟随长辈参与农田劳作，培育吃苦耐劳、自食其力的劳动品格，接受不劳动不得食的生活戒律，遵守社会已树立的赡养老人、尊

甘肃秦安大地湾遗址：黍（*Panicum miliaceum*），米粒，放大倍数X6

甘肃秦安大地湾遗址：粟（*Setariaitalica*），米粒，放大倍数X11

重长者等社会公德。

黄土是大自然赐予黄河流域的，它的用途多样。其中之一，如二里头考古队队长许宏所讲："直立性和吸湿性强的黄土，使得板筑（在夹板中填入泥土夯实的建筑方法），成为可能。"再就是，先民们发明泥条盘筑法做出模型后，再加以烧制而成的陶器。陶器，形状多样意味着用途广泛，它是人工和大自然结合的产物，极为神奇，也可以看作大自然对黄河流域先民的赐予。史前史学理论家戈登·柴尔德对新石器时代制陶业曾有过评价："这种新的工业，对于人类思想和科学的肇始具有很大的意义。制陶也许是人类最早有意识地利用的一个化学变化。"柴尔德更有名的话是"人类创造了自身"，强调的就是人类在从事各种劳动中升华了自己。1936年，他出版了《人类创造了自身》(*Man Makes Himself*)这部书，至今仍是经典。

从最新的研究得知，最早的高温陶窑出现于6500年前的中原地区半坡文化中，并为下一步瓷器的出现打下了基础；最早的瓦也出现在4500年前的中原地区（延安芦山峁遗址、襄汾陶寺遗址）。这些都是黄土集中分布的地方。黄土被用来制作和烧成各种各样的陶器，乃是先民们就地取材，化常见之黄土为神奇之陶器的神来之笔。容积很大的陶瓮可以用来盛水、储物。作为炊器的鼎、釜、罐、甑，作为饮食器的钵、碗、盆、豆、皿、杯、盂、盘，都是陶器里的家常日用，既方便了生活，也平添了乐趣。后来贵族们在陶器的基础上发展到青铜器制作，而普通民众还是以各式各样的陶器伴随自己的一生，这事实上更具有黄土高原的本色。采用陶土制作的陶瓦，与先民们利用土墙支撑起来的房体相配合，组成了穴居后的居住建筑，兴建的时代则要晚到西周时期了。考古学家苏秉琦曾介绍："我从考古学上探索中国文化和文明的起源是由彩陶和瓦鬲开始的。"这是给人以莫大启发的经验之谈。

黄河文明向四周其他地区的辐射和影响

《尚书·吕刑》记"禹平水土,主名山川",《诗经·商颂·长发》记"洪水茫茫,禹敷下土方"。随着大禹治水获得成功,一方面各个氏族部落有了安全的生存环境,有利于黄河中下游氏族社会的渐进发展;另一方面,各个氏族部落之间,也就声名、物品和土地展开了激烈的争夺。

史圣司马迁在《史记·货殖列传》中记述了三河地区:"昔唐人都河东,殷人都河内,周人都河南。夫三河在天下之中,若鼎足,王者所更居也,建国各数百千岁,土地小狭,民人众,都国诸侯所聚会,故其俗纤俭习事。"中国历史上最早的国家政权,即在黄河中下游地区建立。夏朝17王,商代29王,皆居北方中原地区,这里大多地势平坦,交通很便利,各色行旅来往频繁,时常汇聚于一些城邑,尤其是都邑。商王居住于都邑,享有政治上莫大的权威性,周武王克商后,周王随即取得了分封天下、号令诸侯的最高权威,所谓"礼乐征伐自天子出",成为当时的惯例。周天子征伐活动的过程,又带着很浓厚的文化色彩,即为展现礼乐之邦的垂衣而治,后世中国历史话语中的"中原王朝",都包含如下的特别意义:其一,黄河流域是经历旧石器时代至新石器时代人类的活动中心,之后的上古三代、秦统一后的诸多王朝,皆是在这个基础上发展起来的;其二,一连串中原王朝建都于此,做了许多建立健全礼仪、制度、文字、风俗的事项,这些都城当时均为相当活跃并对境内、域外有影响的文化中心。

秦汉时期有一项基本确立、影响深远的制度文明，即为行政区划方面的郡县制度，属于当时管理和控制民户最为有效的行政手段。秦初废除诸侯分封制，全境分为三十六郡，之后南并五岭以南的南越地，设置了南海、桂林、象三郡，北取阴山以南地区，设置了九原郡，至秦末共设过四十八郡。以郡统县，郡级官员由朝廷任免。西汉部分恢复分封制王国、侯国，分设刺史部，以掌管部内郡国官吏，采取都护府设置，统辖新设河西四郡外的西域地区。东汉至北朝末的五百多年间，居住于东北、漠南漠北、西北和河湟流域的各个古代民族相当活跃，交往活动不断，互有兴替，有的入居塞内，有的南下入主中原，与华夏民族发生了许多融合。

隋朝统一后简化政区制度，炀帝时推行郡、县二级制，平定吐谷浑后设置西海、河源、鄯善、且末四郡，还有西域的伊吾郡，海南岛上的珠崖、儋耳、临振三郡。唐朝时，吐蕃勃兴，安史之乱后，回纥、南诏崛起于南北，渤海国盛于海东。唐朝廷在缘边少数民族地区设置了八百多个羁縻府州，均由朝廷任命各族首领担任都督、刺史等官，属于正式地方行政制度实施之前奏。

唐朝之后，东北地区的少数民族异常活跃，相互间的交往与攻略，致使所建立的政权有了更稳定的基础和更为健全的制度设计。五代十国时期，契丹人兴起于努鲁尔虎山、七老图山之间，耶律德光时率军逐步向南逼近，占据了北方大片土地。其属部女真人步其后尘，起兵反辽，随即建立了金国，并灭辽，随后灭掉北宋。而蒙古人继而兴起，与南宋军队合击金军，金国遂亡。蒙古军队连续进攻南宋，南宋政权不支而亡，西夏、大理亦遭蒙古军队覆灭。这是展现少数民族政权实力的一长段历史，蒙古族所建元朝完成了前所未有的大一统。

元朝建都于北方燕山长城之下的蓟城（今北京），前承辽南京、金中都的历史，后启明、清北京城的未来，实为这一时期中国政治格局的重大变动。这就是说，中国封建社会后期的都城落脚点，到了海河流域的燕京。那么，建都于北京的元、明、清三个朝代，是否还属于中原王朝呢？回答为是，应当属于"大中原王朝"，其理由如下：

今日华北平原北部的海河流域，是以海河水系为主导，水源为来自北面之燕山、西面之太行山的诸多河流。根据历史地理学家谭其骧的研究，这一过程形成于东汉末的建安年间。在此之前，海河流域是为《山经》《禹贡》《汉志》所记河水（黄河）下游河道所经（最终由今天津南入海），在公元前曾是黄河流经的土地。这样的过程在北宋时又发生了，黄河决口后北流，三次将海河水系纳入黄河水系，前后共计63年。历经公元后的千余年，海河水系终于演变成一个独立的流域，在其北面的潮白河（为北运河所依托的河流）、永定河之间诞生了一座新的一统天下的都城——北京。接续前面的中原王朝的历史，这里将建都于此的元、明、清三朝，称之为"大中原王朝"。

"大中原王朝"所依据的地理格局，具有两个不同于以往朝代的历史征象：一是都城位置毂辖三大区域——蒙古草原、东北地区和华北地区，预示中国的政治军事中心走向近海平原地区；二是都城临近渤海湾，地处华北平原顶端，俯视以京杭大运河相沟通、南北纵深达八百多千米的黄淮海平原，预示中国的经济中心走向近海平原地区。真正把握住这种地理格局，需要领会和理解好如下4个要点：

（1）对北京地理位置的认识。经过五代十国和两宋都城位置

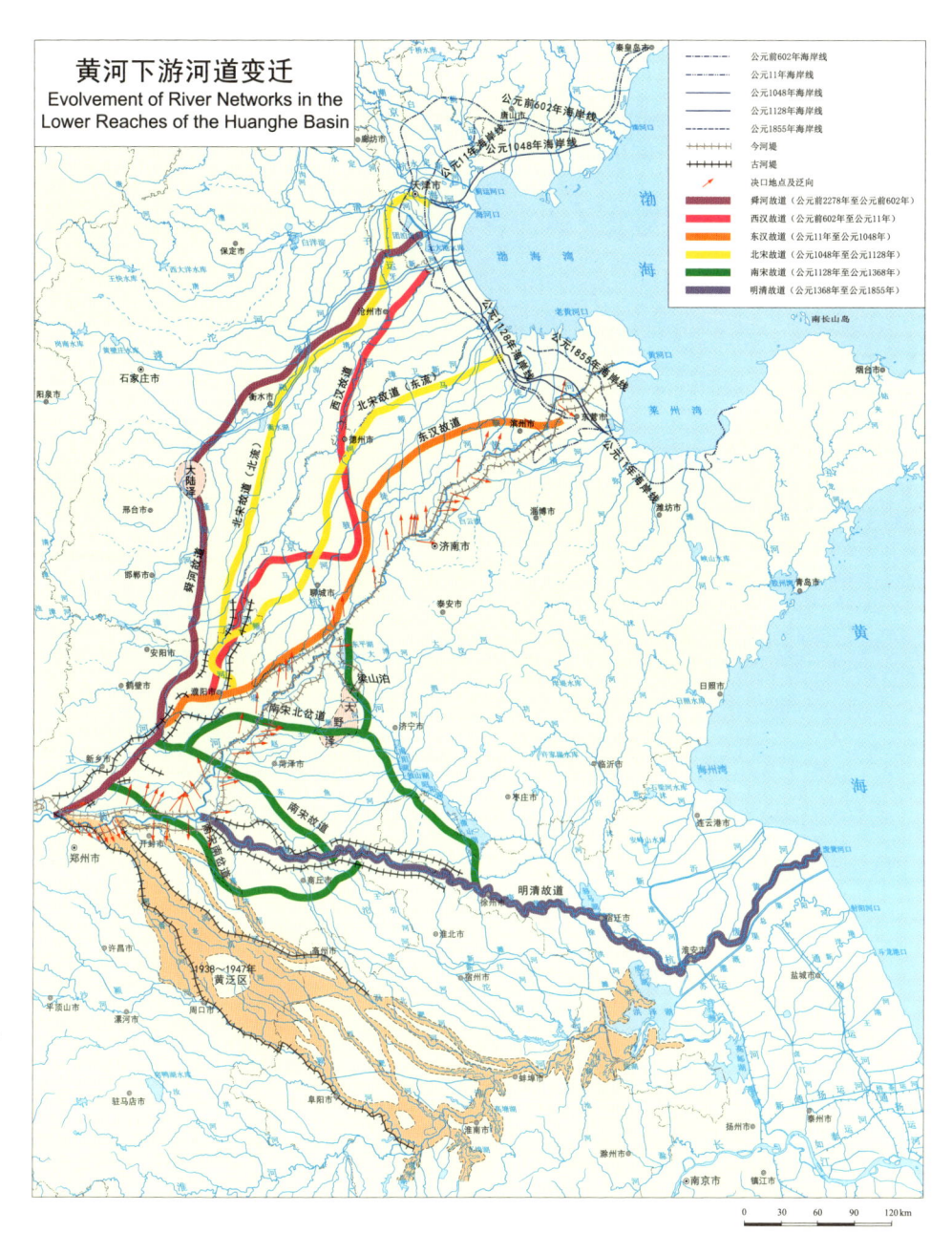

黄河下游河道变迁图

（水利部南京水利科学研究院编《中国水图》，科学出版社，2022年）

的移动，中国的国都最终定位于北京，这就对应了东北地区崛起的史实，唐朝以后海路大为兴盛、沿海港口城市逐渐兴起的历史趋势。

（2）对东北地区作用的认识。东北地域价值日益重要，乃是靺鞨、契丹、女真、满族等民族不断壮大和积极参与中原事务的结果，在本地区人口和物质逐渐增殖的过程中，各个民族的政治要求通过建立政权的方式也反映出来了，北京成长为全国的政治中心，突出地说明了北京的地理位置独具优势。

（3）对黄淮海平原形成和价值的认识。黄河通过周期性河水泛滥的形式，将自身与北面的海河、南面的淮河交缠在一起，造就了彼此难以分离、走向一体的过程。从此，黄河下游平原的地位让位于黄淮海平原（即华北平原），且面积达到30万平方千米，具有更加丰厚的经济地理价值。

（4）对中国古代社会后期历史特征的认识。中国古代社会前期的政治中心在西面的长安，"大中原王朝"转至北京，且延续至今，开封、杭州、南京作为全国性都城为时不长，这是中国古代社会后期具有鲜明特征的重要历史认知。

黄河流域长期的政治权威，培育了自身明显的地域优势，直至清朝晚期，清朝政府在暂时避开各种政治障碍和民族矛盾的基础上，抓住时机，才突破了明朝"内地十八省"的局限，在原驻守边疆的各处将军、都统、办事大臣管辖的地区，陆续设置了新疆省、东北三省、台湾省，民国期间又增置了热河、察哈尔、绥远、西康、宁夏、青海诸省，这些均可看作"大中原王朝"在历史长河中，坚持把归属中央管理的行政区划制度，建立在有效管辖国土之上的历史做法的延续。

黄河气韵关联民族的精神气质

自古以来与中国相隔甚远的欧洲，在中世纪晚期，其社会内部逐渐孕育出资本主义因素，经过15、16世纪以来的"地理大发现"，最先兴起工业革命的英国，国内的工业生产快速发展，海外的殖民地不断扩充，甚至将目标对准了东方国家。在印度等国成为殖民地后，英国商人找到了向中国走私鸦片、窃取大量白银的途径，在遭到清政府的严厉禁止后，英国政府就诉诸武力了。

1840年爆发的中英鸦片战争，揭开了近代中国深受西方列强侵略奴役历史的序幕。——这时，列强来自海上。

1894年（光绪二十年），中日甲午海战爆发，中国战败，损失惨重。现有清人张罗澄所作《感事二首》见存，其一诗云："南关旧恨积难平，又听东隅战马声。谁铸九州成大错，忍教万里坏长城？"日人猖獗、中国屡败的原因，引发了当时许多人的沉思。

还是这个东亚岛国日本，在甲午海战三十多年后，又开始了对于中国蓄谋已久的侵略。1937年"八一三事变"发生后，诗人胡风亲眼所见日寇飞机对南市（上海老城厢等处，今已划归黄浦区）的轰炸，悲愤至极，写下了《为祖国而歌》的痛苦诗篇。在诗中，他写道：

在卢沟桥，
在南口，
在黄浦江上，
在敌人的铁蹄所到的一切地方，

黄河入海口晨韵

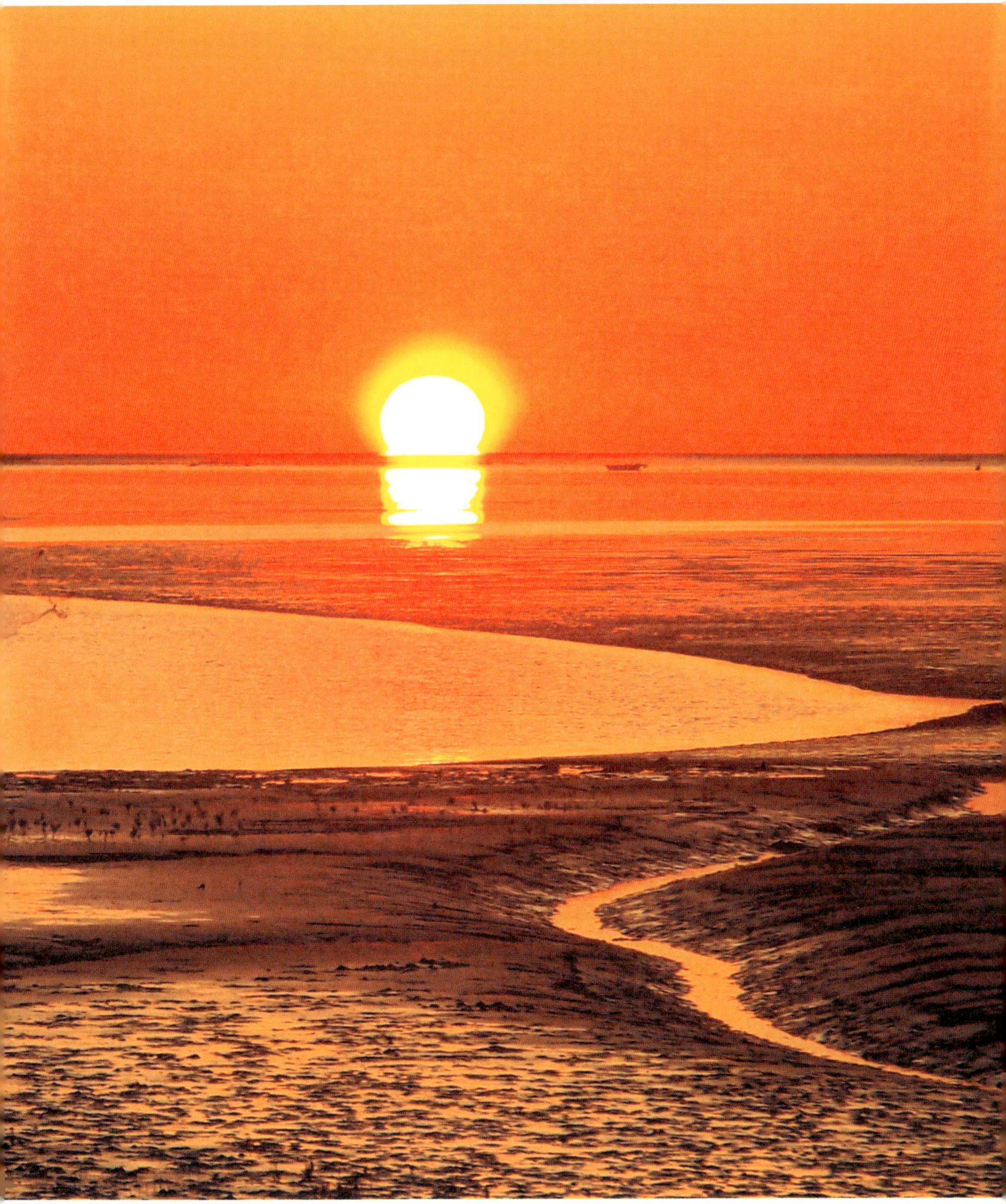

迎着枪声炮声炸弹声的呼啸声——
祖国呵
为了你
为了你的勇敢的儿女们
为了明天
我要尽情地歌唱：
用我的感激
我的悲愤
我的热泪
我的也许迸溅在你的土壤上的活血！

日寇大肆侵犯我中华大好河山，这是现代历史上带血的印记。与此前不同的是，中国已有了领导全国抗日民族统一战线的核心力量——中国共产党。此时此刻，陕甘宁边区政府所在的陕北延安，正是中共中央的驻地。环绕在陕甘宁边区外围的一道自然天险，就是河套地区的黄河。每当有新的军令，延安的八路军就要渡过黄河，奔赴前线。

还有一位爱国志士，在上海"八一三事变"发生时，离开了那里。他没有把自己的离开看作逃难，而是当作一次新的征程，他就是作曲家冼星海。1937年12月31日，他在武汉写下了《给母亲的信》，告诉母亲：

从出发到今天已经是整整四个多月了，一百多天的旅程，一百多天的过去，国土又不知沦陷多少，同胞又不知被屠杀多少？！但我们并不悲观，也许我们失去了的土地会被炸成一片焦土，但到最后胜利在我们手里的时候，我们还可以收复已失的土地，更可以重建一切新的建筑新的社会。

1938年11月3日，冼星海、钱韵玲夫妇终于到达了延安。1939年2月，诗人光未然和抗敌演剧三队也来到了延安。这一年，在延安的窑洞里，冼星海和光未然开始了他们之间最伟大的合作，中国音乐史上的史诗性作品《黄河大合唱》诞生！

于是，在《黄河大合唱》第二乐章《黄河颂》里，民众听到了这样的歌声：

啊！黄河！你是中华民族的摇篮！五千年的古国文化，从你这儿发源；多少英雄的故事，在你的身边扮演！

啊！黄河！你伟大坚强，像一个巨人出现在亚洲平原之上，用你那英雄的体魄，筑成我们民族的屏障。

啊！黄河！你一泻万丈，浩浩荡荡，向南北两岸伸出千万条铁的臂膀。我们民族的伟大精神，将要在你的哺育下发扬滋长！

还有那第三乐章《黄河之水天上来》的歌词，是格外地响亮：

啊，黄河！你奔流着，怒吼着，替法西斯的恶魔唱着灭亡的葬歌！

你怒吼着，叫啸着，向着祖国的原野，响应我们伟大民族的胜利的凯歌！

向着祖国的原野，响应我们伟大民族的胜利的凯歌！

黄河壶口瀑布

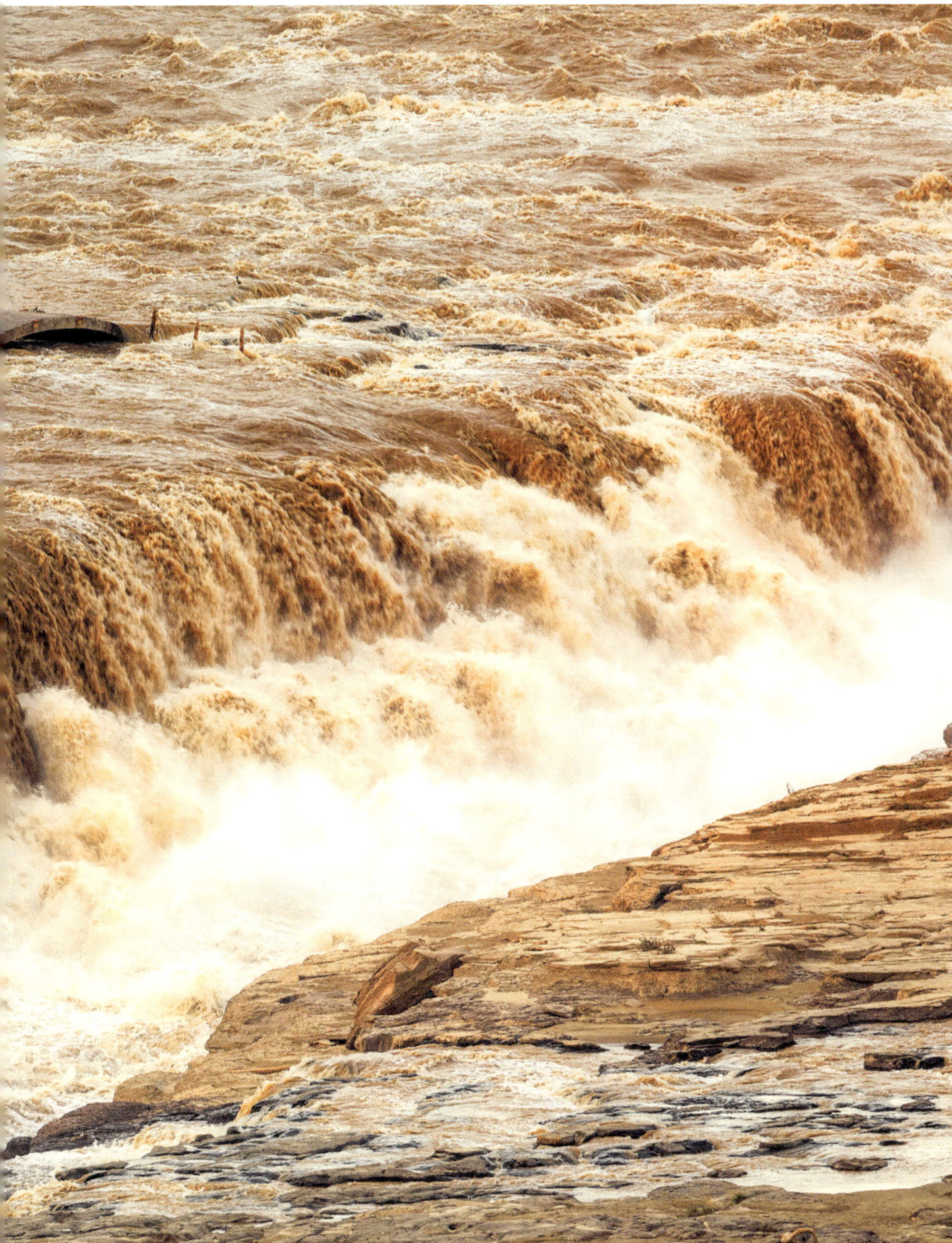

很快地,《黄河大合唱》的歌声在延安,在边区,在各个根据地开始传唱,最后的乐章《怒吼吧,黄河》的歌词"风在吼,马在叫,黄河在咆哮,黄河在咆哮!……保卫家乡!保卫黄河!保卫华北!保卫全中国!"甚至传遍了大江南北,万里江山,极大地振奋了八路军和人民大众的抗战热情,成为当时广大军民抗敌救国的精神武器。冼星海说:"这种雄亮的救亡歌声为中国八千年来所没有,而群众能受它的激荡更加坚决地抵抗和团结,是中国历史上少见的一件音乐奇迹。"

文学评论家张啸虎分析过《黄河大合唱》中深藏的伟大力量,是来自词曲作家对祖国和人民命运的关怀和忧虑:"历代诗人们,正是怀着对于人民的命运的无限关怀与满腔热情,来歌颂黄河的。《黄河大合唱》的歌声也正是继承了这种优秀的传统,并且作了新的发展——表现了新时代中新的人民的一定的思想感情。我们细读《黄河颂》《黄河之水天上来》《黄水谣》《黄河怨》《保卫黄河》等歌词,都觉得其中贯穿着一种基本精神,这就是对于人民的苦难命运的深刻同情,和对于人民的敌人的深刻憎恨,和对于人民的解放事业的胜利信心。"

这种深刻同情是缘于词曲作家对于人民遭遇苦难的感同身受,这种深刻憎恨是缘于对于侵略者无耻行为的刻骨仇恨,而这种胜利信心则是基于对全国日益高涨的抗日民族统一战线力量的感受和信赖,并坚信中国共产党是抗日战争的中流砥柱。

从《黄河大合唱》的诞生,到1945年抗日战争取得最后胜利;从1949年10月中华人民共和国成立,到1979年进入改革开放的春天,《黄河大合唱》的旋律和中国人民身上展现出来的自强不息的黄河精神,如同滔滔河水奔腾倾泻而下的黄河壶口瀑布,一直是黄河文化的最高表现形式。这就是从黄河文化里面所感受到的黄河精神,具有黄河文明内涵的黄河精神。

总的来说，黄河中下游地区大部分属于黄土高原和黄河冲积平原，地形平坦，土质肥沃，土层深厚，对早期农业开发及农耕文明的发展非常有利。在这里形成的黄河文化是中华文明的核心与基础，开启了夏、商、周三代文明。中华民族早期的行为规范、政治制度、礼乐文化、价值观念、意识形态、道德观念、崇拜信仰等都是在黄河流域形成，然后再传播到其他地方的。中国历史上的统一时期，政治中心大都在黄河流域。大量事实证明，黄河不但哺育了华夏民族的主体，而且塑造了中国人自强不息、勇于抗争的民族精神气质。所以说，黄河是中华民族的母亲河，在中华文明进程中发挥了决定性影响。

（作者系国家社科基金项目"古代畜牧业生产影响环境变化的实例研究'以鄂尔多斯高原为例'"负责人、陕西师范大学西北历史环境与经济社会发展研究院教授）

长江：
稻作文明与鱼米之乡

傅才武

中华文明本质上是一种超级"两河文明"。长江流域稻作文化与黄河粟（麦）作文化一起，构成了中华民族最深沉的集体记忆。长江稻作经济的属性与特征，经过数千年的浸润，全面溶注于中国社会的经济结构、日常生活方式和国家软实力竞争格局之中，造就了东亚大陆独特的"江河互济"的空间结构和南北耦合的文化形态，形成了中华民族的代表性符号和中华文明的标志性象征。

长江流域水系包括长江干流水系和雅砻江水系、大渡河岷江水系、嘉陵江水系、乌江水系、洞庭湖水系、汉江水系、鄱阳湖水系、太湖水系8个二级水系。嘉陵江是长江流域面积最大的支流，流域面积158 958平方千米。长江流域内湖泊众多，重要湖泊有鄱阳湖、洞庭湖、太湖、巢湖、滇池、洪湖、库塞湖、龙感湖、卓乃湖、梁子湖等。

长江为中国第一长河，干流全长6296千米，流域面积1 796 000平方千米。发源于青藏高原青海省格尔木市唐古拉山镇唐古拉山脉主峰各拉丹冬雪山西南侧姜根迪如冰川，源头区高程5663米。流经三级阶梯，干流流经青海、西藏、四川、云南、重庆、湖北、湖南、江西、安徽、江苏、上海11个省（自治区、直辖市），最后在上海流入东海。长江干流各河段有不同的名称，当曲汇入断面以上河段称"沱沱河"；当曲汇入断面至青海省玉树县巴塘河口称"通天河"；巴塘河口至四川省宜宾岷江一大渡河口河段称"金沙江"；宜宾岷江一大渡河口至长江入海口河段称"长江"，其中宜宾至湖北省宜昌南津关河段称"川江"（奉节至宜昌间的三峡河段又有"峡江"之称）、湖北省宜昌宜都至湖南省城陵矶河段称"荆江"、江苏省扬州镇江以下河段称"扬子江"。湖北省宜昌市以上为上游，宜昌至江西省湖口县为中游，湖口以下至入海口为下游。

长江干流纵剖面的落差约5670米，平均比降0.453‰。多年平均年降水深1084.6毫米，多年平均年径流深551.1毫米。长江干流流经的主要城市有攀枝花、宜宾、泸州、重庆、宜昌、荆州、岳阳、武汉、鄂州、黄冈、黄石、九江、安庆、池州、铜陵、芜湖、马鞍山、南京、镇江、常州、南通、上海等。

长江流域河流数量

集水面积	≥50 km²	≥100 km²	≥1000 km²	≥10 000 km²
河流数量/条	10 741	5 276	464	45

长江流域湖泊数量

湖泊面积	≥1 km²	≥10 km²	≥100 km²
湖泊数量/个	805	142	21

长江流域水系
（水利部南京水利科学研究院编《中国水图》，科学出版社，2022年）

上古时期的长江依靠其优越的自然条件，在1万年前就孕育了东亚稻作文明，为中华民族的繁衍提供了稳定的物质条件；中古时期的长江与黄河一起哺育了中国南方稻作文化和北方粟（麦）作文化两大亚文化圈，稻作文化与粟（麦）作文化之间的差异支撑了东亚文化圈的内部大循环，持续地推进农耕文明形态达到人类社会的较高水准，中华文化所固有的"（长）江（黄）河互济"特征，避免了其他古老文明的"内卷化"陷阱，并形成了中华民族五千年来生生不息的内在动力。

世界稻作文明的发源地

世界四大文明古国古巴比伦、古埃及、古印度和中国都发源于大河流域，后世称之为大河文明。这些大河流域大都地处北纬30度人类文明生发线附近，光照充足。再加上河流的冲刷，地势平坦，土壤肥沃，适合作物生长，独特的自然环境为农耕文明创造了良好的条件。两河流域、印度河恒河流域是麦作文明发源地，而中国长江流域则是世界稻作文明的发源地，并对世界其他文明产生了重要影响。

长江流域稻作农业在世界稻作史上具有独特地位，被誉为"世界稻作之源"。在经历了"印度起源""东南亚起源""阿萨姆-云南起源"等不同主张之后，近年来不断新增的考古证据，初步奠定了长江流域作为世界稻作文明起源的地位。1972—1974年，在长江下游的浙江河姆渡（距今7100年）发现4000多平方米的稻谷、稻壳堆积，最厚处达1米以上。同时发现耕地用的骨制耒耜，家畜猪、狗、水牛的骨头，还有干栏式榫卯结构的建筑物遗址，表明河姆渡文化已经进入了较发达的农耕文明阶段。目前，全国考古发现早于8000年的水稻农业遗址共有16处，除了广东的牛栏洞遗址和河南的贾湖遗址外，其余14处全部位于长江流域。其中包括世界上最古老的三个水稻遗址，即江西省万年县的仙人洞遗址和吊桶环遗址、湖南省道县的玉蟾岩遗址、湖南省澧县城头山遗址。尤其是澧县城头山遗址的发现，将长江流域稻作文明的历史推到1万年前，这里不仅出土了水稻，还发现了

浙江河姆渡遗址第一期文化出土谷物堆积
左：T211（4A）层出土；右：T223（4A）层出土

（浙江省文物考古研究所编《河姆渡——新石器时代遗址发掘报告》彩版，文物出版社，2003年）

古老的稻田，考古学家评价城头山为"城池之母，稻作之源"。

水稻的驯化及稻作农业为华夏民族的发展提供了重要的物质和文化基础，也是长江流域为人类做出的开创性贡献。水稻栽培技术在此后的数千年内，从长江中下游地区向外扩散。距今4000年前后，粳稻传入印度，在当地与野生稻杂交之后，形成了籼稻。在东亚方向，大约在公元前1000年前半叶传入朝鲜半岛，公元前4—前3世纪传入日本，从而产生了弥生文化。

在当今世界，水稻是栽培面积最广（约15500万公顷）、产量最高、养育人口最多（全世界大约50%人的主粮）的粮食之一。但追溯其源头，1万年前中华先民从野生稻培养出来的水稻，推动了人类社会的"农业革命"，让原始先民获得了稳定而丰富的生活资料，从整体上改变了采集和渔猎经济形态，从而实现了文明的一大飞跃。《第三次浪潮》的作者托夫勒称之为人类社会的"第一次浪潮"。

稻作文明形塑了中华文化的空间形态

万年以来中国稻作文明的演进，不仅影响了东亚文化圈的历史进程，而且改变了中华民族栖息地的文化空间结构。

（一）水稻的经济性特征，支撑了华夏民族大规模人口繁衍，维持了中华文化的持续性

经历万年驯化，易于采收、颗粒饱满的水稻，十分符合人类社会的经济性原则，最终成为中华民族的主粮，维持华夏民族万年以来的人口繁衍。

据葛剑雄、袁祖亮等学者考证，从夏王朝到春秋末的一千五百多

年间，华夏族群的人口大体维持在1000万—1300万人之间，战国末期大概达到3000万人；到西汉平帝元始二年（2），人口已达5900多万。但自西汉以后到明朝前期，中国人口始终在5000万上下浮动，一旦上升到五六千万的时候便停滞下来。这其中固然有多方面的原因，但粮食供养能力是一大关键因素。跃上5000万台阶，长江流域的开发和水稻技术的提升是其中的重要因素。江南水稻的单产要高于小麦，南方稻作还发展出一年两熟。正因为有了长江流域的水稻的供养能力，才弥补了黄河流域小米和小麦人口承载力的不足。但要把长江流域的粮食运到黄河流域，还需要开凿一条连通南北的大运河。因此，隋炀帝开始修建从洛阳到杭州的大运河，贯穿了长江和黄河两大水系，成为沟通南北的经济大动脉。元朝定都北京，开启了京杭大运河的时代。绵延千年的运河，不仅改变了古代中国的经济结构、政治结构，让大半个中国沐浴在其滋养中，也深刻地影响到中古时期中国的文化结构。

（二）稻作农业所培育的社会组织性，造就了中国典型的农耕文明形态

马克思认为，"人们的国家制度、法的观点、艺术以至于宗教观念"都是"从直接的物质的生活资料的生产"基础上发展起来的，经济方式决定了文化形态。稻作农业不仅是经济行为，同时是一种文化现象，是人类勤劳与智慧的结晶。稻作生产方式深刻地影响到华夏民族的文化心理结构。

第一，满天星斗式的聚居地、多样的文化形态。水稻的种植受地形、降水、光热等自然条件约束，需要丰富的水资源以及可以聚集水源的地形，同时还需要集体作业来修筑不漏水的田埂、便利的注水和排水系统等（如良渚遗址的超级人工水利工程），这迫使长江流域早

期社会人口既相对分散，但又小规模聚集。这样的居住和生产模式导致了长江流域古代文化像满天星斗，分散但各放异彩，形成多姿多彩的民族文化，同时也造就了长江流域地区独特的自然–文化景观，例如湖南新化紫鹊界梯田、云南元阳梯田等，构成了古老中华民族的"农耕文化记忆"。2006年5月，我国公布了第一批国家级非物质文化遗产保护名录，共10大类518项，其中与长江流域有关的多达160余项，传统手工技艺一类共有89项，而长江流域几乎占据了一半，如蜀锦、古琴、昆曲、南京云锦、安徽宣纸、都江堰水利工程技术、中国蚕桑丝织技艺等，成为全人类共同的文化遗产。

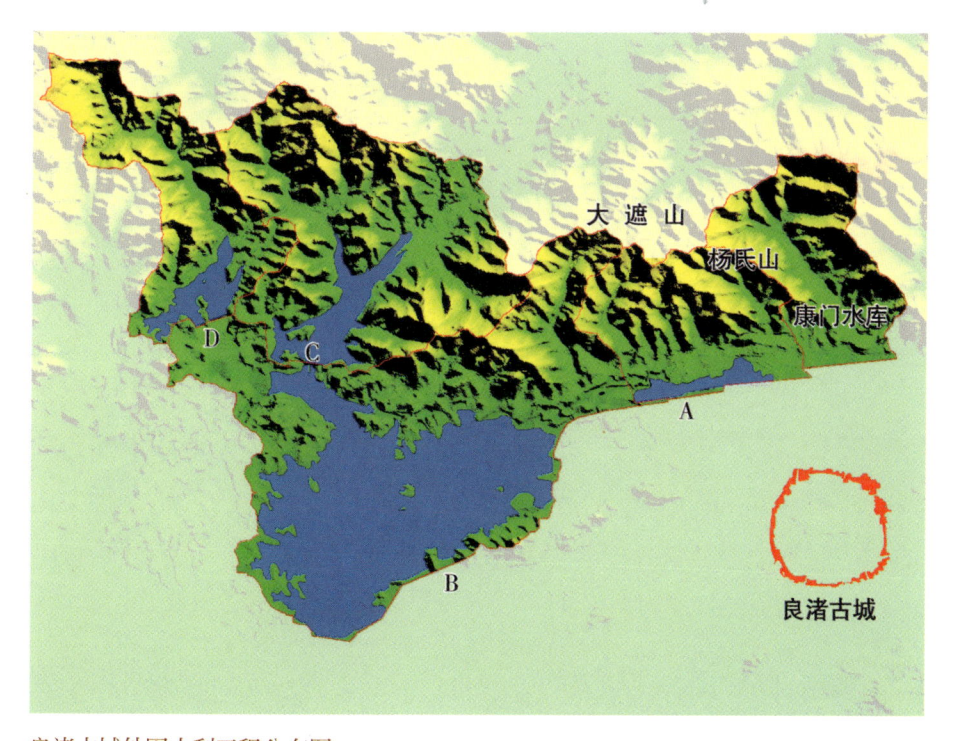

良渚古城外围水利工程分布图
A：塘山长堤；B：狮子山—鲤鱼山—官山—梧桐弄坝群；C：岗公岭—老虎岭—周家畈坝群；
D：秋坞—石坞—蜜蜂弄坝群
（刘建国、王辉著《空间分析技术支持的良渚古城外围工程研究》，《江汉考古》2018年第4期）

紫鹊界梯田之春
（罗中山 摄）

长江：稻作文明与鱼米之乡

第二，农业经济的发达支撑了农耕区稳定的社会系统。由于水稻特殊的耕种体系，让农人可以以年为周期在同一块水田中重复耕作，不必像旱地作业一样需要轮荒，因此水稻作业的社会相比旱地来说更加稳定；且精耕细作的水稻相较早期"靠天吃饭"的旱地作物更加高产，这也催生了水稻种植地区的农业技术、手工业技术有较好的改进和发展，养成了水稻种植区人们较高的文化素养和艺术水准，例如长江流域的玉雕、漆器、丝织等手工艺。由于水稻种植对水的需求，水稻种植区的人们更早也更方便地食用水中的鱼虾、贝类，鱼米之乡的生活环境造就了长江流域人们食不厌精脍不厌细的膳食结构，较为均衡的营养支撑了中华民族的智力发展。

第三，田园牧歌式的精神世界。经济生产活动借助于艺术的、文学的和宗教的通道转变为华夏族群的审美范式，建构了中华民族独特的精神世界。例如，稻米在中国文化体系中就具有特殊的符号意义，汉字中有133个字以"米"为偏旁；华夏族群的词典里更是有"巧妇难为无米之炊""救命稻草"等一系列相关成语；中华人民共和国国徽的中间是五星照耀下的天安门，周围围绕着两圈谷穗；唐代诗人孟浩然的《过故人庄》一诗，代表了农耕人心中理想的精神家园——美丽的山村风光、自然节奏、平和友善的田园生活："故人具鸡黍，邀我至田家。绿树村边合，青山郭外斜。开轩面场圃，把酒话桑麻。待到重阳日，还来就菊花。"

长江稻作文化与黄河粟（麦）作文化的差异与互补

不同的经济方式造成了长江与黄河流域不同的社会大众心理结构。美国弗吉尼亚大学联合北京师范大学等高校曾就长江流域和黄河流域不同耕作方式所导致的文化差异进行比较研究，将其研究成果《水稻与小麦耕作对比视角下中国人群普遍心理差异解释》发表于《科学》杂志。研究结果表明，南北两种种植方式对生产方式的组织产生了明显不同的影响，造就了中国麦作产区（主要集中于黄河流域）和稻作产区（主要集中于长江流域）的南北文化差异。南方稻作区的居民表现出明显的整体思维模式，而北方麦作区的居民则表现出较强的分析思维模式。稻作区的居民更具合作精神，善于形成商业合作组织；而麦作区的人更擅长在商界表现自我，富有创意。

这些社会文化现象的背后是不同的耕作方式产生的影响。梁启超先生曾在《近代学风之地理的分布》中描述中国南北地理环境对地域文化的深刻影响："气候山川之特征，影响于住民之性质，性质累代之蓄积发挥，衍为遗传，此特征又影响于对外交通及其他一切物质上生活，还直接间接影响于习惯及思想。"相比于麦作农业，水稻的生产需要长期稳定的水源供给和精耕细作。因此，在稻作区，需要建设灌溉设施以保证水源的持续供应，这就要求建立经济合作制度，使整个灌溉系统尽可能达到帕累托最优。灌溉系统不是一个一劳永逸的工程，每年都要进行修缮、清淤等工作。庞大的工作量，需要农户的通力合作才能完成。据统计，在实现农业现代化之前，稻作区的农民人均工作时间是麦作区的两倍，且必须依赖集体的力量才能完成。因此，在稻作区，其社会文化是高度集体化的互惠形式，其社会规则和道德价值观则倡导合作重于分立。相比于水稻的生产，小麦的种植不需要复杂的灌溉系统，农民无须与他人结成合作关系，努力提升个体生产率才是最优策略。因此小麦产区的农民在创新能力和个人主义的表现上，要强于南方稻作区的农民。

（一）长江文化相对于黄河文化的差异性特征

第一，发展时序上的差异。商周以前，长江文化与黄河文化大体上并驾齐驱。20世纪初考古学界在黄河中下游分别发现了仰韶、龙山、大汶口等新石器文化遗址，以及安阳殷墟等大型遗址，与《尚书》《左传》《史记》等关于夏、商、周三代文化的记述相印证，展示了上古时期黄河文化的辉煌。从20世纪开始，国人对于长江流域的遗址进行了持续的考古发掘，先后发现了长江上游的广汉三星堆遗址、巫山大溪文化遗址、新繁水观音遗址等；长江中游的湖北黄陂盘龙城遗址、江西万年仙人洞遗址、江西清江吴城遗址、江西新干商代遗址、湖南彭头山遗址、湖北屈家岭遗址等；长江下

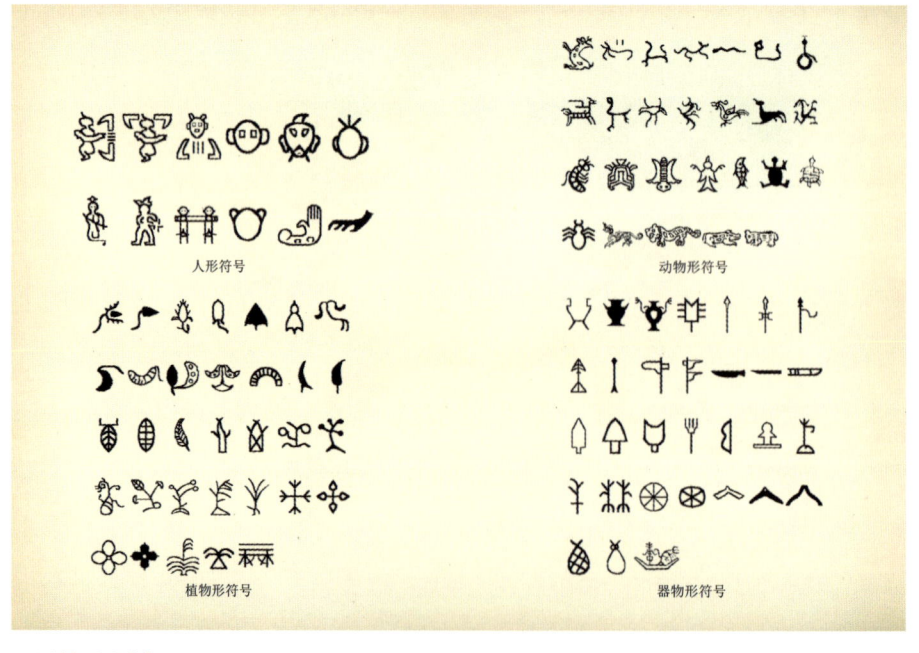

巴蜀符号举例

（严志斌、洪梅著《巴蜀符号集成》，科学出版社，2019年）

游的河姆渡遗址、良渚遗址、草鞋山遗址和马家浜遗址等。通过这些重大发现，学界普遍承认，总体上长江文明无论是延续的长度还是发展的高度，都不逊于黄河文明和世界其他大河文明。但长江流域与黄河流域在发展时序上存在区别。

古时长江流域瘴气弥漫，红壤的土质黏结，以木石器及初级金属器开垦不易，故先夏及夏、商、周时期农耕经济总体上要落后于黄河流域。晚周至秦汉，黄河流域的开发蓬勃而起，奠定了中华文化的轴心时代。黄河流域的西安、洛阳、开封一线，是历代王朝都城的首选之地，也是历代政治中心和文化中心。体现中国传统价值观的儒家文化、法家文化以及代表中华文化元典的"四书""五经"，还有最早的成熟的文字使用，大都产生于黄河流域。

汉唐时期，北方因为战乱三次大规模向长江流域移民迁徙，加快了长江流域的经济开发。唐代"自至德后，中原多故，襄、邓百姓，两京衣冠，尽投江、湘，故荆南井邑，十倍其初"。长江流域的人口因此迅速增加，经济也逐渐超越北方。随着金属（尤其是铁器）农具与牛耕的普及，唐代后期，江东人民将笨重的直辕犁改进为曲辕犁（江东犁），大大提高了水稻耕作效率，长江流域土地得以大规模开垦和熟化，其优越的水热条件渐次得以发挥，演进为物产丰富、人文兴盛的地区。从隋唐到宋元明清，长江下游及长江中游相继成为粮米、布帛和国家税赋的主要供应地。唐代有"赋出天下而江南居十九"之说，南宋有"苏湖熟，天下足"之谣，明清更流行"湖广熟，天下足"之谚，这表明长江流域的发展从下游向中游挺进的轨迹。

长江流域发展时序上的差异，也体现在长江流域（代表南方）和黄河流域（代表北方）的人口结构上。西汉时北方较南方呈3∶1的优势；到东汉时变为7∶5，南北人口差距缩小；至北宋后期，南北人口比实现了6∶4的反转，完全确立了南重北轻的人口格局。元至元二十七年（1290），北方与南方的人口之比仅为1∶7，直到明朝后期和清代才恢复至2∶3。因此，张正明先生指出，"从夏商周到元明清，在中华文明发展的历程中，黄河流域所起的作用大致呈递减趋势，长江流域所起的作用则大致呈递增趋势"。

第二，文化审美和文化形态的差异。梁启超先生总结了中国南北文化的差异："长城饮马，河梁携手，北人之气概也；江南草长，洞庭始波，南人之情怀也。散文之长江大河，多一泻千里者，北人为优；骈文之镂云刻月，善移我情者，南人为优。"正是基于地理环境上的经济生产方式的不同，进而影响南北地区人们的社会组织形式及思想观念。

中国的风俗南北差别明显，中国文化在其风格和流派上，截然分为南北两大流派，如梁启超认为："北俊南靡，北肃南舒，北强南秀，北塞南华。"北方的都城，"其规模常宏远，其局势常壮阔，其气魄常磅礴英鸷，有俊鹘盘云横绝朔漠之概"。南方的都城，"其规模常绮丽，其局势常清隐，其气魄常文弱，有月明画舫缓歌慢舞之观"。而在书法、绘画、音乐、戏曲等领域，南北两派也各领风骚。

张正明先生曾对长江文化与黄河文化的不同特点进行总结，就物质文化来说，是南稻北粟、南丝北皮、南釜北鬲、南舟北车；就代表性的始祖来说，是南炎北黄；就象征性的灵物来说，是南凤北龙；就学术的主流来说，是南道北儒；就艺术的表率来说，是南《骚》北《诗》；就艺术的风格来说，是南奇北正。

长江第一湾

（二）"江河互济"与"对角线运动"相嵌套，建构了中华文化五千年流变的动态性特征

1. "江河互济"是中国区别于其他古文明的明显标识

"江河互济"是中华文化的最重要的标志之一，构成了华夏族群最重要的历史记忆。如日本学者伊藤道治称中国早期文明为东方式的"两河文明"。英国学者赫·乔·韦尔斯也认为，"中国的文明有南北两个渊源，公元前2000年见于史册的中国文明乃是南北文化之间长期冲突、混合、交流的结果"。梁启超认为，中华民族的历史进程，受黄河和长江的影响最为显著："过去历史之大部分，实不外黄河扬子江两民族竞争之舞台也。"

正是南北（长江、黄河）这种文化差异性和竞争性的存在，使中华文化长期在东亚半封闭环境中相对独立发展的进程中，因南北文化流通互鉴而拥有了轴心文明发展的内生动力。中华文化历来是由北南二元耦合的，北方以黄河文化为标识，南方以长江文化为表率。冯天瑜、张正明等著名学者称中华文化是"江河互济、二元耦合"的文明系统，且正如冯天瑜先生所言："回望古史，黄河流域对中华文明的早期发育居功至伟，而长江流域依凭巨大潜力，自晚周急起直追，巴蜀文化、荆楚文化、吴越文化与北方之齐鲁文化、三晋文化、秦羌文化并耀千秋。"

东周以降，黄河文化与长江文化双轨并进，"龙–凤"齐舞，"风–骚"竞辉，"儒–道"相济，构造了中华文化"和而不同""多元一体"的宏大气象。正是以长江文明与黄河文明的内在差异性为基础形成的文化循环流动，在世界地理大发现之前支撑了东亚同一文化系统的内部大循环，建构了中华民族生生不息的内在张力，从而避免了像世界上其他文明那样因趋同化而陷入板结停滞的"内卷化陷阱"。

2. "对角线交叉"推动"江河互济"和"太极推移运动"，体现了中华文化五千年流变的轨迹

除了"江河互济"的特征外，中华文化的另一大特征就是"胡焕庸线"和西域—东南线的对角线交叉的人口经济运动和中外文明交流互鉴，构成了中华文化五千年的文化演进的流动性特征。"对角线交叉"与"江河互济"相嵌套，长江文化和黄河文化两大亚文化区形成"太极推移"——长江稻作文化区和黄河粟（麦）作文化区的分立与互补，在"胡焕庸线"两侧的人口迁徙和西域—东南线的中西文化交流的双重作用下，形成东亚文化圈的文明轴心，反过来又驱动两条对

角线扩张，在地理大发现之前的东亚大陆内部半封闭的地理环境中，建构起广义儒家文化的超级文化生产和再生产空间。

"胡焕庸线"是中国的人口地理线，体现了中国五千年来的人口流动和经济重心变化特征。西域—东南线主要是文化交流线，体现了半封闭环境下大陆型民族的文明互动演进路径。这两条线交汇作用于长江文化区和黄河文化区。相对于长江流域，黄河文化的早熟使其在先秦时期形成了较高的文化势能。以"泰伯开吴"为标志，黄河文化的因素从陕西即黄河流域的中游，流播到长江中下游的太湖流域，开启了黄河文化和长江文化交流和流动的"对角线"。有学者认为，这条对角线的开辟，从"由北而南、由河而江、由陆而海"这三个维度上启动了华夏文化体内部的长江文明与黄河文明的互动，启动了江南与中原的互动，从而"牵动了中华民族共同体的生命线"。中华民族不论是在古代承受北方游牧民族的冲击时，还是在近代承受西方文明的冲击时，这条文明对角线所支撑的巨大的回旋余地使历史文脉传承不曾中断。

在"对角线运动"的作用下，黄河文明和长江文明形成了"太极运转"式的南北推移，建构了"江河互济互摄"的文化大循环，从而避免了中华文化共同体因囿于半封闭的东亚大陆而陷入"内卷化陷阱"；"江河互济"和"对角线运动"的相互嵌套协同，建构了维系中华文化共同体传承不辍的强大内生力量。

综观世界历史，在四大古文明中，华夏文明之所以能够避免古埃及、古巴比伦和古印度文明发展中辍的命运，原因固然很多，但其中重要原因之一是华夏民族很幸运地拥有一条同样自西向东并与黄河平行的长江，构成了超过300万平方千米的战略回旋空间（同期的其他古文明不过数十万平方千米），这种"江河互济"的地理格局构成了世界上其他古文明所缺少的战略纵深。在北方游牧民族的强大压力下，黄河流域和长江流域形成了紧密的空间纵深互动。当黄河流域成为对抗北方游牧民族入侵的前线时，长江流域成为提供后勤保障的战略大后方；一旦黄河流域经济社会陷入衰弱，这时长江流域就会接过中华文明传承发展的火炬，继续与黄河流域一起，共同促进华夏民族的繁荣兴盛。可见，长江流域所孕育的稻作文化不仅避免了中华文化共同体因囿于半封闭的东亚大陆而陷入"内卷化陷阱"，而且建构了维系中华文化共同体传承不辍的强大内生力量，不仅使得中华民族的政治、经济、文化等各方面形成南北互动互补，也使得中华民族在承受各种强烈的挑战和震撼时，能够不断开创新局面，并为中华民族之复兴赢得了巨大的发展空间。

（作者系国家社科基金艺术学重大项目"文化和旅游融合视野下长江文化保护传承弘扬研究"首席专家、武汉大学国家文化发展研究院教授）

华夏文明中的山脉

唐晓峰

中国是一个多山的国家，华夏文明是个多山的文明。

在两千多年前的《五臧山经》一书中，就专门记载了山地的广阔与神奇。古人认为山地与人类密切相关，而且是多方面的。这种多方面的相关性，古人理解为山地的神性。高山具有神性，在人类早期地理思想中占有重要地位。稍晚的《禹贡》，则以现实主义的手法，记载了九州具体的名山。九州是现实的文明世界，九州之内的高山成为中华文明历史舞台上的独特风景。

在文明历史发展的过程中，山脉一方面具有政治、军事、交通价值，另一方面又具有思想、艺术价值。这两个方面的价值，在中华文明历史中均有充分的体现。

山脉与历史

以交通障碍为基本属性,山脉在政治、军事方面具有不可回避、无须论证的重要作用。人类社会群体的发展在触及山脉的界线时,必然面对选择。在守成的一方是屏障,在积极进攻的一方是逾越的目标。屏障使一些群体得以持续生存,而逾越则是更大的地域整合必须完成的任务。

对于发展的群体,在山脉面前思考并实践探索的主要是"要道"。对于守成的群体,思考并努力构建的主要是"雄关"。同一个山谷,一攻一守,是一对人文属性,是人文行为赋予山脉形体的双重价值。在中原的山脉中,古人既有"太行八陉",也有"天下九塞"。陉是通道(陉,连山断处,又通径,为通道),塞是防守。太行八陉中有井陉,天下九塞中也有井陉,它既是陉,又是塞。这正是双重价值的一例。

太行山可视为中华文明的第一历史名山。太行山内外有着比较复杂的人文关系,一方面,太行山外面的山麓地带,特别是东南方一带,是早期华夏文明起源的重要地区,诞生过不少大小都城。另一方面,太行山里侧却是"戎狄"的天地。山地适宜戎狄活动,他们"各分散居溪谷,自有君长",具有另一种与平原农业社会不同的生态系统。山内的戎狄与山外的华夏,有着很长时期的攻防历史。

晋国是被分封在山西南部山区的华夏诸侯国,开始时势力不大,被戎狄包围,"拜戎不暇",后来逐步强大,向北发展。晋国及其拆分出来的韩、赵、魏,逐步统治了太行山内的大小盆地,实施经济开发,政治稳定,戎狄或被同化,或被逼迫到边缘地带。赵国更是向北拓展，直达阴山下。

华夏文明触碰了阴山，随即开启了宏大的历史。阴山是中国北部的名山，历史名气颇大。不过，在许多历史叙事中，却被概念化为一种巨大的天然的屏障，其意义只在于分割两个大地理单元，分割两种经济，进而分割两大民族形态。另外，阴山似乎总是与战争一起被描述，被认识，被记忆。现在，越来越多的学者认为，这种概念是错误的。阴山具有历史纽带的一面，沟通是阴山历史发展的主流趋势。

中国中部的秦岭山脉横亘东西，与太行山南部及中条山接近。这些山脉之间是古代华夏文明的轴心地带，著名的函谷关就在这里。函谷关不是华夷分界，而是华夏地理结构内的自分，具有突出的军事以及社会文化意义。洛阳为首都的时代（东周），老子从东向西走，是出函谷关。后来长安为首都，于是反过来，从西向东走算出函谷关。这个"出入"的称呼的变化，反映了古代华夏世界政治地理结构的反转变化。

秦岭山地构成宏观气候分界线，南北两方气候不同，远古以来孕育了不同人文群体。北方为华夏故地。秦岭南面，西有四川盆地，东有汉水流域，古代各自发达。四川盆地曾有巴蜀文化，三星堆遗址令人惊异。汉水流域乃楚国地盘，楚君曾自称为"王"，问鼎中原。

在古代经典地理文献《禹贡》中，将楚地称为荆州，将蜀地称为梁州，为"九州"中的两州。《禹贡》如此描述，已经将秦岭南部归入华夏，这是长期文化融合的结果。早时的二里头文化曾沿秦岭东端南传，如果二里头文化果真为夏代遗存，则夏朝已经开始了南扩的历史。到了商代，已经在长江附近建立据点，今湖北黄陂发现了地地道

昆仑山

道的商朝文化遗址,有城邑、宫室、贵族墓葬。周朝在汉水北部封建诸侯,称"汉阳诸姬"(周统治者是姬姓)。

秦国从秦岭西边通道进入四川,壮大国势。自渭河流域向东南,另有一路,斜穿秦岭,经武关到达今南阳一带。这一线交通在关中建都的时代也是极其重要。刘邦就是由这条道路,抢在项羽前面攻入咸

阳。《史记·秦始皇本纪》说：子婴为秦王才四十六日，"沛公破秦军入武关，遂至霸上，使人约降子婴"。秦岭南北方政治的整合是华夏文明发展的又一巨大成就。

再来看燕山。燕山接续太行山，继续向东勾勒出古代华夏区域的边界。这些山脉的走势，仿佛是"天以限华夷"，很是完整。燕山南

太行山

面是大平原，北面是蒙古高原，又是两个人文生态世界。燕山阻挡北面季风，南部山脚下适宜人居，早有人群集团在这里发展。周武王灭商，为了安抚天下各种势力，分封了一些中立的集团。在今天北京这块地方，有一个中立集团被封为蓟国（都城在今宣武门一带）。不久，周朝派自己的人来，在南边不远的地方建立燕国（都城在今北京房山琉璃河）。天下是周人的，燕国当然势力更大，找个机会便将蓟国灭掉。燕国随后成为北方大国，但初期仅局限在燕山以南的平原地区。

　　燕国的发展，战略方向之一是向北翻越燕山。《汉书·匈奴传》载："燕有贤将秦开……袭破东胡，〔东胡〕却千余里。"燕国遂占据整个燕山山地，并在燕山北坡修筑长城。燕国之举，掀开了燕山南北两方争雄的历史。燕山虽不及太行、秦岭绵长，但其南北两方的争雄，仍然是中国历史中头等地位的大事。

以燕山为中心做宏观地理观察，西北方是蒙古高原，南方是辽阔的华北平原，东北方是东北平原及山林。在中国王朝历史后期所出现的历史地理事实，足以说明燕山地位之重：正是来自这三个大地区的人，依次建立了统治整个中国的庞大王朝。从蒙古高原来的蒙古人建立了元朝，从南方来的汉人建立了明朝，从东北来的满人建立了清朝。燕山脚下的北京城，作为这个历史大旋涡的中枢，成为中国的京师首善。

燕山上的长城，见证过波澜壮阔的历史。燕国首先在燕山北部修建长城，秦朝因之。到北朝时期，北齐改在燕山南部修建长城，后代继续修缮利用。燕山可以说是伟大的长城之山，燕山长城与京师最贴近，时间最持久，形态最壮观，守卫的是一系列南北往来的著名通道，如居庸关、山海关等。关，属于山脉，属于社会，属于历史。自然的高山，配以古老的人文雄关，是我国高山文化十分突出的特色。

五岳：高山神圣性的代表

拨开历史中的战争风云，我们看到山脉历史的另外一面，即厚重的思想文化属性。在思想性方面，当首推五岳。五岳是具有方位代表性的神圣高山，它们是文明核心地域范围的象征，是华夏文明地理构建中极具特色的成果。

中国高山众多，同大川一样，是最显而易见的自然地理景观。一些位置重要、形体显赫的高山，在中国古代文明的形成、发展过程中，最早被赋予了人文含义，它们就是古代的"名山"。对"名山"，古人又依不同的标准，将它们分类组合，排成名山系列，构成象征意义,五岳便是其中之一。

五岳是华夏地理文化中五大名山的总称,是王朝政教、宗教信仰、自然审美共同推动的产物,有悠久的历史,也有很浓的意识形态色彩。五岳包括东岳泰山(主峰海拔1532.7米,位于山东泰安泰山区)、西岳华山(海拔2154.9米,位于陕西华阴)、北岳恒山(海拔2016.1米,位于山西大同浑源县)、南岳衡山(海拔1300.2米,位于湖南衡阳南岳区)、中岳嵩山(海拔1491.7米,位于河南登封)。

在先秦以至秦汉时代,除了五岳,"名山"还有其他不同组合,如《周礼·职方氏》有九大"山镇",《吕氏春秋》有"九山"。秦

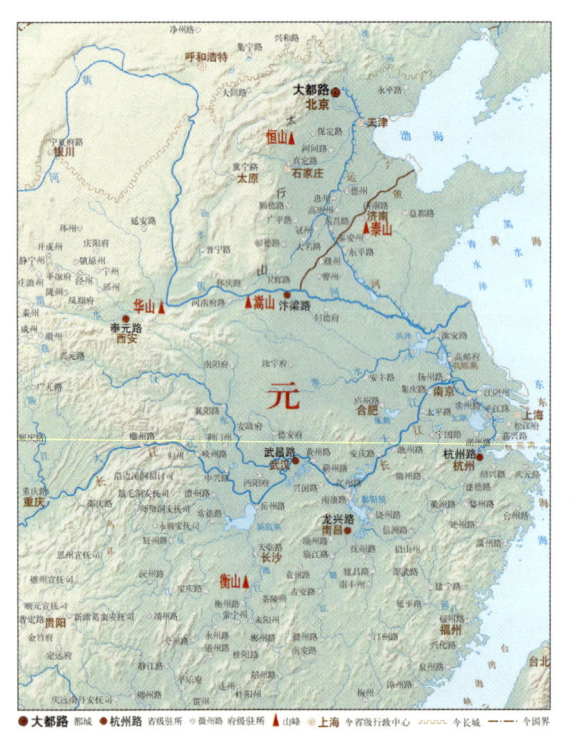

元代五岳分布图
元至顺元年(1330)

清代五岳分布图
清嘉庆二十五年(1820)

始皇统一中国后，因不满旧的岳山系统，下令将天下的名山重新排序，共有十二座大山：太室山、恒山、泰山、会稽山、湘山、华山、薄山、岳山、岐山、吴岳山、鸿冢山、渎山。著名的《汉书·地理志》则因循《周礼·职方氏》的九州，强调了"州山"。在诸多名山组合中，岳山诞生久远，地位最重，又是唯一流传至今、在社会上广为人知的名山系统。

在五岳系统中，泰山、华山、衡山、恒山称岳较早。汉武帝时又正式推出嵩山，汉宣帝则颁发诏书，确定以泰山为东岳，华山为西岳，霍山（即天柱山，今安徽境内）为南岳，大茂山（今河北唐县）为北岳，嵩山为中岳。后来，隋文帝杨坚确定湖南湘江之滨的衡山为南岳，废霍山。清顺治年间，正式下诏移祀北岳于浑源恒山。这样，五岳最后确定了下来。

据研究，岳字在商代甲骨文中已经出现，写作 ，指一座特别的高山。甲骨文中山很多，有"十山""五山"，但只有一座山被称为岳，可见岳的独特性。岳在商人的信仰中，具有神性，而且是很高的神性，它常被放在很高的等级中祭祀，可与土（社）、祖同时祭祀。岳是景观中极高的大山，"峻极于天"，于是具有通天的意义，在祭祀中应代表天神。商人祭祀岳，常常是求雨，这在早期农业社会中是极为重要的事情。不过，商人所称的岳是指哪一座大山，至今没有定论，根据商人的活动地域推测，这个岳大致在今太行山南部的某处。

岳的名称在传世早期历史文献中也已经存在，如《尚书·尧典》中有"四岳"："帝曰：'咨！四岳。朕在位七十载，汝能庸命，巽朕位？'"这里，四岳是指四方诸侯之长，是人物，却具有高山的名号，为什么？这是个很有意思的问题。表明自然的大山已经具有人文

华山

的象征性，而且是高层象征性。这是一个关键的发展，在中国古代政治思想史、地理学思想史中都是值得探讨的有趣问题，体现了中华文明的一个特色。

在稍晚的历史文献中，我们读到一些具体的岳的名称，它们的位置很清楚，例如吴岳是指今陕西的吴山，太岳是指山西的霍山。在岳前面加一个太字，应是表示此岳在诸岳中的突出地位，说明当时可能有若干大山都有了岳的称呼。岳山数目的增加，说明不同的地区都接受了岳的概念，在各自的区域内，选认出本区的岳山。一般认为，五岳概念的最后确立是在汉武帝的时候。《汉书·地理志注》：颍川郡崧高县，"武帝置，以奉太室山，是为中岳"。

值得注意的是，在岳这个名称之外，"镇山"也具有了类似五岳的布局模式。镇山也是地位特殊的大山，最有代表性的是《周礼·职方氏》里面的"九镇",它们各代表一个地区,例如:"正东曰青州,其山镇曰沂山……东北曰幽州,其山镇曰医无闾。"为什么在每一个区域中要推选一座大山,其意义何在?在《周礼》的叙事中,"镇山"的概念与岳山似乎没有区别。有些镇山在其他文献中也被称作岳山,如兖州的岱山(泰山)、并州的恒山。镇山的概念也流传下来,最终也确定为"五镇",为东镇沂山、西镇吴山、北镇医巫闾山、南镇会稽山、中镇霍山,它们分布在五岳的外围。其中的医巫闾山很值得关注,它位于今辽宁北镇市,其名称在先秦时代的《楚辞》中已经出现。东北地区的山脉在很远的南方出了名,让我们见识了当年的文化传播力之强与人们的地理视野之广。

在岳以及镇的演变中,趋向于在地理空间中的均匀分布。"五"这个数字很可能与五行的思想有关,代表着方位的平衡。在传统时代,许多事物的地理分布都喜欢取东西南北中的五方位模式,这种具有理想性质的空间分布模式是中华文明的特色。五岳大范围的均衡分布,类似九州,确定了华夏空间认同的范围,具有地理上的法统意义。

五座高山,分方位耸立,又结为整体,是维"中国"、表华夏,象征江山一统的神圣地理框架。《礼记·王制》的一段话讲疆土的南北范围,是这样一段一段说的:"自恒山至于南河,千里而近;自南河至于江,千里而近;自江至于衡山,千里而遥。"讲疆土四至,是这样说的:"西不尽流沙,南不尽衡山,东不尽东海,北不尽恒山。"可见南北二岳被看作疆土整体的南北线。在帝王的实际政治活动中,五岳与巡守(或称巡狩)建立了密切联系。巡守,即君王到其所统治的各个地区巡查,"巡"是巡行、视察的意思,"守"是诸侯为天子守土。在历史传说中,舜已经开展了巡守活动,而且是以至岳为象征。《尚书·舜典》记载："岁二月，东巡守，至于岱宗……五月南巡守，至于南岳，如岱礼。八月西巡守，至于西岳，如初。十有一月朔巡守，至于北岳，如西礼。"后人解释说："诸侯为天子守土，故称守。巡，行之。"舜的这个传说的出现是为了树立圣王的典范。在一个地域广大的国家中，君王到各地巡查，是必做的要务。

周人克商之后，面临如何有效地控制、统治东方辽阔疆土的难题。周人虽然在国土上全面建立了分封制，以藩屏周，但周天子自己仍然经常要到各地巡视，检查诸侯国的情况，观当地风俗礼仪，同时向当地人展示天子的威仪，以平衡"诸侯自专一国"的情形。《左传》隐公八年的记载，表达了周王东巡守到泰山祭祀的意思。

据说巡守是定期的，唐虞的时代是五载一巡守，夏后氏因之。到了周代，改为十二年一巡守。毫无疑问，对于一个地域广大的王朝的天子来讲，巡守是在大空间内实现政治控制的必要手段。

有意思的是，天子巡守本来是冲着诸侯去的，但说来说去，诸岳却成了巡守活动的主要对象，前面所引《尚书·舜典》中关于舜的描述，已经这样说了。《说文解字》中也这样说："东岱、南霍（按：当时的南岳是霍山）、西华、北恒、中泰室，王者之所以巡狩所至。"这是因为五岳居东南西北中，具有方位的完整性，象征"普天之下"，在礼法意义上又是"安地德者也"，所以，"夫岳者，以会诸侯"，诸侯们"必择其地近之岳而朝焉"。为了便于辅助天子祭祀，诸侯在岳（主要是东岳泰山）的附近往往有汤沐之邑（类似宾馆）。五岳是王朝地域政治以礼法形式、神圣姿态出现的五大核心，天子的巡守制度将它们统联为一体。至岳，成为巡守活动的高潮。

秦汉以后，巡守礼制沿循不衰，秦始皇、汉武帝做得很到位。到隋唐时期，皇帝将要巡守时，也会事先通知诸州的官员。事实上，为巡守事，也就是为社稷计，天子要不辞辛苦，到处视察。

五岳分布在"中国"的东西南北中，距离很远，"车驾"能否座座都去，是个实际的问题。除了传说中的舜而外，似乎只有汉武帝"自封泰山后，十三岁而周遍于五岳"。秦始皇除泰山外，还曾登湘山、会稽山，这是秦朝所序东方五大名山中的两座，他去没去过其他岳山，不知道。

对于京师在西部的君王来说，巡守活动的重点是东方，东岳泰山当然在此项活动中具有突出的地位，对于泰山的祭祀也就优于对其他岳的祭祀。如汉宣帝时五岳、四渎皆有常礼，唯有泰山与黄河每岁五祠，其他则只有三祠。关于泰山，还有一项特殊的活动，叫封禅，并渐渐成为一项独立的大典。古人的解释是："此泰山上筑土为坛以祭天，报天之功，故曰封。此泰山下小山上除地，报地之功，故曰禅。"泰山下的小山叫梁父。

对于高山，自古便有祭祀的传统。"山岳则配天"，它们被视为神明，成为天子诸侯的望祭对象。望祭山川是古代最有地理味道的祭祀活动。望，是不即之名，够不着，只能望，古人有望山、望川、望海、天子四望、诸侯三望等。

名山祭祀是崇高的礼仪，天子若表现平平，不能"以薄德而封名山"。诸侯们更要谨慎恭敬。名山有什么异常，君王们也要有所表示。《左传》成公五年记载：梁山崩，"君为之不举、降服、乘缦、彻乐、出次、祝币、史辞以礼焉"（这些都是素衣、省用之类的行为）。

《周礼》曰："天子祭天下名山大川"，"诸侯祭其疆内名山大川"。对名山大川的祭祀，天子、诸侯各司其职。天子只负责五岳、四渎，其余山川按照地域，各归当方诸侯。大夫以下似乎没有望祭山川的资格，只能祭门户左右及祖考而已。对于诸侯境内的岳，诸如鲁国和齐国的泰山，诸侯们可以望祭，却不得登封，登到泰山上去封禅的，必须是天子。

五岳在名山中地位最重，故五岳的归属尤被视为天下盛衰、朝廷强弱的标志。周成王时，爰周德，始有泰山之封。春秋时代，天子纤弱，诸侯称霸，天下扰攘，于是齐桓公、季氏等也如楚王问鼎一样，想要问一问泰山。汉文帝初年，躬修玄默，故名山大川仍在诸侯，直到武帝时，济北王献泰山，常山王罪迁（恒山在汉文帝刘恒时，因避讳改称常山），"然后五岳皆在天子之郡"。"五岳皆在天子之郡"，不再属于诸侯国的地盘，从中央王朝的角度看，显然是一令人满意的地理局面。这些都说明了五岳，特别是泰山的政治象征意义。

中岳嵩山尽管位置居中，地位却不如泰山。"鲁邦所詹"的泰山始终为五岳之尊，华夏之首，独具封禅的资格。泰山封禅，即封泰山禅梁父，传说肇自久远。《史记》中引了管仲的一段话，说周成王以前的七十多位先古帝王都曾到泰山封禅。不过周成王以后便没有什么人再去封泰山，直到秦始皇。其间齐桓公有意去封一下泰山，管仲却认为他不够资格，以"凤皇麒麟不来，嘉谷不生"为由，将其劝阻。

对于京城在西部的帝王，泰山封禅是一项距离远、规模大、涉面宽的政治礼仪活动，只有位在至尊的帝王于盛世的时候，才有能力举办。而天下纷争、国君纤弱之岁是组织不起这样的活动的。所以自从周室衰微以来，封禅之事宁息。到了秦始皇的时候，有条件、有资格举行泰山封禅了，但其仪湮灭已久，没有人说得清楚。"于是征从齐鲁之儒生博士七十人，至乎泰山下"，讨论封禅的仪式。儒生们议论了一番，"始皇闻此议各乖异，难施用，由此绌儒生"。但始皇还是

泰山上的"五岳独尊"石刻

"自泰山阳至巅，立石颂秦始皇帝德，明其得封也。从阴道下，禅于梁父"。

秦始皇封泰山之后一百余年，汉武帝元封元年（前110）"始建汉家之封"，登临泰山。汉武帝封泰山固然有寻仙问方、求长生不死的成分，但对五岳观念在社会上的树立还是起到巨大的推动作用。如前所说，他自封泰山后，十三岁而周遍于五岳，在其后二十三年里，幸泰山达七次之多。作为一个有影响的天子，他的这些行为无疑令天下为之风动。尤其是泰山封禅，在当时的人看来，是百年不遇的盛大典礼。

以上所引古人的叙述，虽然并不尽是事实，但他们的这些想法或方案都是有思想史意义的。五岳概念的形成，是中国古代地理思想史的一件大事，而五岳本身则是古代文化地理与政治地理的重要内容。众所周知，运用礼仪制度与道德规范对政治进行有力的辅助和补充，是中国古代文明的一大特点。两周以至秦汉时代，是中国古代政治文化的形成期。在政治地理方面，完成了充分的封建制的实践，以及由封建制向郡县制的深刻转变，从而解决了对广阔国土进行一统性政治建设的艰巨的历史课题。五岳从概念到事实的确立，是这一政治-文化地理过程的重要侧面。它一方面以礼仪道德的形式支持着对辽阔国土的一统性的建设，另一方面则展现了中国文化是如何向自然景观灌注浓厚的礼法政治含义，从而使其成为独特的描述华夏文明的地理语言。

基于它们的自然基础与社会声望，五岳在历史中被赋予了更丰富的文化，这主要表现在宗教文化与自然审美文化上。中国道教、佛教本有利用高山山势的传统，五岳不可避免地受到格外的青睐。在朝廷的默认或首肯之下，道教与佛教登上了五岳，一些宗教建筑甚至成为岳的景观象征。另外，自从南朝兴起自然审美文化，即山水审美，五岳就成了这种文化中的重要角色。"东岳泰山之雄，西岳华山之险，中岳嵩山之峻，北岳恒山之幽，南岳衡山之秀"，是五岳各自的风姿。

在中国数千年文化史中，借助高山景观的情思抒发，源远流长，每个大时代的颂歌中都有山的位置。比如："于皇时周！陟其高山，隋山乔岳，允犹翕河""泰山岩岩，鲁邦所詹""分野中峰变，阴晴众壑殊""举头红日近，回首白云低""山，快马加鞭未下鞍。惊回首，离天三尺三"。

中国的山脉资源丰富，千姿百态。对于山脉的各个方面的书写，是中华文明中值得自豪的文化遗产。

（作者系国家社科基金项目"山西汾涑流域文明起源与早期发展的历史地理研究"负责人、北京大学城市与环境学院教授）

秦岭—淮河线：中国的"南与北"

王社教

和合南北、泽被天下，我国中部东西向的高大山系——秦岭，西接青藏高原北部的昆仑、祁连诸山，东尽于河南省中部，与我国古代"四渎"之一的淮河东西相连，绵延数千千米，不仅是我国的中央水塔，更成为我国重要的地理分界线。

人们常常以秦岭—淮河为分界线，将我国分为南北两部分，比较和讨论南北的自然地理差异和人文地理差异，分析南北的区域地理特征。然而，秦岭—淮河不仅仅因各种自然属性之异而"分"南北，更因其作为中华文明发展的轴心地带，作为我国南北政治、经济、文化交融的枢纽区域而"和合"南北。秦岭—淮河线在中华民族发展史上和中华文化中具有崇高的地位，更成为中华民族的祖脉和中华文化的重要象征。

南北地理分界线的确立

地球是一个表面不均衡的球体,陆地和海洋相间,山脉和河流密布,形成不同的地理区域。由于高山大河在自然地理区域形成中具有重要的影响作用和显著性标志,且是早期人类难以逾越的屏障,自然而然地成为自然地理区域和不同部族、政权生产和生活的分界线。

古人很早就对秦岭、淮河地理分界线性质有直观的认识并加以利用。《晏子春秋》云"橘生淮南则为橘,生于淮北则为枳",说明春秋时人们对淮河南北的气候差异和植被差异有着明确认识。《史记》曰:"楚越之地,地广人希,饭稻羹鱼,或火耕而水耨,果隋蠃蛤,不待贾而足,地势饶食,无饥馑之患,以故呰窳偷生,无积聚而多贫。是故江淮以南,无冻饿之人,亦无千金之家。沂、泗水以北,宜

秦岭—淮河区域图

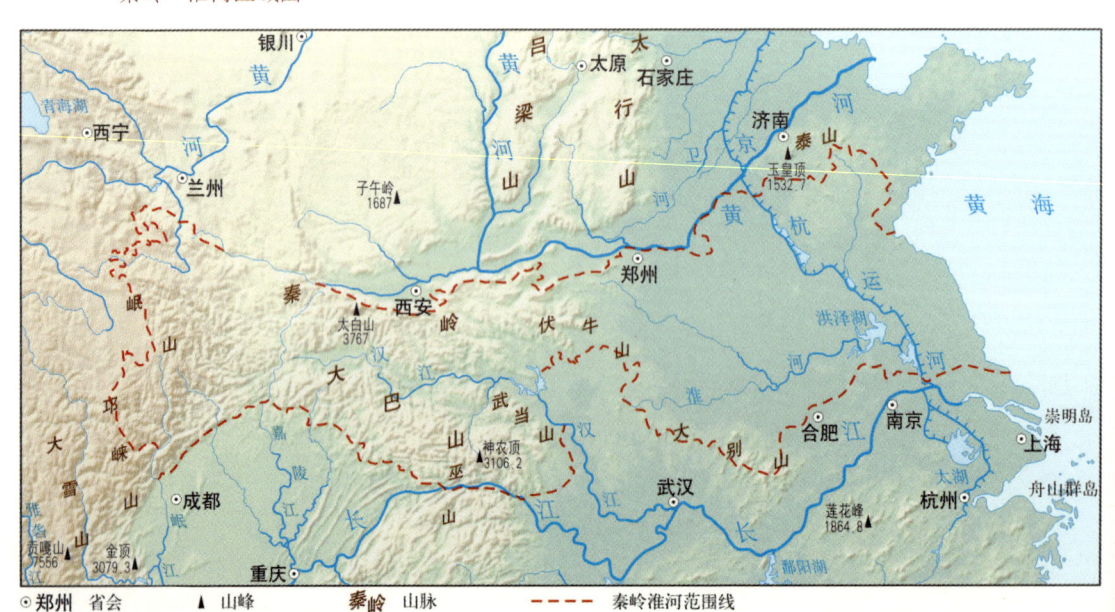

五谷桑麻六畜，地小人众，数被水旱之害，民好畜藏，故秦、夏、梁、鲁好农而重民。"通过一系列经济和人文要素的对比分析，司马迁也发现淮河南北无论是人口密度、农业生产还是风俗习惯，都有明显的不同。这是我国第一次对当时的人文地理区域进行划分，也是古人对秦岭—淮河作为南北分界线最朴素的认识。

当然，我国古代对秦岭—淮河地理分界线利用最多的是在行政区划和政治地理方面。《禹贡》划分九州，其中豫州和荆州以秦岭东段为界，雍州和梁州以秦岭主体为界，徐州和扬州的分界线则是淮河。西汉时期，郡国是最高行政区划单位，以秦岭为界，秦岭以南自西向东设有武都、汉中郡，以北自西向东设有右扶风和京兆尹，而以淮河为界，自西向东，南北分别设有江夏郡、六安国、九江郡和汝南郡、沛郡。东汉情况与此相似。东晋十六国时期，东晋王朝和十六国政权的疆界也大部分时间维持在秦岭—淮河一线。唐贞观年间，划分全国为10道，开元年间分为15道，秦岭、淮河都是重要的分界线之一。两宋之际，秦岭—淮河作为两个政权边界的作用更加突显。《宋史·地理志》载："高宗苍黄渡江，驻跸吴会，中原、陕右尽入于金，东画长淮，西割商、秦之半，以散关为界。"宋、金两个政权明确划定以秦岭—淮河为界。

魏晋南北朝时期，伴随着北方人口的大量南迁和经济重心南移，南方的文化快速发展起来，一度可与北方比肩。人们开始以地域，而不是政权范围来讨论相关事物的差异，以秦岭—淮河作为分界线的南北意识由此产生。《世说新语》载褚季野、孙安国、支道林三人议论南人和北人的学问，褚季野说"北人学问，渊综广博"，孙安国回答"南人学问，清通简要"，支道林谓"北人看书，如显处视月；南人学问，如牖中窥日"。唐初《隋书·儒林传》云：东晋以后，"南北所治，章句好尚，互有不同"，"大抵南人约简，得其英华，北学深芜，穷其枝叶"。李延寿编《南史》《北史》，《南史》包括定都于长江流域的宋、齐、梁、陈4个政权的历史，《北史》包括定都于黄河流域的北魏、东魏、西魏、北齐、北周和隋6个政权的历史，首次以地域空间统领纷乱的朝代，明显地是将不同民族建立的政权看成中华一体。元、明、清三代都是大一统国家，以南北审视区域差异屡见不鲜，甚至出现了南北实行不同行政政策的情况。元朝将人口分为四等，一等蒙古人，二等色目人，三等汉人，四等南人。钱大昕《十驾斋养新录》谓"汉人南人之分，以宋金疆域为断，江浙、湖广、江西三行省为南人，河南省唯江北淮南诸路为南人"。秦岭、淮河作为南北意识中的分界线昭然若揭。明代科场分南卷、北卷和中卷，南卷施行于应天、苏、松诸府和浙江、江西、福建、湖广、广东，北卷施行于顺天、山东、山西、河南、陕西，中卷施行于四川、广西、云南、贵州及凤阳、庐州二府和滁、徐、和三州。顾炎武、阮元、梁启超等明清著名学者皆有以南北比较风化之失、学者之病和文学艺术流派的论述。

随着现代地理学研究和气候观测技术的进步，秦岭—淮河线作为我国南北地理分界线的科学意义逐渐确立，内涵也逐渐丰富。

清光绪三十一年（1905），屠寄编著的《中国地理学教科书》指出："因南北二岭天然之势，画分中国内地为三大区：一为北岭以北黄河之领地，二为北岭以南扬子江之领地，三为南岭以南珠江之领地（含闽江）。"其中的南岭指今天位于江西、湖南和广东、广西交界地带的南岭，北岭即指今天的秦岭。这是我国首次以南岭和秦岭为分界线，从地形地貌上将全国划分为三大区域。1908年，我国现代地理学的创建人张相文先生在其《新撰地文学》中将中国的生物分布划为

秦岭

四带,其中"中带:南北二岭之间,东尽淮水以南。动物多家畜,鲜特异者。植物多棉、麻、楮、竹、桐、漆、桑、茶等","北带:南界北岭淮水,北抵阴山长城。动物多驯驴、良马、山羊,西部多麋鹿、犀牛。植物多梨、枳、榆、檀、栗、柿、葡萄等"。这是从生物地理上对我国进行的地理区划,也是第一次将秦岭和淮河连在一起,作为一条重要的地理分界线。

秦岭—淮河线在气候学上的意义也很快被发现。1929年,竺可桢先生在《中国气候区域论》中将我国气候划分为中国南部、中国中部或扬子江流域、中国北部等8类区域。其中,中国北部类区域11月平均温度在10度以下,但在0度以上,全年平均温度在10度以上，气温年较差25度—35度。虽然文中未提及秦岭—淮河线，但从其描述的区域范围看，其南界显然指的是秦岭—淮河一线。1936年，由竺可桢、涂长望、张宝堃编撰的《中国之雨量》出版，指出"七百五十耗等雨线由东海与东台间海岸向西，沿淮河及秦岭东部以至西藏边境"。此后，各种气候区域的划分方案都将750毫米等降水量线，即秦岭—淮河线，作为重要的气候区域分界线，并发现其与一月0度等温线大致相当。同年，翁文灏先生在《中国土壤与其相关之人生问题》中指出：中国土壤大致可分为两大类，秦岭—淮河以北，大部为钙层土，其南则几全为淋余土。首次从土壤分异的角度明确提出秦岭—淮河为中国之天然分界线。也是同年，胡焕庸先生的《中国之农业区域》一文，依据我国主要粮食作物米、麦的种植比重和当时的气候观测数据，对我国的农业进行了区划，认为"米与麦为我国最重要之两大谷物，亦为我国南北两部彼此相异之重要特点；我国米产分布，约以秦岭与淮水为界，秦岭淮水以北，绝少稻米之栽培"，并进一步分析道："我国重要产稻区域，其最北之界，约与七百五十公厘之等雨线相当。"

至此，秦岭—淮河线作为750毫米等降水量线（后根据新的观测数据改为800毫米）、一月0度等温线、气候区域分界线、南北生物地理分界线、土壤地理分界线、稻麦主产分界线全部得到论证和确立。1958年，竺可桢先生的《中国的亚热带》一文依据年均温、全年积温、最冷月气温、无霜期天数等一系列指标，论证我国亚热带的北界接近于北纬34度，即淮河—秦岭—白龙江线直至东经104度。淮河—秦岭—白龙江为全国农业发展纲要中每亩产量500斤和800斤的界线，也靠近一年两熟的北界。这一气候分界在1959年中国科学院自然区划工作委员会编制的《中国气候区划（初稿）》中被采纳。从此，秦岭—淮河线成为公认的中国南北分界线。

中华文明发展的轴心地带

优越的自然地理位置、北亚热带向暖温带过渡的气候特征、高峻挺拔的山体，这里孕育出数不清的动植物资源，延伸出大大小小的河流。秦岭—淮河线为人类早期的生存和中华文明的发展提供了极为便利的条件，也给先民带来无穷的想象。

中华文明的起源虽然有满天星斗之说，但不可否认，中华文明的起源和发展明显有一个轴心地带。这个轴心地带从甘肃临洮，向东经天水，沿渭河平原，再向东到秦岭东端的伊洛平原，绵延至山东半岛的西南部，正与秦岭—淮河线重合。

其一，这里是我国古人类遗址发现最多，也是文化内涵最丰富、最发达的地带。在秦岭及其周边和淮河流域发现了至少500处早期人类和文明遗迹，包括秦岭西段甘肃临洮的马家窑遗址、秦岭中段陕西蓝田的蓝田人化石遗址、秦岭东段渑池的仰韶文化遗址、淮河流域的河南新郑裴李岗文化遗址等等。

其二，这里是中华文明的源头所在，也是中国传统文化形成和发展的关键区域。传说中伏羲为三皇五帝之首，其活动的主要区域就在今天的甘肃天水一带。周人兴起于秦岭北麓的周原，周的先祖稷播百谷，发明了农业，周代的宗法制度、分封制度和周礼，一直为儒家所津津乐道，成为中国传统文化的精神内核。发祥于天水地区的秦国统一六国，定都咸阳，建立了以皇权为核心的中央集权制度，统一了度量衡，实行郡县制，车同轨，书同文，奠定了我国长达两千余年的行政管理模式。

其三，这里是我国古代都城最集中、建都时间最长的地带。我国八大古都中的两大古都西安和洛阳皆位于秦岭地区，郑州和开封则处于秦岭向东延伸地带。西安位于秦岭北麓，关中平原中部，共有13个王朝和政权在此建都，建都时间达一千余年，在中华民族和中华文明形成、发展过程中具有关键地位的王朝西周、秦、西汉、隋、唐都定都于此。

其四，这里是儒、佛、道传播和融合的核心地带。秦岭北麓自古就是无数文人雅士和宗教人士向往和聚集的地区，从西汉董仲舒的天人感应论到宋代张载的"四为"学说，儒学在这里成长壮大；从天水的麦积山石窟到唐代遍布长安城和南山各谷口的僧尼寺观，佛教在这里传播演化；从老子在函谷关著《道德经》到鄠县（今陕西西安鄠邑区）的重阳宫成为"天下祖庭""全真圣地"，道教在这里开花结

麦积山石窟

果。儒、佛、道三家学说在这里碰撞、融合，长期而深刻地影响着中国人的思想和普通民众的信仰习惯。

其五，由秦岭延伸而出的众多河流充分滋养周边其他地区的地域文明。发源于秦岭西段的嘉陵江是古代巴蜀文明的发源地，汉江是荆楚文明的摇篮；发源于秦岭东段的伊水和洛水为伊洛文明的成长创造了得天独厚的条件，淮河迤逦而东，汇入大海，哺育了大地上的淮夷和东夷文明。

汉代东方朔曾言："夫南山，天下之阻也，南有江淮，北有河渭，其地从汧陇以东，商雒以西，厥壤肥饶。……其山出玉石，金、银、铜、铁，豫章、檀、柘，异类之物，不可胜原，此百工所取给，万民所卬足也。"唐代柳宗元亦云："惟终南据天之中，在都之南，西至于褒斜，又西至于陇首，以临于戎；东至于商颜，又东至于太华，以距于关。实能作固，以屏王室。其物产之厚，器用之出，则璆琳琅玕，《夏书》载焉；纪堂条枚，《秦风》咏焉。"北宋王禹偁说："今郡县虽多，要荒且远，除河北备边之外，民力可用者，惟东至登、莱，西尽秦、凤，南抵淮、泗而已。此数十州者，中土之根本，不可不惜也。"宋代祝穆所撰《方舆胜览》谓："自浇烽灌燧之余，久陶脊泽；遂凿井耕田之乐，殆若中州。"秦岭—淮河线是中华文明发展的轴心地带已成古今共识。

交流融汇，和合南北

"噫吁嚱！危乎高哉！蜀道之难，难于上青天！"这是唐代著名诗人李白在《蜀道难》中对关中平原与四川盆地之间的交通受秦岭的阻隔所发出的感叹。秦岭也好，淮河也罢，虽然给南北交往带来了巨大的障碍，但也成为南北政治势力争夺的关键区域。清代顾祖禹《读史方舆纪要》云："关中有事，终南其必争之险也。……宋失中原，以南山与金人分界。其后蒙古突入山南，而宋与金人之患俱急矣。"

为了加强秦岭南北的交通和交流，人们克服重重困难，很早就兴修了许多著名的道路，自西向东主要有祁山道、故道（亦称陈仓道）、连云栈道、褒斜道、傥骆道、子午道、库谷道、武关道等。这些道路早在春秋战国时期即已开通，它们循水依谷，或煅石为碥，或架木为栈，将秦岭南北紧密地联系在一起。《史记·货殖列传》指出：关中"南则巴蜀。巴蜀亦沃野，地饶卮、姜、丹沙、石、铜、铁、竹、木之器。……然四塞，栈道千里，无所不通，唯褒斜绾毂其口，以所多易所鲜"。因为道路交通的发达，秦岭虽为天下之阻，但其南北交流无所不通，以致司马迁在对全国进行区域划分时，很少考虑秦岭的阻隔作用，而是将关中和巴蜀作为同一个区域来看待。

汉代以后，秦岭南北的交通不断进步，交往更加频繁。唐代京师长安与江淮间之交通，除物资运输及行李笨重之行旅者取道汴河外，朝廷使臣及一般公私行旅远适东川、黔中、江淮、岭南者，皆利武关道之径捷。兼以唐代士人率多蚁趋京师，谋取功名富贵，又喜邀游江湖，适性谋食，故多屡经此道，著名诗人元稹、韩琮、张九龄、白居易等都数次经过，故武关道又有"名利道"之目。王贞白《商山》诗云："商山名利路，夜亦有行人。"白居易《登商山最高顶》亦曰："高高此山顶，四望唯烟云。下有一条路，通达楚与秦。或名诱其心，或利牵其身。乘者及负者，来去何云云。我亦斯人徒，未能出嚣尘。七年三往复，何得笑他人。"明代著名地理学家王士性在经由栈道自四川入陕西后亦发出感慨："自古称栈道险，今殊不然。屡年修砌，可并行二轿四马。"

明谢肇淛《五杂俎》云：以中国之水论之，淮以北之水，河为大；淮以南，江为大。"而淮界其中，导南北之流而会之以入于海，故谓之淮。淮者，汇也。"淮河两边支流众多，且分布密集，分别向南北连通长江和黄河流域，为我国东部地区水运网络的构建，特别是长江流域和黄河流域水运的衔接，提供了极为便利的条件。

战国时期，《禹贡》的作者曾对九州的贡道进行了规划，其中徐州是"浮于淮、泗，通于河"，扬州是"均江海，通淮、泗"。淮河在当时水运网络中的重要地位由此可见。《史记·河渠书》云，自禹治洪水之后，"荥阳下引河东南为鸿沟，以通宋、郑、陈、蔡、曹、卫，与济、汝、淮、泗会。于楚，西方则通渠汉水、云梦之野，东方则通沟江淮之间"，"此渠皆可行舟，有余则用溉浸，百姓飨其利"。也就是说，最迟至战国时期，一个沟通河水、江水、淮水、济水、汝水、泗水的庞大的水运网络已经形成。这其中既有对自然河道的利用，也有人工渠道的开凿，而淮河则起着关键性的作用：向北，通过鸿沟与河、济、汝、泗相连；向南，则通过邗沟与江水相通。此后，无论是在隋唐的漕运系统，还是北宋以汴京为中心向外辐射的陆路与水路交通，以及明清的大运河系统中，淮河的枢纽地位不断得到加强。

无论是从自然地理区域，还是从中华文明的起源，或者是从现实的文化差异来看，我国都可以分为无数个层级不同的自然区和文化区。但如果我们站在全国角度来看，从最高层级的区域分界线来看，秦岭—淮河南北各区域，无论是在自然地理景观上，还是在人文地理景观上，各自又有明显的同一性。基于不同的气候条件，秦岭—淮河以南各地，农作物一年两熟到三熟，形成了以稻作为中心的农业和以稻米为主食的生活习俗；以北只能一年一熟到两年三熟，麦、粟等旱作占主导地位,形成了以面食为主的生活习俗。基于不同的水文条件,形成了秦岭—淮河以南多船行,以北多马运的迥异交通方式,以及明清时期南方多信仰道教水神杨泗将军,北方多供奉祈雨驱蝗之神龙王庙和八蜡庙的分布。甚至在哲学、宗教、文学艺术等各个方面,都存在着南北分流的事实,如在先秦时期,黄河流域有《诗经》,长江流域有《楚辞》;两汉时期,北方盛儒学,南方喜道家;南北朝时期,北朝多慷慨悲壮之诗歌,南朝多婉约柔美之辞赋;等等。

秦岭—淮河线既是我国各民族交往交融的重要区域,也是南北文化和谐共生、交流融合的枢纽地带。武王伐纣,联合部队中有庸、蜀、羌、茅、微、卢、彭、濮八个部族,其中庸、蜀、羌、卢、彭、濮皆是生活于秦岭及其以南巴蜀地区的部族。武王克商后,以其宗姬封于巴;周成王十九年(前1024),封楚子熊绎于楚蛮,"与鲁公伯禽、卫康叔子牟、晋侯燮、齐太公子吕伋俱事成王",将秦岭南北更紧密地联系在一起。北魏迁都洛阳,完成了鲜卑族的全面汉化,从而奠定了后来隋唐重新建立大一统王朝的文化基础。秦岭—淮河是儒、释、道互相融合,共生共存的典型区域;北方河朔文化和南方的六朝文化在长安交汇,共同构成了高度发达的唐文化的两个来源。

"八荒争凑,万国咸通,集四海之珍奇,皆归市易,会寰区之异味,悉在庖厨。"正是不同国家、不同区域、不同民族的和谐共处和文化上的兼收并蓄,造就了北宋都城开封的空前繁荣,成就了《清明上河图》这一旷世名作。元朝设立陕西行省和河南江北行省,分别包有秦岭南北和淮河两岸,使秦岭—淮河线在政治和行政管理上对于南北联系的纽带作用更加突出。明清时期,数以百万计的江西、安徽、广东、贵州、湖北、湖南、四川、陕西、河南流民涌入秦岭山区,垦荒种地,或种植水稻,或种植玉米、马铃薯,形成了多姿多彩、南北共存的地理景观和文化景观。

自此，逶迤延绵的秦岭—淮河线不再是地理阻隔，而是向着融通和合的方向迈步。随着南北两地中华先民的交流交往日渐频繁深入，这里也成为南北政治、经济、文化交融的枢纽，将我国南北紧紧地联系在一起，成为不可分割、具有统一文化精神价值的整体。

秦岭、淮河东西相连，据天下之中，被看作我国南北分界线，又和合南北，在中华文明发展中处于轴心地位。一方水土养一方人，受地理环境的影响和制约，不同区域的人们有着不同的耕作模式、生活习惯，产生了不同的文化意识和文学艺术流派，形成了广袤中华大地上丰富多元的民族文化和区域文化。而无论是历史还是现在，这些各有特色的文化都是中华文明重要的组成部分，更见证着中华先民的辛勤劳作与生活智慧，以及中华民族多元一体的发展格局。

(作者系国家社科基金重点项目"中国历史农业地理研究"和冷门绝学研究专项学术团队项目"陕西古旧地图整理与研究"首席专家、陕西师范大学西北历史环境与经济社会发展研究院教授)

"胡焕庸线"：中国的"东与西"

秦大河

中国地理有两条著名的分界线，即作为南北分界线的秦岭—淮河与作为东西分界线的"胡焕庸线"。2009年，中国地理学会发起"中国地理百年大发现"评选，"胡焕庸线"名列其中，被称为20世纪中国地理最重要发现之一，其影响迄今已经超出了人文地理甚至地理学的范围，成为广为人知的中国国情分界线。什么是"胡焕庸线"？"胡焕庸线"是如何提出的？为什么说"胡焕庸线"是中国一条重要的国情分界线？"胡焕庸线"能否突破？如何破解"胡焕庸线"难题？本文将逐一回答。

什么是"胡焕庸线"?

胡焕庸,1901年生,江苏宜兴人。早年师从竺可桢教授。1926—1928年留学于巴黎大学和法兰西学院,学习法国学派的人文地理、自然地理和区域地理知识和思想,并赴英国和德国考察。他是著名的地理学家、地理教育家,也是中国现代人文地理学和自然地理学的主要奠基人,并以提出中国人口地理分界线——"胡焕庸线"而为世人所熟知和铭记。"胡焕庸线"的提出奠定了中国人口地理研究的基础。

1935年,胡焕庸在《地理学报》发表了《中国人口之分布》一文,首次揭示了我国人口分布的空间格局。当时,官方统计中国总人口约4.59亿,胡焕庸以1个点表示2万人,将2万多个代表人口规模的点逐一手工标在地图上,再计算等值连线,创制出第一张中国人口密度图,进而提出了一条可以标识中国东西部人口差异的分界线。该线是中国地理学家第一次通过手动运用"大数据"作出的重大发现,被称为"胡焕庸线"。

"胡焕庸线",即"瑷珲—腾冲线",因地名变迁也被称为"黑河—腾冲线"。这条线北起黑龙江瑷珲(今黑河市),南至云南腾冲,大致为倾斜45度直线,将中国人文自然地理版图一分为二。根据胡焕庸当时的计算,线以东的中国东半部面积约占全国的36%,而人口却占全国的96%;线以西的中国西半部面积占全国的64%,而人口仅占全国的4%。第二次世界大战后,由于台湾重归中国版图及外蒙古(今蒙古国)独立,"胡焕庸线"东侧陆地面积占我国面积的比例升至43.18%,西侧相应降至56.82%。尽管国土面积发生较大变化,

"胡焕庸线"：中国的"东与西"　　095

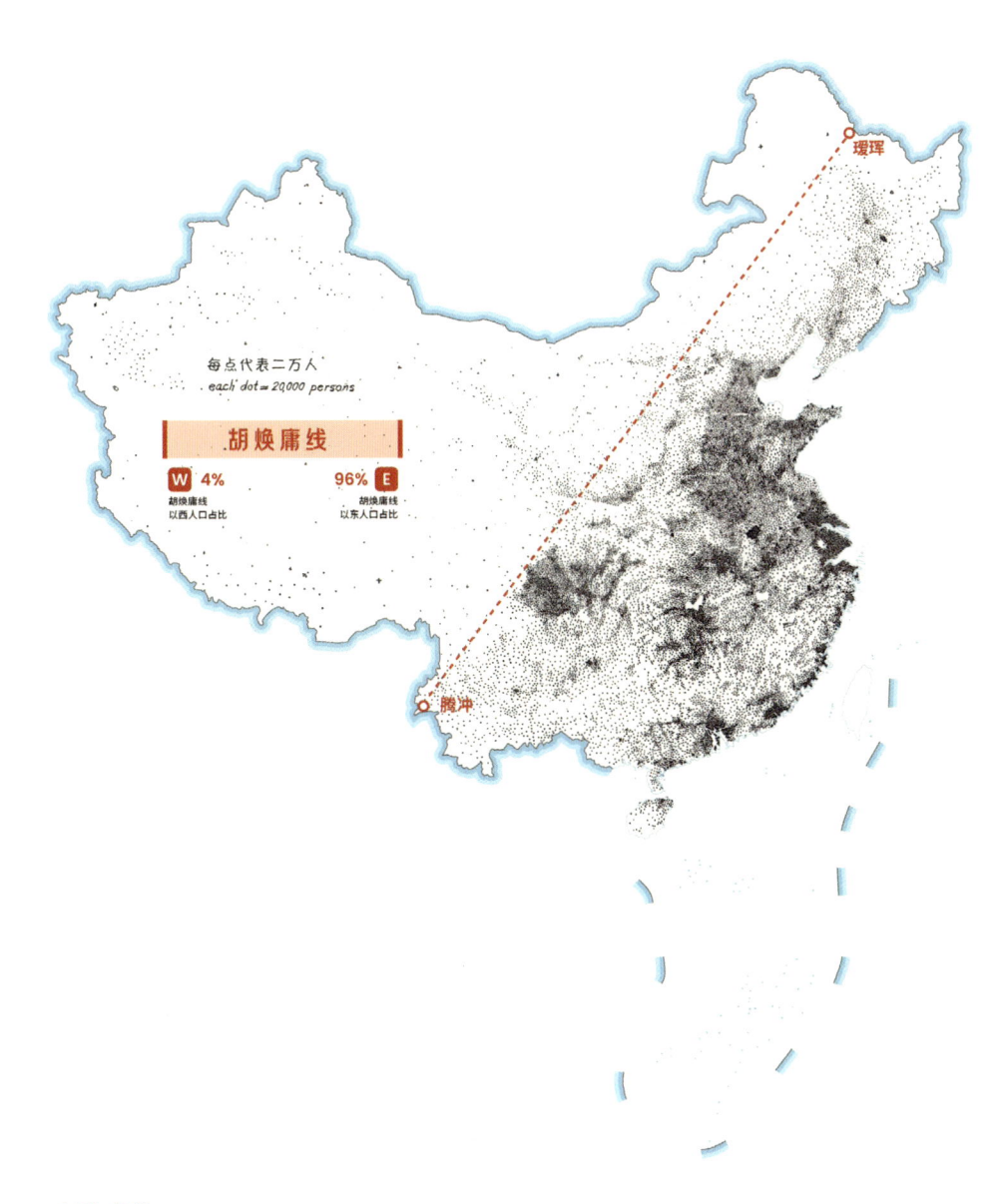

每点代表二万人
each dot = 20,000 persons

胡焕庸线

W 4%　　96% E
胡焕庸线　　胡焕庸线
以西人口占比　以东人口占比

瑷珲

腾冲

胡焕庸线
（华东师范大学老教授协会、华东师范大学地图研究所、中华地图学社编著《华东师范大学 大学地图集》，中华地图学社和华东师范大学出版社联合出版，2021年）

但两侧人口分布相对稳定。根据2010年第六次全国人口普查数据，东侧人口占我国总人口的93.68%，西侧人口占比为6.32%，与新中国成立后历次统计结果基本吻合，表明"胡焕庸线"是一条中国人口分布的稳定界线。

"胡焕庸线"也是中国一条重要的自然生态分界线。在地形结构上，线以东大部分地区属于我国地势相对平坦的第三级阶梯和第二级阶梯的东南部分，以丘陵和平原为主。线以西为地势较高的第一级阶梯和第二级阶梯的西北部分，多高山、高原。在气候上，线以东绝大部分属于亚热带和温带季风气候，少部分属于热带季风气候，线以西大部分属于温带大陆性气候和高山高原气候。"胡焕庸线"与我国400毫米年平均等降水量线较为贴近，线以东降水充沛，线以西大部分地区降水稀少。正是由于地理、气候等自然条件的差异，它也是一条重要的农业地理分界线，基本位于我国农牧交错带上，东南部以耕作业为主，西北部以畜牧业生产为主。

从近现代以来的社会经济发展状况来看，"胡焕庸线"东西两侧的差异悬殊。东侧各省区市，绝大多数城镇化水平高于全国平均水平；西侧各省区市，绝大多数城镇化水平低于全国平均水平。中国最主要的7大城市群，包括京津冀、长三角、粤港澳、成渝城市群、长江中游城市群、中原城市群和关中平原城市群，全部位于该线东侧，全国经济排名前50的城市没有一个位于该线西侧，因而"胡焕庸线"在某种程度上也成为中国城镇化水平的分界线。

自诞生至今，尽管历经疆域变迁和新中国成立、改革开放等中国经济、政治、社会和文化的历史性变革，发生过建设兵团垦荒戍边、支援大西北、三线建设、西部大开发等人口规模性自东向西的迁移事件，但是这条综合分界线依然十分稳定。其所揭示的人口分布规律不仅未被打破，而且早已超越人口地理的范畴，被广泛应用于人地关系所能触及的诸多领域，至今仍在经济、安全、国土优化等国情研究和战略制定中发挥着不可替代的作用。

"胡焕庸线"能否突破？

"胡焕庸线"所呈现的人口分布规律是在多种因素的综合作用下形成的。地形和气候被视为两个最重要的因素。我国西北半壁多是海拔千米以上的高原或年平均降水量在400毫米以下的干旱半干旱地区，而东南半壁除云贵高原等地外，多为低山、丘陵和平原，降雨丰富。地形和气候的差异直接影响人类生活环境和生产能力，进而制约人类活动与文明的空间拓展。有学者认为，"胡焕庸线"两侧的人口分布特点并非从古至今一直存在，而是在13世纪左右发生气候突变的影响下，随着气温降低和降水减少而形成的。气候突变导致两侧的农业生产潜力发生变化，使得东西部表现出显著的农业生产能力和生态环境差异。除了地形、气候的影响，社会历史条件在客观上也对中国东西部人口分布产生一定影响。但总的来看，气候、降水等自然因素仍然是"胡焕庸线"形成的基础因素。

"胡焕庸线"不仅是一条人口地理分界线，也是中国地理环境空间分异的直观写照。中国自然、经济和人口等资源分布不均衡，是从古至今的铁律，也使得区域经济发展不平衡成为当代中国国情的突出现象，"胡焕庸线"则深刻地反映了这种不均衡的基本国情，成为准确认识中国东西差异和理解我国社会经济发展不平衡、不充分的一把钥匙。其两侧人口、经济、社会发展和生态环境的巨大差异，特别是西侧大部分地区人烟稀少和东侧人口过于密集的强烈落差，使得突破

"胡焕庸线"的相关议题长期受到关注。

围绕"胡焕庸线"能否突破，社会各界展开了争鸣。学术界大多认为"胡焕庸线"将长期存在，这是因为"胡焕庸线"首先是地理环境塑造的产物。"胡焕庸线"西北半壁几乎囊括了整个干旱及半干旱区和青藏高寒区，降水极为稀缺，环境相对恶劣，不适宜人类居住和发展。这种自然地理环境特征奠定了我国人口分布的基础，制约着社会经济活动的空间布局，从而在很大程度上决定了"胡焕庸线"的稳定性。换言之，如果没有重大的气候变化改善西北半壁降水等资源禀赋基础，"胡焕庸线"恐难突破。即使气候变化产生了重要影响，地形、地貌的束缚也仍将长期存在。此外，中国的交通、产业、基建等社会布局短期内难以出现大变动，人口的自然增长与迁移仍将维持一贯的态势，社会经济发展水平的差异会进一步强化"胡焕庸线"的稳定性。因此，仅从人口迁移角度突破"胡焕庸线"并非可行之举。

尽管"胡焕庸线"所揭示的人口分布规律或将长期存在，但其背后所凸显的中国区域发展不协调问题却是当前在推进中国式现代化进程中亟待解决的难题。突破"胡焕庸线"并非要以"人定胜天"的决心肆意改造自然或盲目迁移人口，而是要在尊重客观规律、维护生态平衡、确保人与自然和谐发展的基础上，通过实施西部大开发、区域协调发展等战略举措，缩小东西部相对差异，使西部地区基本公共服务、基础设施通达程度、人民生活水平与东部地区大体相当，最终解决我国区域发展不平衡不充分问题。

党的十八大以来，在以习近平同志为核心的党中央坚强领导下，我国区域协调发展取得历史性成就，东部与西部人均地区生产总值比从2012年的1.87下降至2021年的1.68，居民人均可支配收入比从2013

年的1.7下降至2021年的1.63，东西相对差异持续缩小，西部地区居民生活水平显著提升，生活环境显著改善。但不可否认，东西部之间仍存在一定的差距。

如何破解"胡焕庸线"难题？

当前，国际形势日趋复杂，经济全球化遭遇逆流，随着外部环境和我国发展所具有的要素禀赋的变化，市场和资源两头在外的国际大循环动能明显减弱，我国经济正在向以国内大循环为主体、国内国际双循环相互促进的新发展格局转变。在这样的大背景下，如何破解"胡焕庸线"所凸显的区域发展不平衡不充分难题，不仅是改善民生环境、缩小东西差距、促进共同富裕的有效举措，也是当前乃至今后中国通过构建新发展格局从容应对外部压力的战略支撑。

以习近平同志为核心的党中央高度重视解决区域发展不平衡不充分问题。2020年5月，中央印发《关于新时代推进西部大开发形成新格局的指导意见》，指出强化举措推进西部大开发形成新格局，是党中央、国务院从全局出发，顺应中国特色社会主义进入新时代、区域协调发展进入新阶段的新要求，统筹国内国际两个大局作出的重大决策部署。2020年8月，习近平总书记强调"要贯彻新发展理念，聚焦发展不平衡不充分问题，以优化发展格局为切入点，以要素和设施建设为支撑，以制度机制为保障，统筹谋划、分类施策、精准发力，加快推进高质量发展"。党的二十大报告指出，深入实施区域协调发展战略、区域重大战略、主体功能区战略、新型城镇化战略，优化重大生产力布局，构建优势互补、高质量发展的区域经济布局和国土空间体系。可见，实施区域协调发展战略，是新时代国家重大战略之一，也是贯彻新发展理念、建设现代化经济体系的重要组成部分。

中国式现代化是人口规模巨大的现代化,是全体人民共同富裕的现代化。破解"胡焕庸线"难题是实现中国式现代化的重要内容,其本质是实现东西部全体人民共同富裕的现代化,而不是追求东西部地区人口和经济规模的平均发展。加快西部地区现代化的关键在于推动西部地区形成以科技创新引领高质量发展的新格局。路径上可以紧紧围绕科技创新和生态文明建设,提升西部地区自身发展的内生动力;有效对接国家重大战略部署,发挥区域比较优势;持续深化东西部协作,借助外部支持共谋高质量发展。

一是以科技创新引领西部跨越式发展。高质量发展离不开创新引领,科技创新是打造高质量发展新动能和新机制的关键。进一步缩小东西差距、破解区域发展不平衡不充分的"胡焕庸线"难题,需要不断推进西部地区科学技术的发展。重点是结合西部地区资源禀赋条件、区位优势及发展需求,采取因地制宜的创新发展路径。

二是坚持绿色发展理念推进西部生态文明建设。西部地区是国家生态安全的重要屏障,西部环境既是大自然的馈赠,更是大自然的选择。只有遵循西部的自然规律才能有效防止在开发利用自然上走弯路。为此,在西部地区现代化进程中,要牢固树立"绿水青山就是金山银山"的理念,保护自然生态环境,创新生态经济发展模式,努力构建人与自然和谐共生、生态—经济—文化协同建设、人—地协调平衡的绿色发展格局,实现西部地区可持续发展。

三是通过扩大开放加快西部地区融入"一带一路"建设。西部地区是面向丝绸之路经济带建设的前沿,在内陆开放上具有良好、独特的基础条件。通过积极参与"一带一路"建设,将显著提升西部资源配置能力,增强西部产业集聚能力和劳动力吸引力。实施措施上,首先要完善基础设施建设，推进国际运输和国际交流便利化。其次要构建多层次的开放平台，加快制度创新，提高西部面向毗邻国家的次区域合作支撑能力。最后要发展高水平开放型经济，支撑对外开放和区际互动合作。

四是借助东西部协作共谋高质量发展。开展东西部协作，是党中央着眼全局作出的重大决策，是推动区域协调发展、缩小发展差距、实现共同富裕的重要举措。促进东西部协作的重点是促进区域之间的产业合作、资源互补、劳务对接、人才交流等。同时要加快特殊类型地区与东部的衔接，特别是以脱贫地区为重点的西部欠发达地区、边境地区、生态退化地区和资源型地区等，通过"一对一"等形式的结对协作实现区域协调发展。

（作者系中国科学院院士、华东师范大学世界地理与地缘战略研究中心教授）

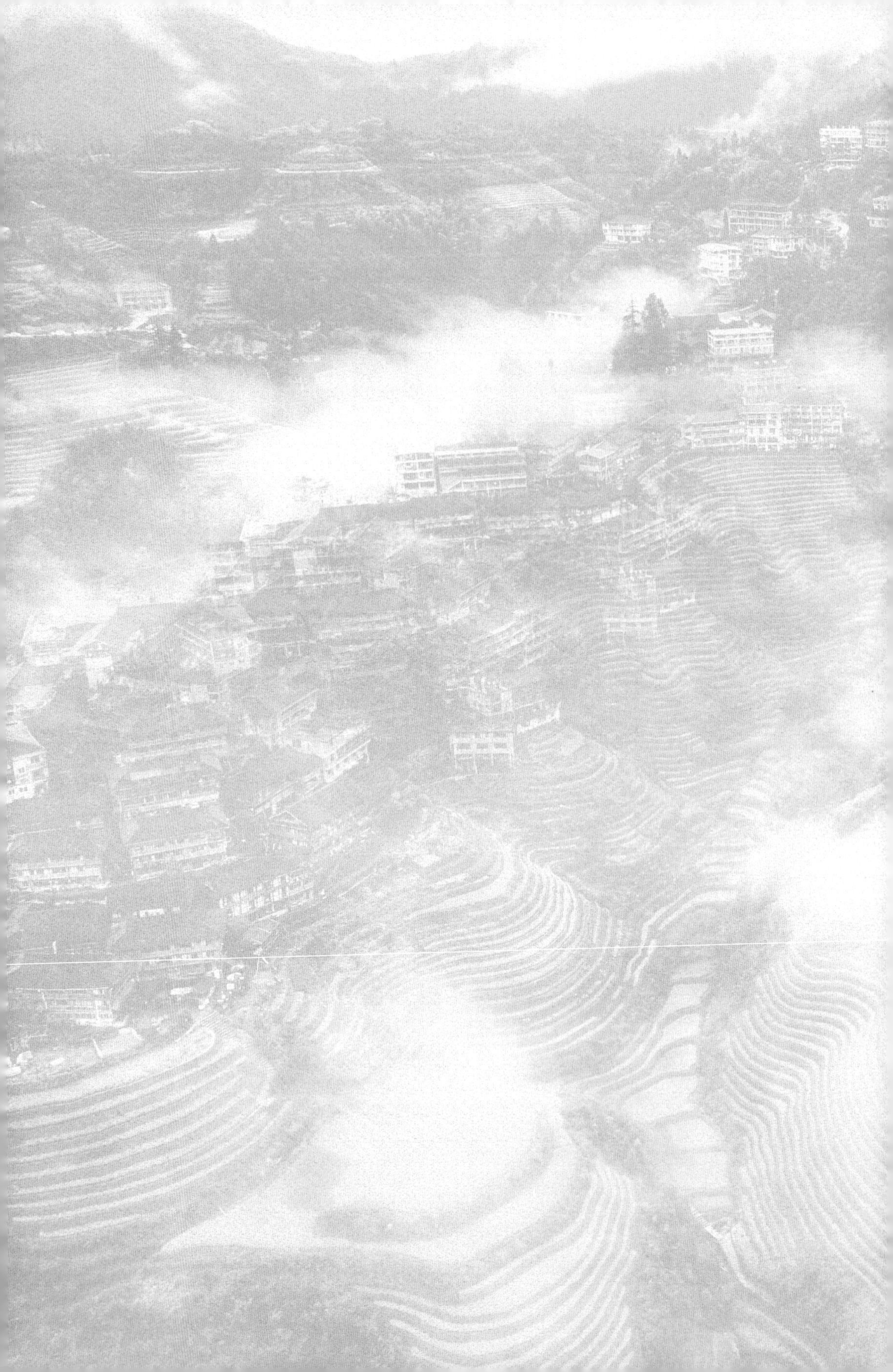

人文编

天地之中：
中国古代都城的选址与布局

李令福

　　都城集政治统治、文化礼仪、军事指挥与经济管理四大功能于一体，其地位堪称"国之大者"。以都城为主题看地理上的中国，主要体现在古都的选址变迁、城市布局及相关理念三个方面。中国的古都数量很多，具有国家级地理意义的都城主要有五个，即西周至唐代的洛阳、长安（今陕西西安）东西二京，元明清三代的南京与北京南北二京，中间北宋首都汴京（今河南开封）处于转折时期。东西二京，长安为最佳选择；南北二京，北京为最佳选择。这就是中国古都选址变迁的基本规律。中国古代都城营建具有"法天象地"的"择中"理念，具体体现在选址追求"天下之中"，城市布局追求"中轴对称"。

西安与北京：中国古代都城的最佳选址

中华文明源远流长，五千年前中国进入了"古国时代"，像良渚文化的聚落中心"古城"已经具有了首都的性质。可惜的是这个时期的"古国"统辖范围不大，局限于一隅之地，所以都城规制不大，分布呈现"满天星斗"。

经过大洪水的洗礼，大禹带领各"古国"部落完成了治水的伟大工程，同时禹划九州，建立了中国历史上第一个"广域王权国家"夏王朝，从而走向夏、商、周的"王国时代"。夏朝的都城，历史文献有不少相关记载，比如禹都阳城、启居黄台、太康迁斟鄩、相迁商丘、少康迁原、杼迁老丘、廑迁西河、桀迁斟鄩等，可惜大多没有经过严格的考古证明。只有考古发掘出来的偃师二里头遗址基本得到学界公认，被认为是夏朝晚期的都城，有学者称其为"最早的中国"。

典籍记载，商人自契至汤八迁，汤至盘庚五迁。盘庚迁殷，其后二百七十三年更不徙都。在安阳殷墟考古出土的甲骨文及其他文物，与历史典籍记载相符，证明了这里就是盘庚迁建的殷，也就是商代后期的都城。

公元前11世纪，周文王作丰邑，周武王定都镐京（今陕西西安）；在完成灭商大业后，武王营建了陪都洛邑（今河南洛阳）。公元前770年，周幽王无道，丰镐被攻陷，平王东迁洛邑，建立了东周。

秦都咸阳自秦孝公迁都至秦朝亡，为秦都凡历九君一百四十五年。这期间，咸阳发生过许多惊心动魄的重大事件，尤其是秦始皇以咸阳为指挥中心，扫灭六国，统一天下，建立了中国史上第一个多民族统一的中央集权的王朝。秦都咸阳是秦王朝的开创首都，也是古都西安城市发展史上重要的环节。

刘邦建立汉朝，听从娄敬、张良等定都关中的建议，以秦咸阳渭南宫室为基础建立都城，命名为长安。西汉灭亡后，刘秀重建帝国，定都洛阳，史称东汉。魏晋与北朝政权多以长安、洛阳、邺都（今河北临漳）为首都，南朝多以建康（今江苏南京）为都。

公元582年，隋文帝创建大兴城。隋末李渊在太原起兵，直取都城大兴，建立唐朝定都于此，更名为长安城。现在一般统称为隋唐长安城，位置就在陕西省西安市。

五代时期，除后唐外，后梁、后晋、后汉、后周先后定都于开封。公元960年，赵匡胤发动"陈桥兵变"，建立宋朝，仍定都开封。

辽、金崛起于白山黑水之间，相继入主中原。辽于公元938年起在北京地区建陪都，号南京幽都府。1153年，金朝正式建都于北京，称为中都。南宋偏安江南，定都于临安即杭州，而且不思进取，"直把杭州作汴州"。

元朝征服西夏、金与南宋，一统天下。1267年，忽必烈决定在辽、金故都北京营建新都城，后迁都于此，名为元大都。同时在发祥地保留有上都作为陪都，开创了游牧民族为天下共主的双都模式。

朱元璋建立明朝，以金陵为京师，即今南京。其子燕王朱棣发动"靖难之役"，夺权成功，并把首都迁到北京，以南京为留都，具有陪都性质，开创了南京、北京的二京制。

清朝入主中原统一全国后，定都北京，以发祥地盛京为陪都，并继承明制以南京为南直隶，实际上是传承了明朝南北二京制的基本格局。

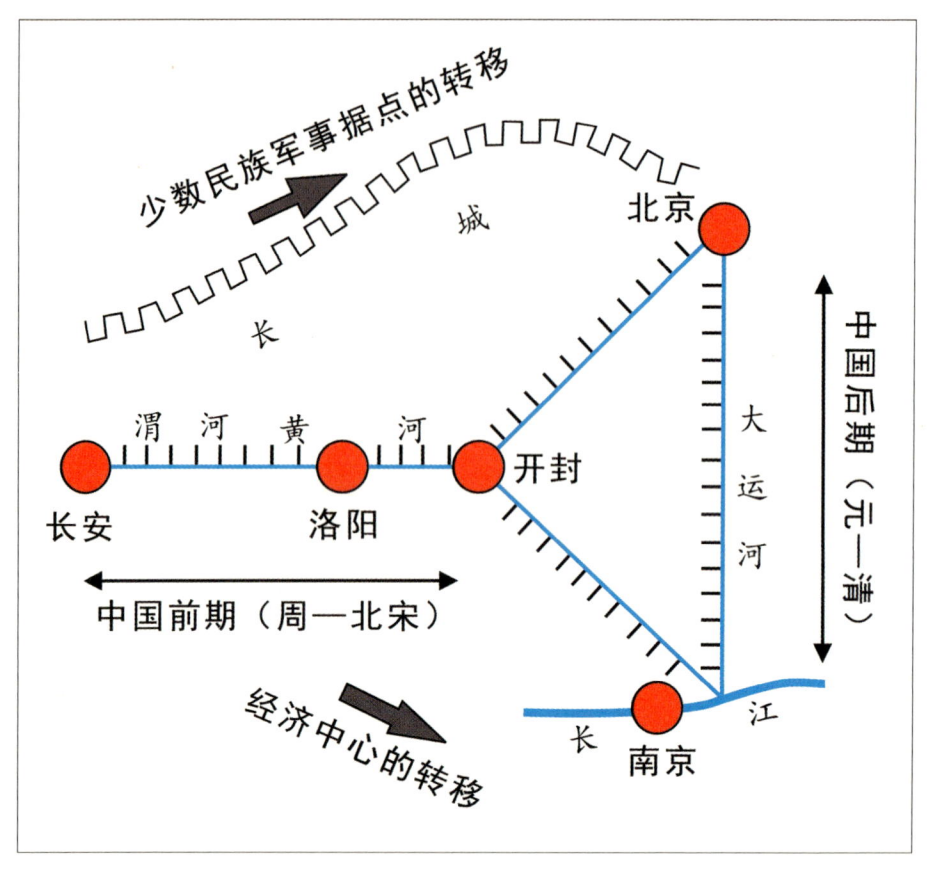

中国五大古都变迁的空间模式

　　南北二京格局影响至今。中华民国除抗战特殊时期外，基本以南京、北京为都。中华人民共和国以北京为首都。

　　以上简要叙说了中国古代都城选址变迁的具体历程，下面总结其规律特点。总体来看，中国古代历史的前期从周经秦汉隋唐到北宋时期，都城变迁的规律有以下三点：其一，以东西二京制为主，沿黄河、渭河的东西向线为中华政治主轴。其二，周秦汉隋唐时期的东西二京为洛阳与长安，北宋的东西二京向东发生了位移，变成了汴京与洛阳。当然也可以把两宋都城由开封转移到杭州的历史变迁，看作东西二京向南北二京的转折期。其三，周秦汉隋唐东西二京时，以长安为都的时代国家相对更为强盛。长安是中国古代历史前半期最繁荣昌盛王朝西周、秦、西汉与隋、唐的都城，对中国历史影响巨大。

中国古代历史后期元明清三代，都城变迁的规律也总结为三点：其一，以南京与北京的南北二京制为主，沿大运河的南北向轴线为中华政治主轴；其二，以北京为都的时代不仅时间相对较长，而且国家相对强盛；其三，元朝与清朝是少数民族入主中原建立的王朝，除以北京为首都外，还在自己的发祥地建有陪都。

西安、北京、洛阳、南京与开封这五座城市曾经作为中国历史上主干王朝的都城，为中国历史做出过特殊贡献，具有国家级的地理意义。如果再简洁地说，中国古代都城的最佳选择有两个，前半期是长安，后半期为北京。这一趋势也被认为是中国古都发展的"西安时代与北京时代"。古都北京、西安是多个统一主干王朝的都城，是我国古代重要的政治、文化中心，也是享誉世界的国际大都会。从某种意义上讲，北京、西安在中国的地位是其他古都城市无法比肩的，可列为中国五大古都第一级别。考虑到洛阳在先秦时期的独特政治地位，也有学者认为洛阳也可与北京、西安并列为第一等级。

中轴对称：中国古都城市布局的基本追求

首都城市建设是"国之大事"，其布局规模等有特定规制，一般会保留在历史典籍中。随着现代考古学的发展，古代重要都市布局的基本轮廓被钻探或者发掘出来。本节依据历史文献与考古实测图等资料，分析各王朝代表性都城的布局特点。

二里头处于河洛之间的洛阳盆地，开启了古都洛阳的建都史，也成为中国都城文化的源头之一。经过多年的考古钻探与发掘，二里头遗址发现了中国最早的城市主干道路网，奠定了中国古代都城"九宫格"的内部结构。宫殿区位置居中，由"井"字形干道围合起来，不仅彰显出宫殿在都城建设中的重要性，而且还开创了宫城居中的布局特点。宫殿区内部宫室遗址组群分布，规模巨大，整体构成王都宫城的规制；个体宫室建筑具有中轴对称、多进院落的特征，被视为后代"四合院"的源头。加上独立成片的祭祀区与作坊区及其他都市遗存，说明二里头都邑的整体布局不仅具有明确规划，而且与后来的中国都城布局建设规划一脉相承，颇具开创性。

经过夏商周三代王都城市建设的实践，先秦都城布局的基本原则也被归纳出来，分别记载于《周礼·考工记》《管子》与《吕氏春秋》等古代典籍中。其中前者对中国古代都城建设及布局影响极大，下面给予分析。而后两者则可看作基本原则的补充，留待下节论述。

《周礼·考工记》载："匠人营国，方九里，旁三门。国中九经九纬，经涂九轨；左祖右社，面朝后市；市朝一夫。"学界对《考工记》成书年代看法不一，但基本认为其主体内容形成于先秦，可看作先秦在都城规模及布局上的基本规划。其布局设计对后世影响较大者，一是方形城市形态，四边城墙各设三门；二是主要都城要素对称布设，即左祖右社，面朝后市；三是中国在北半球，建筑基本坐北朝南，故"面朝后市"可以理解为国王居住与处理政务的朝廷在南边，国人商品交易的市场在北边，似乎存在一个南北向的中轴线。

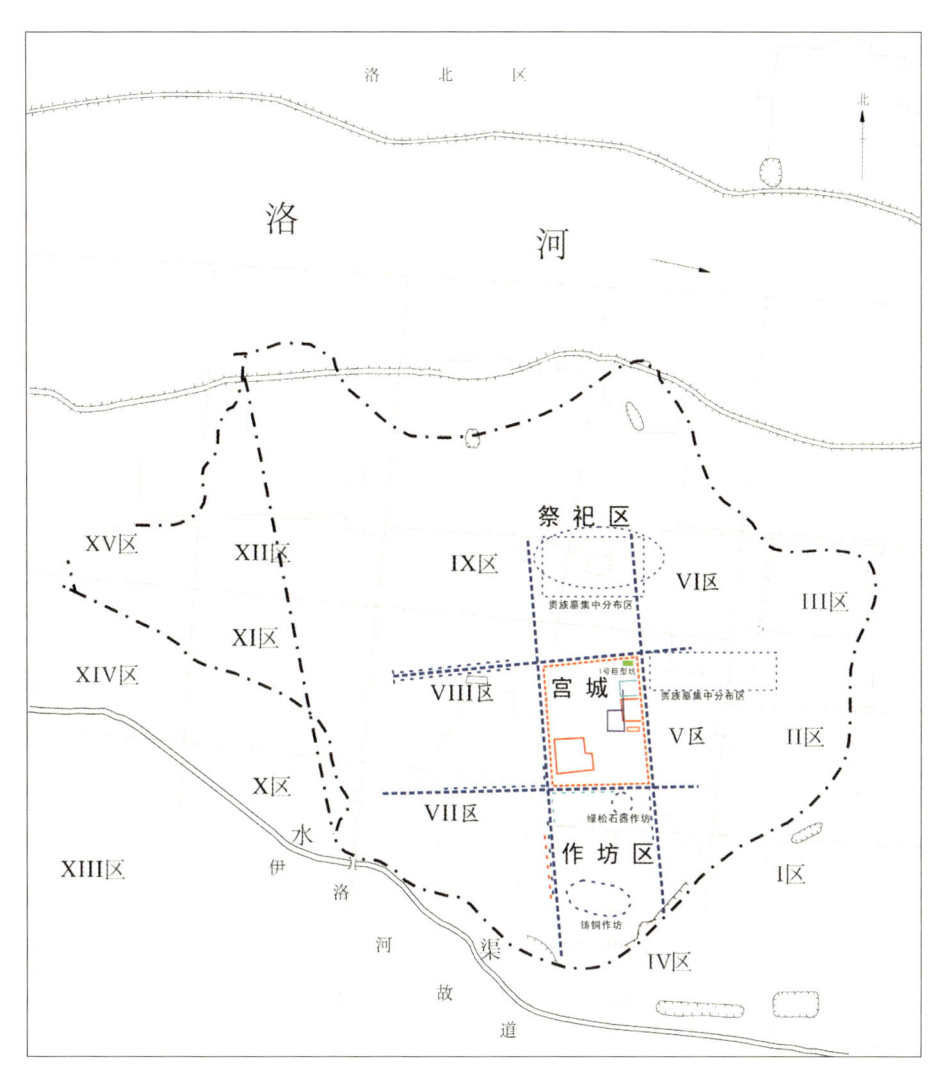

洛阳偃师二里头都邑网格式布局

秦都咸阳最初兴建于渭河以北，秦昭王时修建了渭河桥，扩展到渭南。秦始皇统一六国后，在渭南上林苑兴修朝宫，也就是后来的阿房宫。《史记·秦始皇本纪》记载："表南山之巅以为阙。为复道，自阿房渡渭，属之咸阳，以象天极阁道绝汉抵营室也。"明确说秦都咸阳布局是法天的。《三辅黄图》也说："始皇穷极奢侈，筑

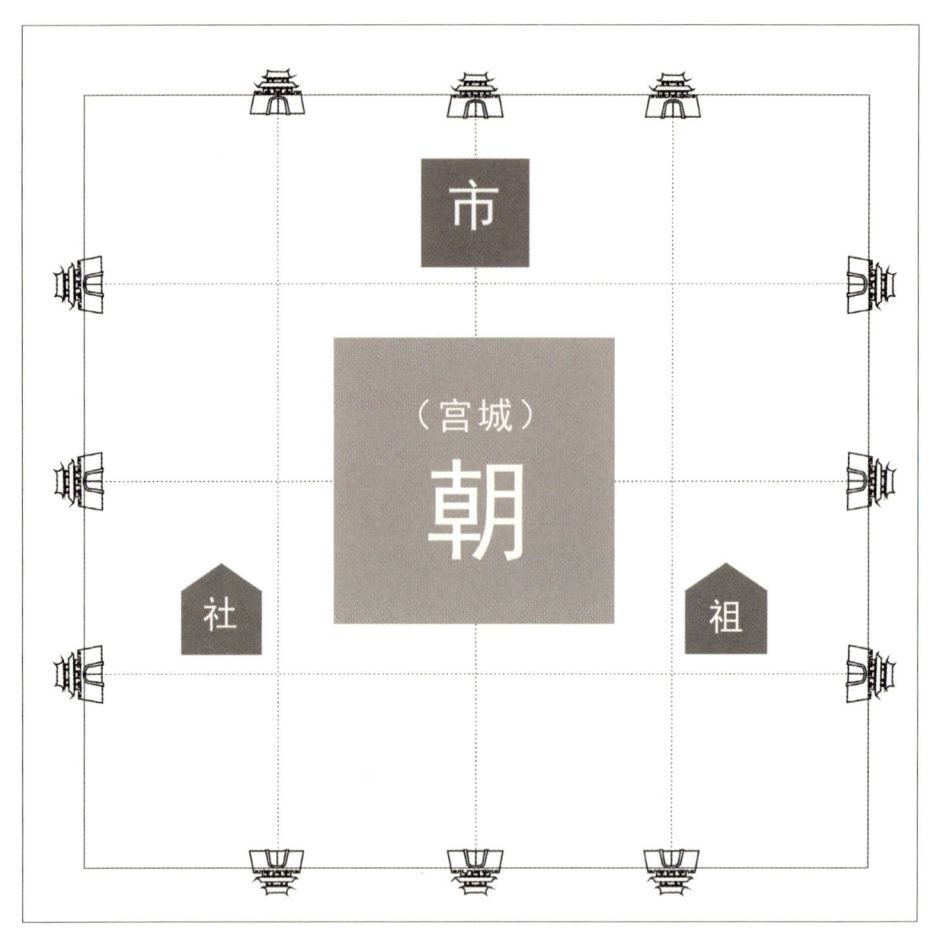

《周礼·考工记》中王城布局示意图

咸阳宫。因北陵营殿，端门四达，以则紫宫象帝居。渭水贯都以象天汉，横桥南渡以法牵牛。"在咸阳城的规划中，咸阳宫象征着天上的"紫宫"，也是天极所在。"紫宫"即天上的紫微垣，位处北天中央位置，北极居其中，众星四布以拱之，也称作天极。"紫宫"为天上的昊天大帝所居，对应于地上"天子"即上天派来统治民众的皇帝，其居所当然也应如紫宫一样，位于国之中央。而天子所在宫城为禁地，故后来称其为"紫禁城"。

西汉长安城在秦都咸阳渭南宫室及上林苑的基础上修建起来,后来陆续建设了七座具有卫星城性质之陵邑,汉长安城也成为横跨渭河南北的大都市。汉长安城大体以安门大街为中轴线。据考古学者秦建明勘察测量,通过安门大街的中轴线向南延伸至子午

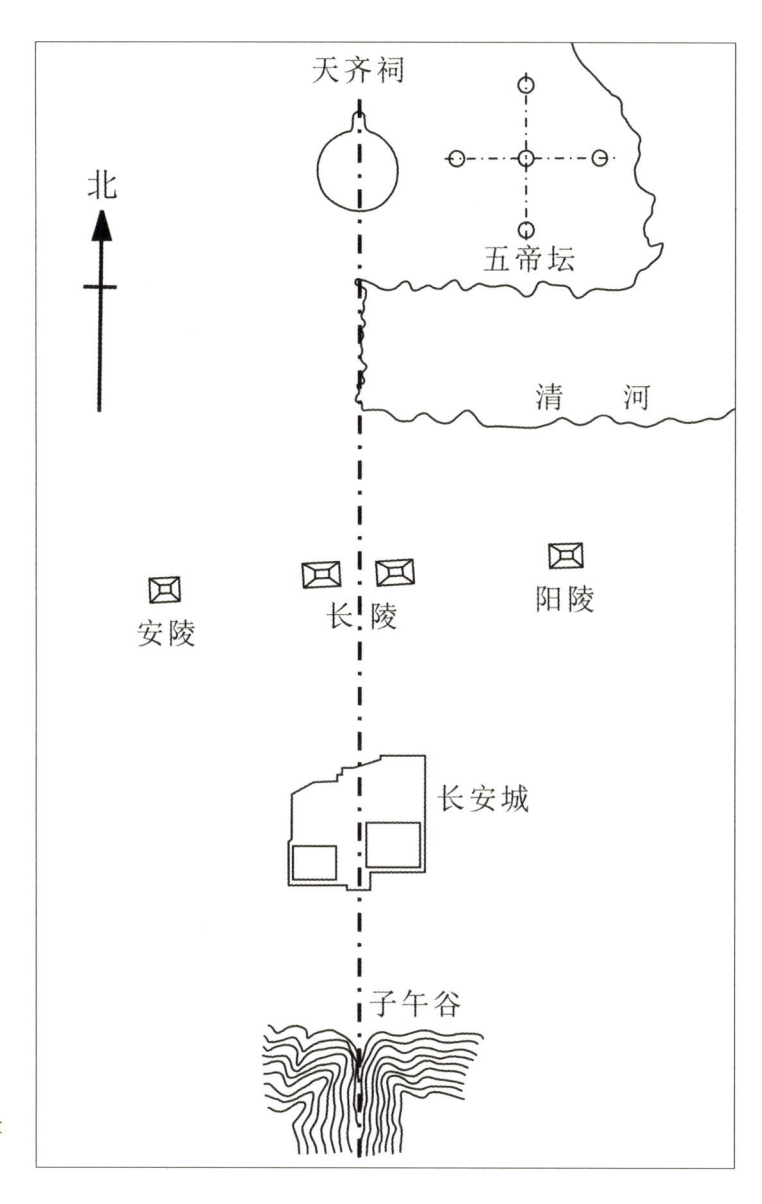

汉长安城的超长建筑轴线

谷口，向北延伸至汉高祖长陵两座封土中点、清峪河（也称"清河"）大回转，直至天井岸村天齐祠遗址，总长74千米。这条基线与真子午线的夹角误差仅为±1度，与我国国家大地原点东西相差仅2分左右。

隋朝新修的大兴城也就是后来的唐长安城，在中国都城建设史上具有重要地位。大兴城平面近方形，单边城墙约9000米，规模巨大；东西南三面城墙均设三门。在城市形态与"旁三门"等方面基本符合

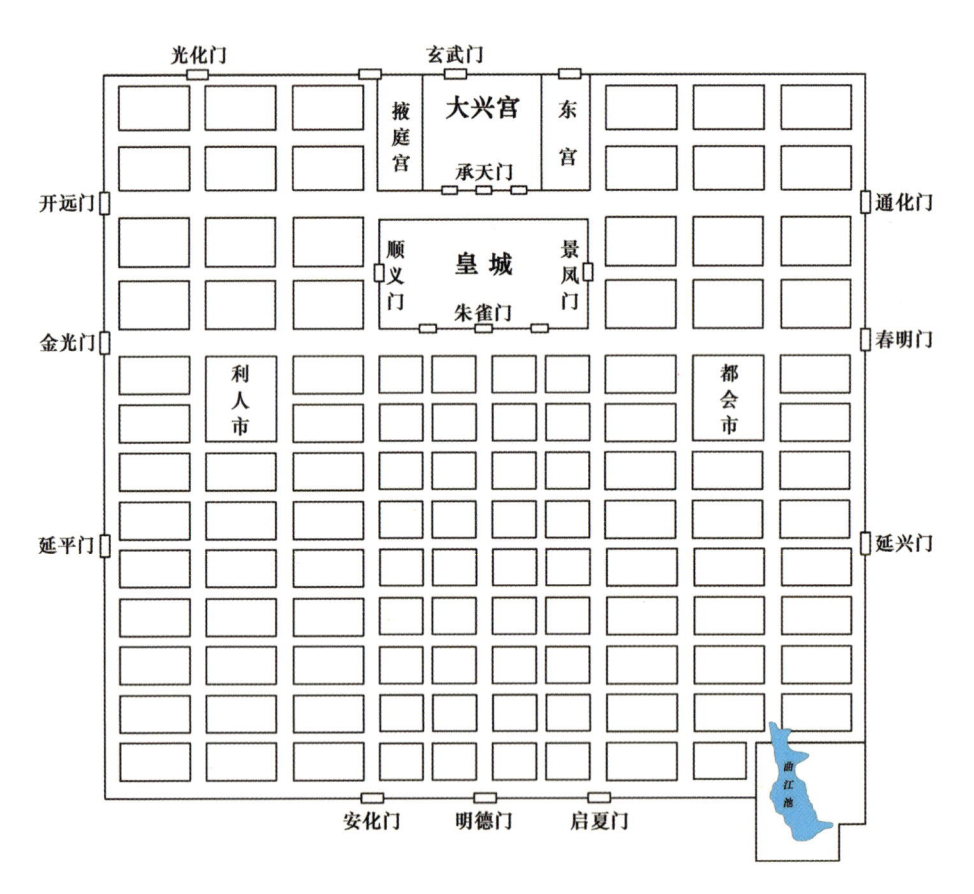

隋都大兴城布局图

《考工记》。

隋都大兴城由宫城、皇城与外郭城组成，以南北向朱雀大街为中轴线，具有中轴对称的布局特点。宫城即太极宫在都城北部正中，东边为太子居住的东宫，西边为后妃寝处的掖庭宫。两者如同双翼，东西护卫。皇城位于宫城南面，是宗庙和军政机构所在地，城内建筑有太庙、太社和六省、九寺、十八卫等官署，其中太庙与太社位居东南与西南，以符"左祖右社"之制。郭城有南北向街道11条，正中为朱雀大街，宽达150米，是当时世界城市中最长的中轴线，又称"天街"。朱雀门东西各有五条街道，沿街的里坊数目东西相等。又分别各有一个商业区，而且位置对称，被称为东市和西市。

隋大兴城建设与布局上还充分利用了原隰相间的自然地形，在高地上布设各类建筑时运用了《周易》"六爻"的理论，显示出特殊的功能分区。城市建设者宇文恺从龙首原北部梁洼相间的天然地形中找出6条东西向的高坡，以象征乾卦的"六爻"，并按卦辞来规划城市建置。《周易》乾卦卦辞"九二"为"见龙在田"，象征着"真龙"出现在地上，因此在"九二"高地上布设宫殿，"以当帝王之居"。这就是太极宫城的设置。"九三"在宫城南，被《周易》认为是"君子终日乾乾"的地方，把政府机关安排在这里，象征着文武百官努力工作。"九五"高地《周易》认为是"飞龙在天"之区，一般人居住不得，故宇文恺特意把玄都观和兴善寺安排在这里，作为供奉神圣的场所。这就给现实地形赋予了人文的精神，达到了天人合一的境界。

宋都汴京城市建设在中国古代史上最突出的影响表现在城市内部形态的改变，即由汉唐封闭的"坊市制"转变为北宋开放的"街

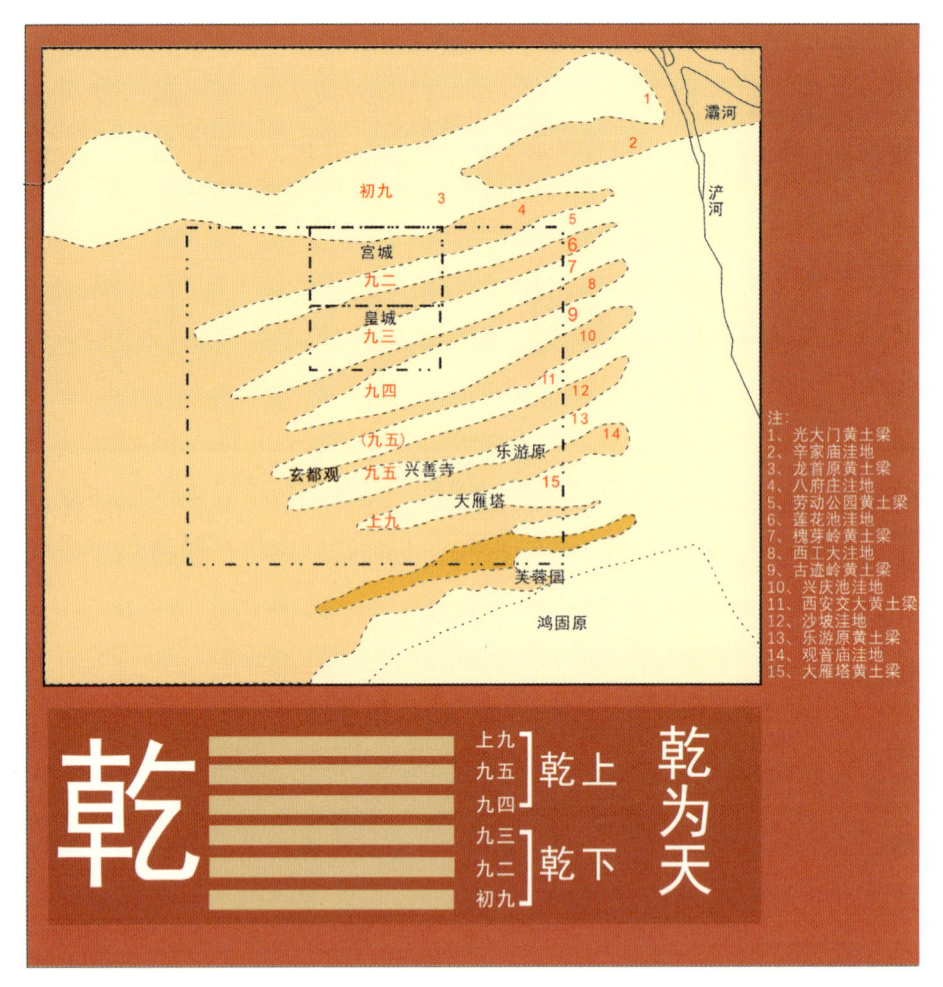

隋大兴城的布局与六爻地形

市制"。秦汉都城居民区为里，隋唐时为坊，形制都是封闭的，建有围墙，居民房屋不得沿街开门，专有里坊门供出入，但要定时开关。就连进行商品交易的市场也是封闭空间，有高墙包围，实行严格的开闭市制度。唐长安城还实行夜禁制度，街鼓便为配合夜禁而设置。北宋都城汴京在城市布局上突破了上述"坊市"围墙的束缚，允许沿街建房，开店设铺，而且放宽宵禁，出现了早市与夜市。这种开放的城市形态被称为"街市制",已与现代城市没有本质的差别。张择端《清明上河图》描绘了北宋东京街市的繁盛,水陆交通,街巷纵横,商铺酒楼等临街布设,人来人往,车水马龙,市井文化发达。

作为元明清三代首都的北京城规模恢宏,布局严整,经过元代开创、明代改建与清代传承,基本实现了《考工记》的理想设计,为中国古典都城建筑的集大成者。这可从北京中轴线的功能上来直接说明。北京中轴线是指自元大都以来北京城市东西对称布局建筑的轴线,北京城诸多重要建筑亦位于此轴线上。北京城中轴线南起永定门,向北经过正阳门、天安门、午门、太和殿、中和殿、保和殿、乾清宫、坤宁宫、神武门、景山最高点万春亭、寿皇殿、鼓楼,最后直抵钟楼的中心点,全长7.86千米。这条中轴线串连着四重城,即外城、内城、皇城和紫禁城,好似北京城的脊梁,突出了九重宫阙的位置。北京城以这条中轴线统率全局,形成了东西对称的格局,比如左面为太庙,右面为社稷坛的"左祖右社"。

20世纪90年代,北京在二环路钟鼓楼桥引出鼓楼外大街,向北至三环后改名为北辰路。这条路成为北京传统中轴线的现代延伸。2002年北京申奥成功后,中轴线再次向北延伸,成为奥林匹克公园的轴线。东边建造国家体育场(鸟巢),西边则是国家游泳中心(水立方)。现在北京城市中轴线正在申报"世界文化遗产",2018年确定了天安门等14处遗产点。

通过以上中国古代多个典型都城形态布局的复原,可知中国古都城市布局遵循着追求"中轴对称"的基本原则。这也与《周礼·考工记》的理想模式基本符合。当然,在具体都城规划建设中也存在着"法天象地"的特殊现象。

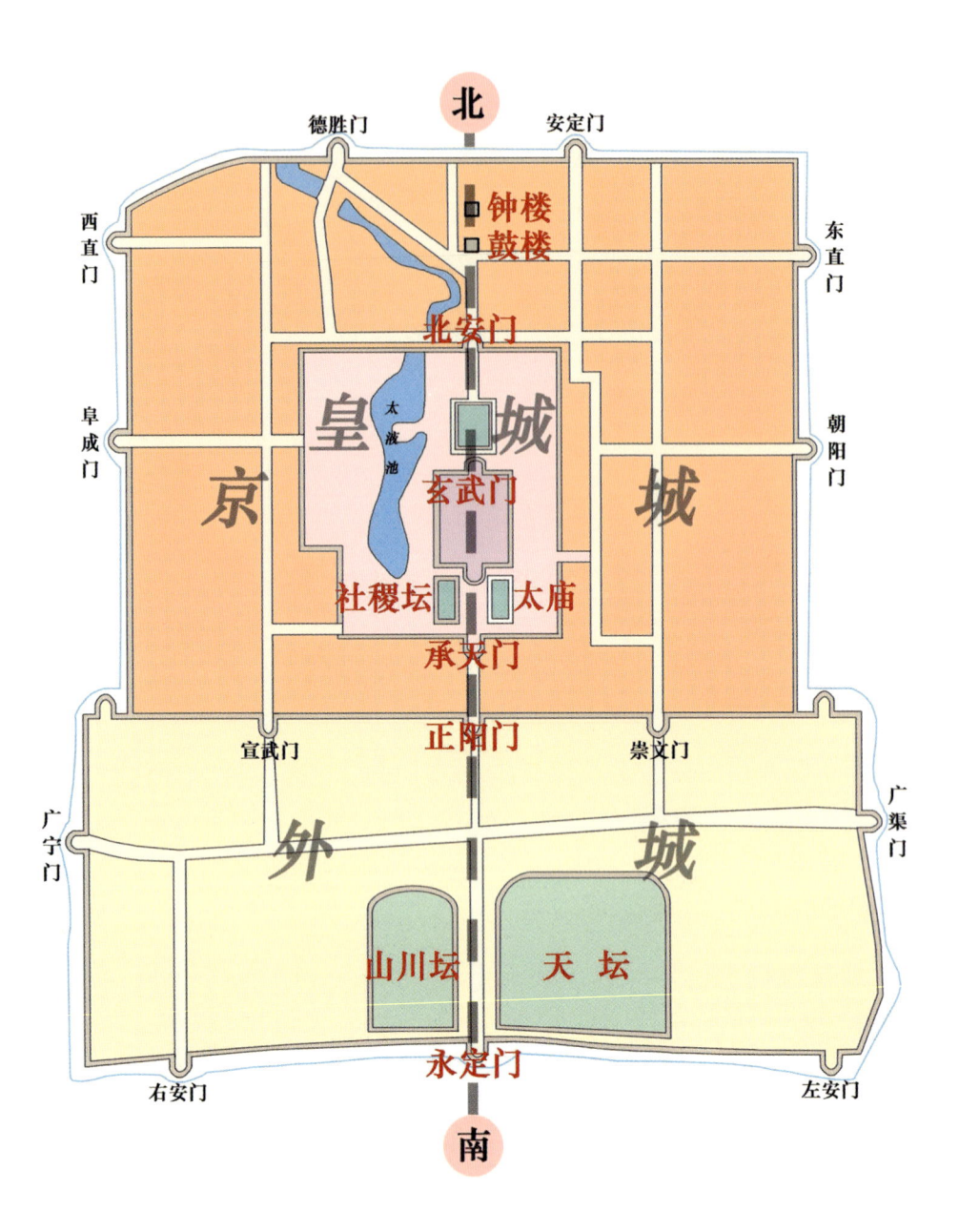

明北京城的中轴线

天地之中：中国古代都城营建的基本理念

在总结中国古都营建理念前，先要分析西安与北京为中国古都最佳选址的原因。这主要涉及中国特殊地理环境决定下的地缘政治，包括民族分布、经济与军事重心的转移等。

中国地处亚欧大陆的东端，东边是浩瀚的太平洋，西端是辽阔的亚欧大陆。两条由帕米尔高原分别向东南和东北延伸的巨大山系以及隆起的青藏高原，不仅孕育了黄河、长江等多条河流，而且形成了隔离中国与西亚、南亚的天然屏障。中国地域自成一个相对独立的地理单元，也有绿洲、草原与海上"丝绸之路"实现东西方交流。

中国历史从先秦至唐宋，农业文明从黄河流域率先发展并逐步繁荣起来，也形成了以函谷关为界的关东与关西之区域差异，"关东出相，关西出将"；唐宋以降，中国的经济重心逐渐由黄河流域向东南转移。这是决定中国政治轴线由东西转变为南北的经济基础。

中国三大自然地理类型区包括东部季风气候区、西北内陆干旱区与青藏高寒区。农业、牧业、狩猎等都能因地制宜地得到发展，纷然并存，竞相争胜，给我国各族人民祖先的经济发展与经济交流带来了有利条件，也带来了各地区各民族经济生活和社会发展的差异性与不平衡性。中国内地是农耕经济，南稻北麦，以农耕文化为特征，基本是定居与素食民族；中国西北边疆地区为草原绿洲植被，发展起来了游牧经济，逐水草而居，形成了以肉食为主的游牧民族。

内地汉族农耕文化与西北边疆游牧民族游牧文化的差异构成了中华民族内部并立互补的主旋律，而其统一与对立的焦点地区在历史上也有变化，早期秦汉隋唐的主角是匈奴与突厥，冲突与交流的主要区域在西北；宋元明清变成了蒙古、契丹与女真，冲突与交流的主要地区在北方与白山黑水的东北，向东方有一定的转移。中国古代社会的游牧文化生生不息，还不断向内地迁移，成为中华文化常新的重要推动力。这是决定中国政治轴线由东西变为南北的军事原因。

从"内制外拓"两方面来看，西安与北京既面对着不同时期军事斗争的焦点与重点区域，又便于控制中原，从而成为各自时期首都的相对理想的选择。中国古代都城史被有的学者划分为西安时代与北京时代，道理就在此。

在中国地图上，一看西安的位置特征，便会发觉它不是中国内地的中心，而是偏于西北部，位于中国内地和中国西北边疆交界的地

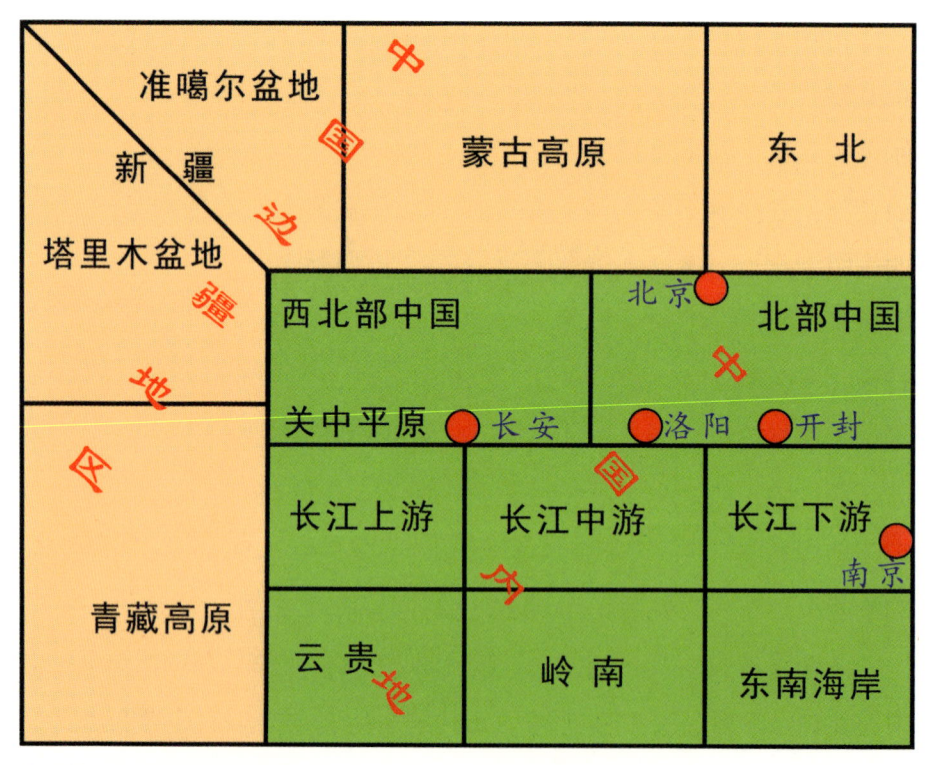

中国的空间构成与天下之中

域。这一点，和北京基本一致。在中国漫长的历史长河中，西安和北京是地位最重要、历史最长的国都，其能持续下去的根本原因，就是它们均位于中国内地和边疆的交界地域。

作为国都，维护国内统治和融通对外关系是必须同时具备的两个条件。面对来自北疆的压力，作为位于中国边疆和内地接合部的都城，中国古代史前半期西安是最合适的，后半期北京则是最合适的。直面北风的刺激，可以使头脑时刻保持清醒，因而皇帝守边是进取的表现，"直把杭州作汴州"则被看作退却的行为，因为其很难在对外交流中获得主动。

中国古代史后半期建都北京有三大优势：第一，面朝中原，有大运河直通经济中心，便于对内地的控制与利用。第二，向北直通东北与蒙古高原，少数民族入主中原建立的元朝与清朝政权定都北京，直接其发祥地，具有心理优势；汉族政权明朝北修长城，右控辽东，左制蒙古，进退有据。第三，北京靠近渤海，还有控制海疆之便，天津最初就是北京的出海口岸，从其名字就可以看出来。其前两点与古都西安特别相近，第三点就成为北京独特的优势，尤其是在海洋文明影响越来越大的情况下。海洋文明在中国的传统社会也有所发展，尤其是宋元以至明前期，海上丝绸之路得到较快发展，但没有成为影响中国文化性格的重要因素。

唐代中期的安史之乱不仅是中国历史由盛转衰的节点，而且还是中国地缘转向北方的契机。从唐代后期的藩镇割据到北宋幽云十六州的不能军事统一，均对中国传统社会后期的军事大势影响深远。

《荀子·大略》说："欲近四旁，莫如中央；故王者必居天下之中，礼也。"是说都城选址的核心原则为"天下之中"。那么，中国古代前后两个时期都城最佳选址追求的"天下之中"，就体现在中原农耕文化与北疆游牧文化的区域中心。

中国最早的"天下之中"是洛阳，《史记·周本纪》记周公复营洛邑的原因："此天下之中，四方入贡道里均。"这是指经济地理上的得天独厚，这一点与后来的"陶为天下之中"基本相似。西周王国的领有"天下"也主要在中原地区，与后来秦汉北逐匈奴、开辟西域的王朝的"天下"有所差异。先民胸怀的天下不仅是东南农业文化的地域，而且还必须包括西北游牧民族所在的地区。后期北京也被认为是"天下之中"，也是说帝之所居为中。金海陵王迁都燕京的一大原因就在于"上京临潢府僻在一隅……不如都燕，以应天地之中"。因此北京为中都，寓意其居五京之中、天地之中。明人陈敬宗《北京赋》同样强调北京天下之中的地位："圣皇之建北京也……均万国兮会同，而适居天下之中央也。"明人金幼孜《皇都大一统赋》称北京："实当天下之中……为万国之都会。"《清通志》也认为："今之京师实又居天下之中。"

在都城具体规划布局的理念上，最主要的是上文所述的《周礼·考工记》，具体就是方城、旁三门、前朝后市、左祖右社，具有中轴对称的特点。前述典型都城案例分析也充分体现了对"《考工记》模式"的追求。

除上述基本理念外，笔者认为《吕氏春秋》《管子》的理论对基本模式有所补充。其一见《吕氏春秋·慎势》："古之王者，择天下之中而立国，择国之中而立宫，择宫之中而立庙。"这是对"《考工记》模式"之"择中"的具体化：在都城建设中以宫庙为中心。中国古都城市布局也说明，"中"的理念不断被"扩展""强化"与"深化"，都城从"择中建都"到"择中建宫"再到"择中建殿"，都城城门、宫城宫门从"单门道"发展到"一门三道""一门五道",政治性建筑的"中门道"体现出"中"理念之"强化"与"深化"。通过"大朝正殿"于宫城居中之空间安排,体现了中央集权多民族统一国家的至高无上。北京故宫太和、中和、保和三大殿的前后布设与唐大明宫含元、宣政、紫宸三大殿的形制相同,具有继承性。

其二为《管子·乘马》,对"《考工记》模式"特殊化的处理方法,具有利用山川形胜的技术特点:"凡立国都,非于大山之下,必于广川之上。高毋近旱,而水用足;下毋近水,而沟防省。因天材,就地利,故城郭不必中规矩,道路不必中准绳。"前两句是说具体都城位置的选择,要充分依托现有的自然条件,因地制宜,因势利导;最后一句强调城池不必方正规整,道路不必整齐笔直。这种利用自然的便利条件建设都城的例子体现在秦咸阳、汉长安、隋大兴及宋开封等都城建设上。

选都与建都是多民族大一统国家的国之大事。通过研究中国古代的都城选址及建设可以有以下启示。

中国特殊的地理环境决定着中国是一个相对独立的地理单元,而这个地理单元的基本格局就是东南以黄河与长江两大流域为主体的农业地区与西北内陆以草原绿洲为主的游牧地区。这个地理格局与中国古代军事及经济重心的转移决定了长安和北京为中国古代都城的最佳选择。中华民族有早期周秦汉唐的长安、元明清以来的北京,前后相继,选择在中国内地与北部边疆的中心区域,也就是"天下之中"建都,也奠定了中国强盛王朝的发展及中华大一统多民族国家的完整,所以是一脉相承,也是中华民族持续不间断发展,走向繁荣昌盛的历史。这是中国文化自信的基础,也是中华民族伟大复兴过程中重建文化价值观的基础。

而今网络流行的观点认为，当代定都北京为"天子守边"，北京严重缺水，交通"首堵"，应该考虑迁都。其实，都城变迁研究对中国首都北京的建设也有明确的启示，即：北京仍是现代中国相对最优的都城选址。

信息化的时代对都城的选址要求并不苛刻，科技手段可弥补空间距离的不足；世界全球化进程加快的今天，中华民族开始走向全面复兴的时代，海洋意识要求强烈，但没有改变中国的基本历史地理大势，内陆地缘没有大的变化，经过历史选择而且证明：北京优势未失。北京不仅可以兼顾中原、东北及北部边疆，而且还可以俯瞰海洋，这是其不可替代的原因。"首堵"等现代城市病不是都城选址造成的，而是现代城市规划与建设中出现的问题，可以在调研与科学论证的基础上逐步消化与解决。雄安新区的建设就是要承接北京的非首都功能，可谓"千年大计"。

中国古代都城"择中"的人文设计是中国古代城市建设中的核心理念。左祖右社的设计体现中国人具有"人文追求，尊重历史，敬畏祖先，没有主体宗教"的包容思想。"法天象地"是中国古代三才理论的具体实践，具有人与自然相结合的天人合一思想，是山川形胜在城市规划布局上的具体利用，也是中华文明的重要特征之一。

（作者系国家社科基金项目"中国八大古都发展与水环境的互动关系——以城市水利为切入点"负责人、陕西师范大学西北研究院研究员）

长安叙事：大一统王朝都城的经典与荣光

康 震

中华民族的历史源远流长，底蕴深厚。周、秦、两汉、隋、唐、元、明、清等古代大一统王朝，与成周、长安、洛阳、北京等大一统都城的文化传统、文化精神与整体气象，是中华文明的重要组成部分。大一统王朝都城的制度规划、空间格局、文化生态，是古代社会国家意志、制度体系等的集中体现与典型象征，是具有完整内涵、系统传承的文化体系。古代都城文化体系及其叙事话语系统的价值导向、思想传承、叙事逻辑是中华文明宏大历史、文化、思想叙事话语体系的重要组成部分，对于传承、发展、更新中华文明有积极促进作用。

长安，作为中国古代若干大一统王朝的重要都城，在大一统王朝都城话语体系生成建构的历史进程中，始终占据着重要地位，发挥着重要作用。

大一统王朝都城话语体系的内涵

长安本为秦地之名,后为始皇帝离宫。汉高祖建都长安,开启长安作为大一统王朝都城的历史。西汉之后数百年间,多个王朝先后选此建都,关中地区逐渐形成了以长安为核心的都城文化区域,也展开了以长安为中心的都城历史与王朝兴衰的宏大叙事。隋唐长安位于汉长安故城旧址东南方向,对汉长安城形制多有革新改创,亦有承继之处,它们地理关系近密,在先后代际传续之间,共同构建起一套以长安叙事为核心的大一统王朝都城话语体系。

其实,周秦的丰镐、咸阳与汉唐长安之间,有着千丝万缕的代际传承关系,在汉魏隋唐的诗赋当中,丰镐、咸阳、长安等称谓往往交错叠加,相互借代乃至并行不悖:"汉之西都,在于雍州,实曰长安。……周以龙兴,秦以虎视。"(汉·班固《西都赋》)"汉氏初都,在渭之涘,秦里其朔,实为咸阳。"(汉·张衡《西京赋》)"镐京既赐第,门巷交朱轮。"(唐·储光羲《敬酬陈掾亲家翁秋夜有赠》)"睿思方居镐,宸游若饮丰。"(唐·苏颋《奉和圣制至长春宫登楼望稼穑之作》)"新丰美酒斗十千,咸阳游侠多少年。"(唐·王维《少年行》)丰镐、咸阳、长安等话语语汇在历代文本中交错叠加的运用与呈现,从一个侧面印证了以"长安叙事"为核心的大一统都城话语体系的生成、发展、演进历程。简言之,这一都城话语体系的文化环境是以丰镐、咸阳、长安为中心的都城文化圈层,叙事内涵则是都城的制度规划、空间格局、文化生态及其精神谱系、帝都气象,叙事价值导向是大一统王朝的国家意志、社会理想与时代精神,叙事形态是历代学者与文学家在《西京杂记》《三辅黄图》《两京新记》《长安志》，以及诗词、散文、辞赋、戏曲、小说等史地文献、文学文本中，对周秦汉唐大一统都城所进行的历史、地理记录与认知书写，文学、美学塑造与体验书写。这两种并行不悖、互有交集、各具特色的书写史，共同构建起以"长安叙事"为核心的系统完整、代际传承、持续更新的大一统都城话语体系。

自先秦两汉以来，"长安叙事"及其大一统话语体系的内涵呈现出不断丰富、层积层累的演进趋势。比如在史传话语体系当中的"长安"历史："文王作丰，武王治镐……好稼穑，殖五谷……及秦文、德、缪居雍，隙陇蜀之货物而多贾。……因以汉都，长安诸陵……地小人众，故其民益玩巧而事末也。"（《史记·货殖列传》）《汉书·地理志下》则进一步丰富着这一历史叙事："五方杂厝（错），风俗不纯。其世家则好礼文，富人则商贾为利，豪杰则游侠通奸。"其实，周秦汉唐以来各个阶段的"长安叙事"都有其自身的独特内涵，不同阶段的"长安叙事"则构成了具有整体性、普遍性特点的大一统都城话语体系。

大一统王朝都城话语体系的演进

周人特别强调农事为周人之本："诞后稷之穑，有相之道。茀厥丰草，种之黄茂。实方实苞，实种实褎。实发实秀，实坚实好。实颖实栗，即有邰家室。"（《诗经·大雅·生民》）并将其视作周人区别于其他族群的本质属性："虞幕能听协风，以成乐物生者也。夏禹能单平水土，以品处庶类者也。商契能和合五教，以保于百姓者也。周弃能播殖百谷蔬，以衣食民人者也。"（《国语·郑语》）但是，殷商初期也重视农事并因此丰饶,却也因此走向安逸堕落:"自时厥后,立王生则逸,生则逸,不知稼穑之艰难,不闻小人之劳,惟耽乐之从。"所以,周人要避免殷商悲剧重演,就必须重新认识"农事"的内涵——它是有"克自抑畏"的道德警觉,"知稼穑之艰难"的体恤之情,"即康功田功""不遑暇食"的身体力行,"惠鲜鳏寡"的责任担当,只有这样才能真正"用咸和万民"(《尚书·无

秦始皇兵马俑一号坑
(康震摄)

逸》）保有周人的天命。这就是周人以丰镐二京为王朝本根，以农事的新认知为"长安叙事"话语的核心内涵，将普遍的农事实践升华为周人的政治伦理原则，彰显出"长安叙事"与大一统都城话语的政治力量。

秦人伐西戎，夺岐丰，占据关中，其尚武好战传统在关中地区持续传衍，最终凝练成为秦朝"长安叙事"与都城话语体系的独特内涵："故齐之技击，不可以遇魏氏之武卒；魏氏之武卒，不可以遇秦之锐士。"（《荀子·议兵》）"夫秦卒与山东之卒，犹孟贲之与怯夫。"（《史记·张仪列传》）在商鞅变法的推动下，这种尚武好战的族群、地域叙事话语进一步强化、升华成为大秦兴国的制度话语与价值观念，成为推动秦人建立大一统帝国的内生动能："国之所以兴者，农战也。"（《商君书·农战》）"民之见战也，如饿狼之见肉。"（《商君书·画策》）"卫鞅说孝公变法修刑，内务耕稼，外劝战死之赏罚。"（《史记·秦本纪》）荀子虽为儒者，但也不得不承认尚武好战的叙事传统对于秦人一统诸侯的决定性意义："使天下之民，所以要利于上者，非斗无由也……是最为众强长久，多地以正，故四世有胜，非幸也，数也。"（《荀子·议兵》）

从汉高祖开始，几代帝王都持续向关中、长安迁徙豪族巨贾："徙齐诸田，楚昭、屈、景、燕、赵、韩、魏后及豪杰名家，且实关中。无事，可以备胡；诸侯有变，亦足率以东伐。此强本弱末之术也。"（《汉书·高帝纪》）"徙郡国豪杰及訾三百万以上于茂陵。"（《汉书·武帝纪》）"徙丞相、将军、列侯、吏二千石，訾百万者杜陵。"（《汉书·宣帝纪》）于是，"关中之地，于天下三分之一，而人众不过什三；然量其富，什居其六"。大商巨贾云集长安，重商贵富风气遂日益浓厚，迁延因循既久，便逐渐凝练积淀为西汉"长安叙事"与大一统都城话语的价值观念："用贫求富，农不如工，工不如商，刺绣文不如倚市门。"（《史记·货殖列传》）"故工不出，则农用乏，商不出，则宝货绝。"（《盐铁论·本议》）甚至一度将重商崇富的观念与儒者仁义礼智的道德观念相提并论："子贡以著积显于诸侯，陶朱公以货殖尊于当世……上自人君，下及布衣之士，莫不戴其德，称其仁。"（《盐铁论·贫富》）应当说，西汉重商逐利的"长安叙事"导向，是一段时期对于商业、财富立朝兴国基础性作用的充分肯定，也是"长安叙事"与大一统都城话语的新内涵、新展开。

东汉长安已非帝都，但依然是重要的文化中心区域。政治权力与经学传统、士族势力与儒学世家的交错融合，使得关中、长安地区谈经论学成风："五县游丽、辩论之士，街谈巷议，弹射臧否，剖析毫厘，擘肌分理。"（张衡《西京赋》）并涌现出一批吏儒双修的"通儒"，他们专研一经且博通他学，注重致用且不拘礼法："（刘）宽，少学欧阳《尚书》、京氏《易》，尤明《韩诗外传》。星官、风角、算历皆究极师法，称为通儒。"（《后汉书·卓鲁魏刘列传》注引）马融"才高博洽，为世通儒"，"善鼓琴，好吹笛，达生任性，不拘儒者之节"（《后汉书·马融列传》）。鲁恭"居太学，习《鲁诗》，闭户讲诵，绝人间事"。且长于致用、精于吏事："讼人许伯等争田，累守令不能决，恭为平理曲直，皆退而自责，辍耕相让。"（《后汉书·卓鲁魏刘列传》）东汉长安儒者学行通达致用的新习尚，为"长安叙事"与都城话语传统注入新的思想内涵。

东汉以降，长安几经烽火，"长安叙事"与都城话语传统历经断续兴变，在多民族融合的时代话语激荡中涌现全新叙事内涵与话语

四川成都扬子山汉墓出土"东汉画像砖上所见凤阙"

（高文编《四川汉代画像砖》，上海人民美术出版社，1987年）

方式。"西魏—北周"时期，宇文氏为核心的关陇集团，立足关陇姬周旧壤，藉关中武功世家苏绰之力，标举《周礼》为"长安叙事"与都城话语的思想起点，在南朝汉晋文化之外，为胡汉人群汇聚关陇建构长安叙事新内涵，树立都城话语新标识，以此与南朝齐梁陈相颉颃。其实，先秦《周礼》的思想话语与北朝历史现状并不甚契合，但在宇文氏手中，《周礼》已成为他们针对南北朝诸端时弊推动"西魏—北周"诸多革新实践的行动依据与理论武器，已成为他们刷新以汉长安故城为核心的"西魏—北周"政治叙事话语的重要理论基石。关陇集团在长安的崛起，推动"长安叙事"与都城话语体系在民族大融合背景下走向更新发展，嬗递周隋以至于唐，终于达到新的高潮。

隋唐长安城的建立，是"长安叙事"与大一统都城话语体系发展进程的高峰与里程碑。隋唐王朝与新兴士人阶层渴望突破朝代盛衰

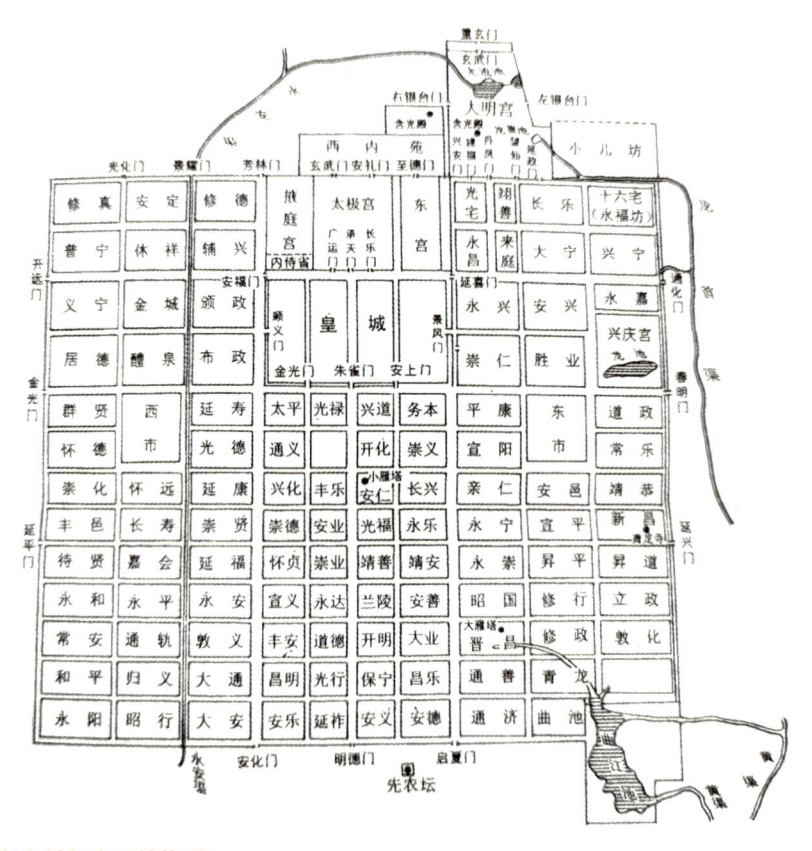

唐代长安城郭布局结构图
（杨宽著《中国古代都城制度史研究》，上海人民出版社，2003年）

无常、门阀阶层垄断的恶性循环与传统桎梏，开启大一统盛世王朝新局。隋唐长安城是这一时代理想的集中象征。它突破了春秋以来宫城居郭城之西、坊市居北的传统格局，以位居郭城北部中央的宫城为起点，建构起由北而南"渭水—龙首原—宫城—皇城—外郭城—少陵原—终南山"梯次展开的、更大规模的都城格局形态；它刷新了"长安叙事"的时代内涵，建构起具有集大成典范价值的大一统都城话语新内涵、新体系。

与汉魏长安城相比，隋唐长安城最鲜明的标识之一就是国际化的都市："第7世纪以降之长安，几乎为一国际的都会，各种人民、各种宗教，无不可于长安得之。"（向达《唐代长安与西域文明》）"长安和巴格达一样，成为国际间著名人物荟萃之地。阿拉伯人、叙利亚人和波斯人从西方来到长安同朝鲜人、日本人、西藏人和印度支那的东京人相会。"（英·李约瑟《中国科学技术史》）隋唐长安城最鲜明的叙事特色之一就是它主导着东亚部分区域的政治与文化话语体系："（贞观）四年三月。诸蕃君长诣阙。请太宗为天可汗。乃下制。令后玺书赐西域北荒之君长。皆称皇帝天可汗。诸蕃渠帅有死亡者。必下诏册立其后嗣焉。统治四夷。自此始也。"（《唐会要》卷一百《杂录》）"我国家统一寰宇。历年滋多。九夷同文。四隩来暨。夫其袭冠带。奉正朔。颙颙然向风而慕化。列于天朝。编于属国者。盖亦众矣。"（《唐大诏令集》卷一百二十八《放诸蕃质子各还本国敕》）

以长安城为核心的大唐政治、文化、建筑叙事话语在周边国家甚至被长期复制、运用："中国的文化、思想体系、文学、艺术、法律和政治制度和使用的文字在这些国家（指唐朝周边国家——笔者注）中处于支配地位。"这些国家"组织方式与中国相同，虽然规模要小得多；它们的统治者具有同样的思想意识，它们用中文来处理公务，并采用中国的法律和办事手续"（美·崔瑞德《剑桥中国隋唐史》）。日本派遣来唐朝的遣唐使"都共同关心隋唐那种有深远理想的政治制度和完备的统治方式。回国后，他们宣传切身体验到的唐朝那种法制完备和国力强盛的情况，使国内有识之士都认识到，这正是当前进行改革的样板"（日·坂本太郎《日本史概说》）。

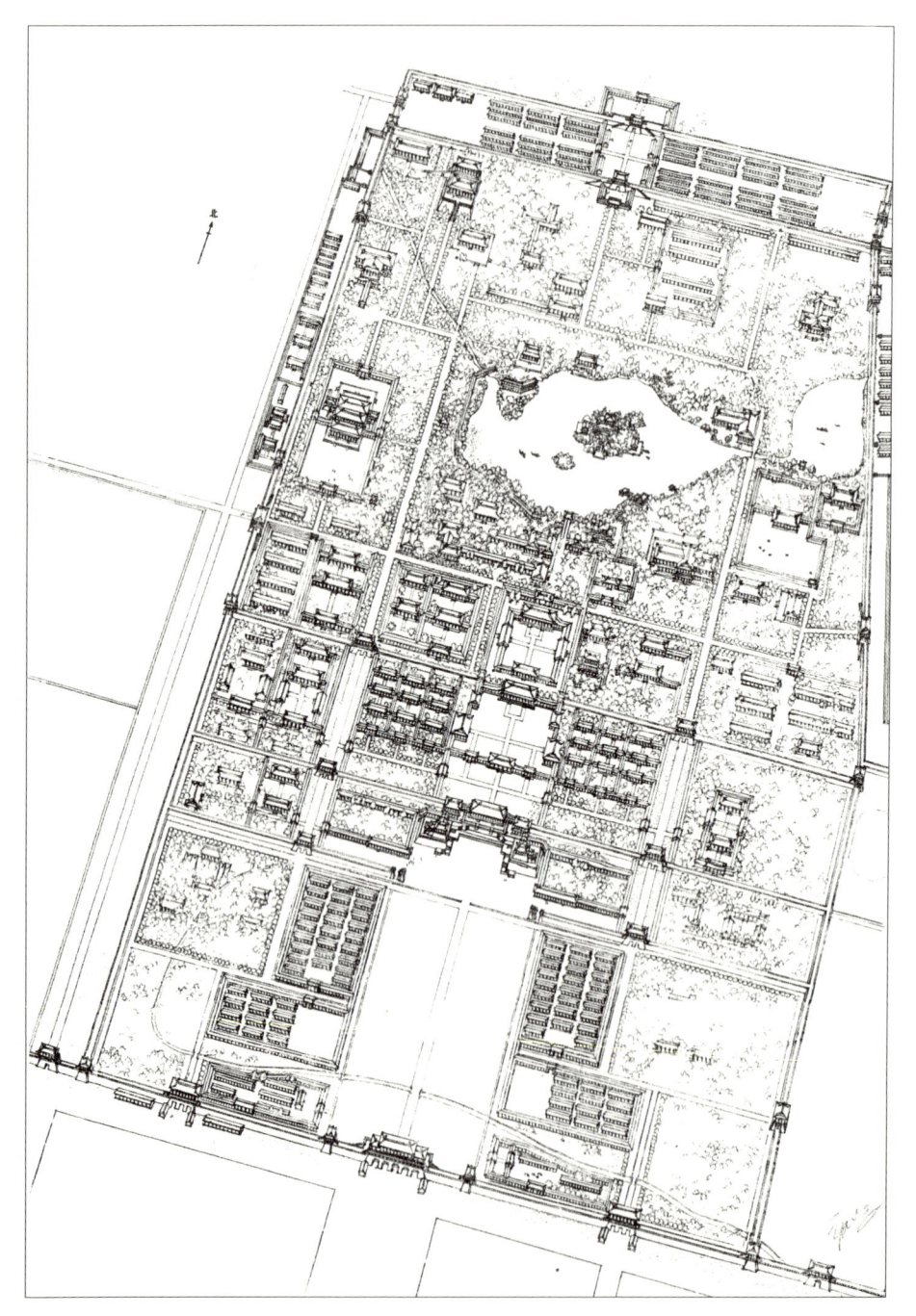

唐长安大明宫复原鸟瞰图

（杨鸿勋著《大明宫》，科学出版社，2013年）

大一统王朝都城话语体系建构的意义

显然,隋唐时代,"长安叙事"与大一统都城话语体系的影响力已经溢出王朝的疆界,具有了世界范围的广泛影响力。从某种意义上来说,这种影响力的获得,正是先秦以来历代"长安叙事"与都城话语体系不断累积、叠加、聚合、集成的结果。大体而言,西周时代奠定了"长安叙事"崇礼宗亲、重农尚俭的道德基础;嬴秦时代注入尚武好战、崇功重刑的叙事内涵;西汉时代则突出重商逐利、农商并举的都城话语价值导向;东汉时代彰显致用事功、吏儒双修的治经修身特色;东汉、魏晋以降,关陇集团标举姬周"周礼"文化,聚合胡汉人群,革新、改创南北朝以来诸端弊政,为隋唐建构盛世叙事体系奠定政治与文化话语基础。

从先秦到隋唐,丰镐、咸阳、汉唐长安是古代大一统王朝都城形制发展、演变的几个重要阶段与代表性都城,回顾"长安叙事与大一统都城话语体系"生成、建构的过程,我们发现,这一叙事话语体系呈现出对立统一的结构性特征。即:既有重农精神导致的集体向心倾向,又有商业繁荣焕发出的活跃气息;既有重伦理宗族的血缘亲情,又有功利主义的实用理性;既有好尚武力功勋的刚勇气质,又有崇仰儒术经学的彬彬礼俗;既有任侠使气的个人英雄主义情结,又有开疆拓土、凿空边陲的国家统一意志;既有事功致用的济世情怀,又有学究天人的超越追求;既有多民族、各地域文化的交汇融通,又有立足自身的本土学术文化个性;既有海纳百川、兼容并蓄的雍容气度,又有因地制宜、实事求是的创新精神。在这多个看似对立矛盾,实则相反相成的两极叙事话语之间,形成了一个极具弹性、张力的缓冲与兼容区域，它为两极叙事话语的冲撞、交汇提供了整合融通的契机，使得"长安叙事与大一统都城话语体系"的内涵更加多元，叙事更加完整，话语更加成熟，结构更加完善，传承更加稳固，这一话语体系的传承性、创新性、集成性、国际性及其世界性辉煌，使它成为这一时期古代中国叙事与话语体系的集大成与典型代表，成为推动中华文明连续性、创新性、统一性、包容性、和平性等突出特性形成的重要力量，也成为构筑中国古代文明宏大历史叙事以及世界文明宏大叙事格局进程中的关键重要环节。

（作者系国家社科基金重大项目"中国古代都城文化与古代文学及相关文献研究"首席专家、北京师范大学文学院教授）

体国经野：
中国省制的由来

华林甫

"省"是人们社会生活离不开的元素。省级政区既代表着管理的行政范围，也彰显着区域的发展特色，更维系着你我的乡土认同。《周礼》记载"惟王建国，辨方正位，体国经野，设官分职"，故行政区划属于体国经野之道。行省制度从金末滥觞、元朝正式开始推行而延续至今，塑造了中国行政区划体系与区域发展格局，影响着社会活动的方方面面。那么，作为高层政区的"省"，是怎么形成、怎么发展的呢？神州大地上的34个省级政区，又具有怎样的来历？省级政区又是如何发展为省、自治区、直辖市、特别行政区等多种形式的？本文将扼要介绍其来龙去脉。

"省"的来龙去脉：中央机关地方化与历代行省划分

目前我国的政区层级有省、县、乡三级。"省"的起源，可以追溯到久远的历史时期。

现在的省是地方政区，早期的"省"则为朝廷的中央机关。中国古代史上著名的"三省六部制"主要包括：尚书省，由汉魏皇帝的秘书机关"尚书台"发展而来，南北朝时始称"尚书省"，其组织机构定型于隋唐，下辖吏部、户部、礼部、兵部、刑部、工部六部，元世祖时废；中书省，始设于三国魏，是发布皇帝诏书、中央政令的最高机构，延至隋唐成为全国政务中枢，明洪武时废；门下省，原为皇帝的侍从机构，西晋始称"门下省"，南北朝时权力逐渐扩大，隋唐时与中书省同掌机要，并负责审查诏令、签署章奏等，金朝废。尚书、中书、门下三省各自存在时间有长有短，它们并存的时间则有七百多年之久；六部存在的时间更长，直到清末新政时才予以改变。

"行省"本义为中央派朝廷官员到地方行使"省"的权力。行省制度源头在魏晋隋唐，原为中央机关"省"的派出机构，因军事征伐的需要而临时设置，事毕即撤。金朝后期，内忧外患使统治陷于危机，设置行尚书省是其加强统治的一种措施。金朝后期曾设立过临潢、抚州、北京、山东、南京、西京等三十多个行尚书省，其行省首脑由朝廷委派，可以直接听取朝廷政令而处理军国大事，有利于中央集权。金朝行省制度对后世影响深远。

如果说行省制度萌芽于金朝，那么元朝则是它的确立时期。金朝称"行尚书省"，元世祖时把尚书省并入中书省，故元朝派驻地方办事的机构称"行中书省",简称"行省"。"行省"是中央机关地方化的结果。

元朝行省起初是临时性机构,后因军事征伐时间较长,渐成定制,其职能也由只管军事而变为兼管民政。元初行省的设置和辖区分合不定,到元成宗大德年间才逐渐稳定。元顺帝至顺元年(1330)基本维持在一中书省和十行省的状态。中书省既是中央政府,又直接管辖首都周边约九十万平方千米的"腹里"政区,十个行省包括岭北行省、辽阳行省、河南江北行省、陕西行省、甘肃行省、江浙行省、江西行省、湖广行省、四川行省、云南行省。元朝的行省制度为后世所继承,一直影响至今。

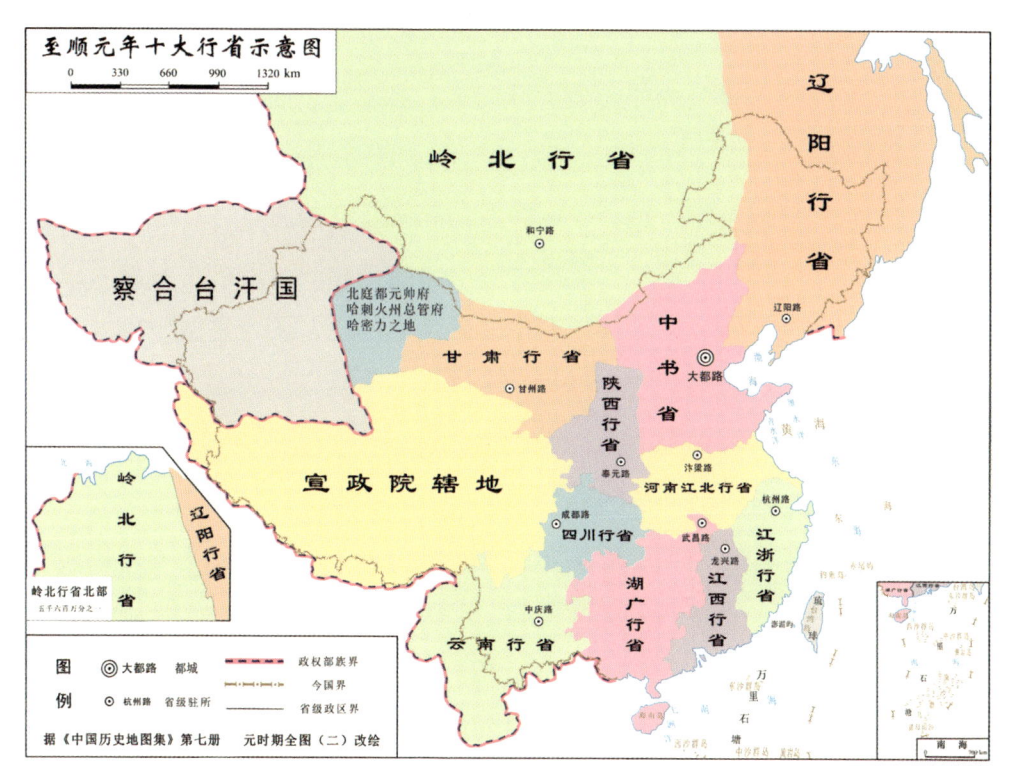

元顺帝至顺元年十大行省示意图

明洪武初年因袭元制，洪武九年（1376）改行中书省为承宣布政使司。洪武十三年（1380）发生胡惟庸党案，朱元璋废中书省，罢丞相，原中书省辖区直接隶属六部，故称"直隶"。从此，中央机关不再使用"省"这一名称。也正因如此，"行省"被改置后，辖区性质未变，仍称"行省"或简称"省"。永乐元年（1403）建北京，十一年（1413）增置贵州承宣布政使司，十九年（1421）设立北直隶（京师），原直隶改称南直隶（南京）。此后终明一代，两京（两直隶）十三布政使司成为常制，合称十五省。两京（两直隶）是指京师（北直隶）、南京（南直隶），十三个布政使司是：山东、山西、河南、陕西、四川、湖广、浙江、江西、福建、广东、广西、云南、贵州。

清军于顺治元年（1644）入关，去掉"北直隶"的"北"字，次年改"南直隶"为江南省，原明十三省不变。康熙初，析江南省为江苏、安徽二省，析湖广省为湖南、湖北二省，从陕西省分出甘肃省，于是形成内地十八省。同时，清朝陆续在边疆地区设立了盛京、吉林、黑龙江、伊犁、乌里雅苏台五个将军辖区；西藏是驻藏大臣与达赖、班禅共治，青海属于西宁办事大臣治理，蒙古则属于理藩院管辖，全国的高层政区治理结构浑然一体。晚清发生边疆危机，光绪年间边疆新建五省，其中台湾省在甲午战争后割让给日本，1945年回归祖国大家庭。

民国年间，热河、察哈尔、绥远、青海、宁夏改建为省，川边改建为西康省，直隶省改名河北省，奉天省改名辽宁省，并且设立了南京、上海、北平、天津、青岛、汉口、广州7个特别市，加上原有的23个省，到1929年时全国共有29个省、7个特别市和西藏、蒙古2个地方。特别市于1930年改称行政院院辖市，1947年改称直辖市。1947年的政区，有12个直辖市、35个省和2个地方。

1949年中华人民共和国成立，百废待兴。截至1951年底，全国省级政区单位调整为29个省、8个行署区、1个自治区、1个地方、1个地区和13个直辖市，共有53个省级政区。1958年底全国省级政区调整为29个，其中有22个省、2个直辖市、4个自治区、1个省级筹备委员会（西藏）。1958—1987年的30年间，设立西藏自治区，天津恢复直辖市，增加了两个省级政区。1988年建立海南省，1997年增置重庆直辖市和香港特别行政区，1999年增置澳门特别行政区，目前全国34个省级政区的格局就此形成。

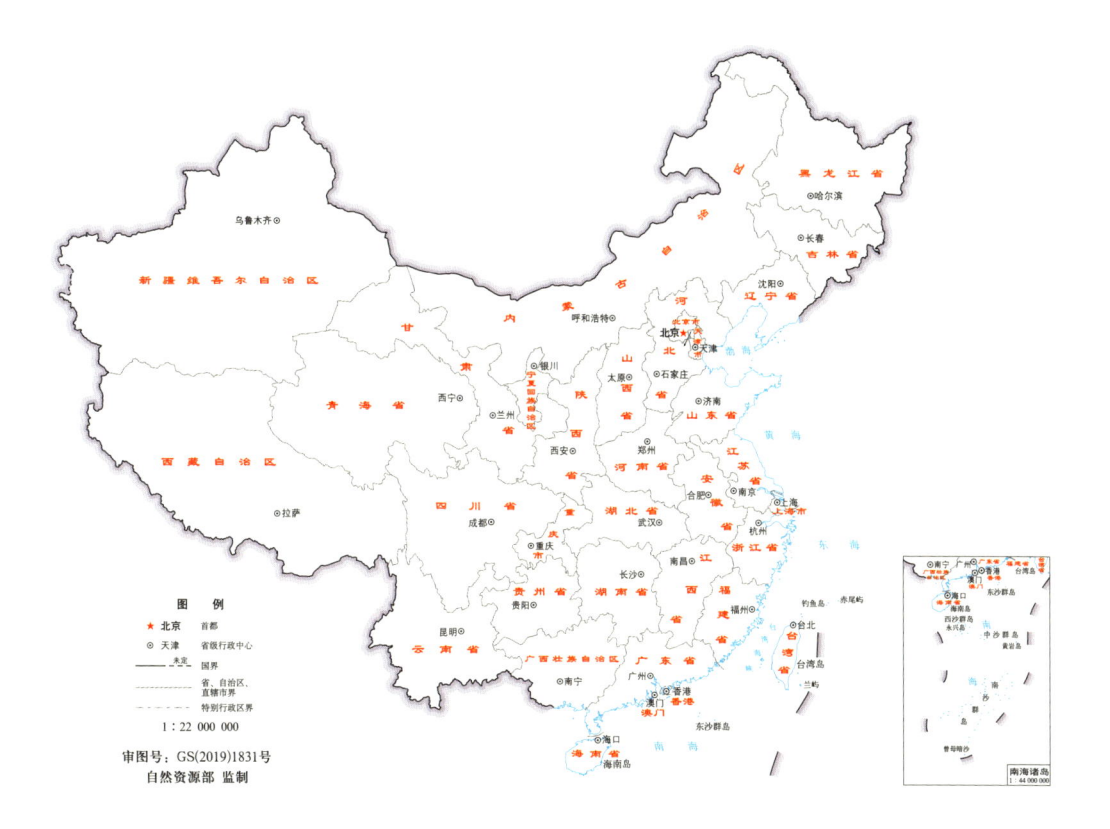

中国政区地图

多民族统一国家与建省模式

疆域由政区组成，政区支撑着疆域。依谭其骧院士研究，"历史中国"是以清朝完成统一以后、帝国主义入侵中国以前的清朝版图作为历史时期中国的范围，凡在此范围之内无论汉族还是少数民族建立的政权，都是"历史中国"疆域的组成部分。据谭其骧主编的《中国历史地图集》第八册，清朝盛时疆域东濒大海，西到葱岭、巴尔喀什湖，北起外兴安岭、萨彦岭，南含南海诸岛。历史上中华民族主要在此地域范围内繁衍生息、设置政区，创造了灿烂的中华文明。

任何一个省级政区都是中国的有机组成部分。省级政区的数量，从古到今大体是逐渐增多的。省级政区数目的增加，与疆域广狭、民族关系、开发程度、省域划分原则有密切关联。在长期的历史演进中，中华大地形成了中华民族多元一体的格局。元朝疆域广阔，北至北海（今北冰洋或贝加尔湖）、南含南海诸岛，但政区管理较为粗放，陕西行省管辖了秦岭之南属于长江流域的汉中盆地，湖广行省从长江中游一直管辖到海南岛、南海诸岛，把"犬牙相制"原则发挥到了极致。明朝时期，朝廷直接管辖长城以南地区，所以元朝岭北、辽阳行省都没有了，却设置了一个跨江越淮、规模超大的南直隶，也是运用"犬牙相制"原则的结果。清朝盛时疆域面积达一千三百多万平方千米，汉族与少数民族之间交往交流交融，形成多民族统一国家，内地十八省与边疆少数民族地区实行因地制宜的管理体制。

作为中华民族大家庭的中国，地域上是一个整体，每个省份都有深厚的历史积淀。总体而言，增设省级政区的模式有三种：省内分家式、邻壤切块式、边疆开发成熟式。以省内分家式产生的新省，历史上较多，如：明朝北直隶、山东、山西是分解元中书省的结果，浙江、福建是从元江浙行省分出来的；清初江南省分为江苏、安徽两省，湖广省分为湖北、湖南两省，陕西省分为陕西、甘肃两省。宁夏与海南建省、重庆直辖市建立，也都是省内分家模式。邻壤切块式建省的数量相对少一些，如明初河南布政使司由元河南江北行省大部和中书省小部组成，贵州分自四川、云南、湖广；民国西康省由四川的雅安以西部分和西藏喀木地区组成；1949年的平原省分自河北、河南、山东三省等。

边疆开发成熟式是较为成功的建省模式，如晚清边疆五省的建立。晚清有海防、塞防之争，海疆与陆疆其实同等重要。乾隆中期平定准噶尔部、平定回疆，西域地区得以故土新归，故名"新疆"。嘉庆末年，龚自珍写了一篇《西域置行省议》，颇具远见。同治年间中亚浩罕国军人阿古柏侵占新疆南部、沙俄霸占伊犁，左宗棠收复新疆后，光绪十年（1884）新疆建省。因沙俄割占了中国巴尔喀什湖以东以南五十多万平方千米领土，伊犁已暴露在国境前线，省会只得东移到迪化府（今乌鲁木齐市）。中法战争中，法国军队一度占据基隆、进攻淡水，台湾在军事上的重要性凸显，于是光绪十一年（1885）台湾建省。其实，早在乾隆初就有人提议台湾建省，沈葆桢于同治十三年（1874）、袁保恒于光绪二年（1876）都曾提议台湾单独建省。清朝东北地区一直是柳条边封禁之区，近代中国失去黑龙江以北至外兴安岭、乌苏里江以东至海一百多万平方千米土地后，沙俄仍然虎视眈眈，日俄战争对我国主权造成严重损害，形势逼迫清政府采取对策，于是光绪三十三年（1907）奉天、吉林、黑龙江建省。晚清边疆五省建立的意义重大，但朝廷缺乏国家层面建省的长远计划，只能被动应对，令人唏嘘。

关于内外蒙古、西藏建省的提议，也始于晚清。虽然清末没能实现，但对后世影响甚大，民国年间热河、察哈尔、绥远、青海、宁夏、西康建省都成为事实。

省制演进的规律性认识

行省制度七百多年来的历史变迁彰显着旺盛的生命力；省制长期保持良好运行，并随时代的变化而不断完善与发展，表现出强大的调适韧性。从元、明、清以来长时段考察省制演进的规律性认识，要而述之，约有以下数端：

首先，具有长期的稳定性。七百多年来的地方管理实践已充分表明，省制具有稳定的政治文化与社会经济基础。许多省份、省域、省名是元、明、清时期确立的。某个省份一旦建立，尽管省名可能会更改、省会可能会迁移、省境也可能会有局部的调整，但该省份作为一个实体不仅生命力顽强，内部结构也比较稳定。例如浙江，南宋以来一直管辖11个府级政区，目前仍有11个地级市。又如，福建号称"八闽"，从北宋到明朝中期都保持着8个府级政区，清朝增加了一个府级政区，现代则形成了9个地级市。政区稳则国家稳，省制定则社会定。

其次，具备强大的调适能力。省制长期运行并不断适应时代需求，很有韧性。内在的调适能力使省制满足了历史时期向边疆延伸的需要，所以清朝以来长城之外也新增了多个省份。新中国成立尤其是改革开放以来，省制形成类型多样化、组合发展的趋势，及时适应了经济社会高速发展的时代新需求。从省制政区类型上看，不论是省、自治区、直辖市还是20世纪末创立的特别行政区，都是因时制宜、因地制宜的。

再次，拥有强大的内聚力。政区是国家权力的空间配置，元、明、清以来省制演变一个恒定不变的主轴是历代中央政府一直掌控、领导着行省，体现了中国强大的内聚力。省级政区的设置彰显了国家意志和民族团结。我们的大中国以省级政区为纽带在历史时期已凝聚成一个整体，各个民族在中华民族大家庭中像石榴籽一样紧紧抱在一起，都是中华民族共同体的一分子。

从次，是领土主权的明证。西汉设置西域都护，唐朝设立安西、北庭都护府，表明今新疆自汉、唐以来一直属于中国，故而晚清新疆建省是顺理成章的。南海诸岛，南宋以来有"千里长沙""万里石塘"等记载，明朝以来属于海南岛的崖州、万州等政区管辖，所以尽管海南省1988年才建立，但省域作为一个整体自宋、明以来就形成了。元朝在澎湖列岛设立澎湖巡检司，属于福建行省泉州府晋江县；清康熙二十二年（1683）收复台湾及其附属岛屿，设台湾府，属于福建省；光绪十一年（1885）台湾建省，为清末23省之一。台湾自古以来就是中国的神圣领土。

最后，是文化认同的纽带。全国诸省各具特色，省域之间、省内各地均存在文化认同感。例如，北宋设立京东路，后分为京东东路、京东西路，金灭北宋后改为山东东路、山东西路，这是作为省名"山东"的来历，从此也就有了"孔孟之道、儒家文化起源于山东"的说法和文化认同。皖南、皖北认老乡，也是基于自清初以来逐渐形成的整体政区"安徽省"。

省级政区的设置和调整折射着中华大地的历史变迁，见证着中华民族多元一体格局的历史演进，凝结着古往今来丰富的治理智慧。它将自然风貌、人文特色、历史传承熔铸其中，既标定了地理疆域的划分，也塑造着每个中国人的心灵故乡。

（作者系国家社科基金重大项目"清史地图集"首席专家、中国人民大学清史研究所教授）

长城：中华文明的重要象征

艾 冲

长城是中国古代国家护卫特定地域居民生命与财产安全的线状军事防御工程，其建造历时悠久，上下绵延两千五百多年，始于春秋中期的齐国，延续至清代后期。长城的分布地域广大，参与构建历代长城防御工程体系的施工人员来自诸多族群。古人营造长城的督管经验和构筑技术不断提升，长城的主体与附属设施的配置不断完善，符合军事防御的实战需求。长城凝聚了中华民族自强不息的奋斗精神和众志成城、坚韧不屈的爱国情怀，已经成为中华民族的代表性符号和中华文明的重要象征。

金山岭长城

　　长城是中国古代人民建造的宏大的线状军事防御工程体系。古代长城的建造绵延了两千五百多年之久，形成了一种中国独有的军事文化事象，牢固地植根于中国人民的思想之中，凝聚为中华文明的象征。

绵延万里：古代长城的构筑、分布与其作用

　　长城是中国古代国家护卫特定地域居民生命与财产安全的线状军事防御工程。它的出现需要特定的历史背景，即具备必要的社会经济、政治和军事前提与基础。长城的构建始于两千五百多年前的春秋中期，延续至一百多年前的清代后期。构筑长城是古代国家的军事行

为。在这两千五百多年间，先后有二十五个统一王朝与并立政权主持构建过长城防御工程，包括春秋战国时期的齐、秦、赵、魏、燕、中山、楚等诸侯国，秦朝，西汉，东汉，西晋，东晋十六国时期的西凉，南北朝时期的北魏、东魏、西魏、北齐、北周，隋朝，唐朝，两宋时期的宋、辽、金，明朝，清朝。参与构建各时代长城防御体系的施工人员来自诸多族群，包括秦汉时期的汉族、匈奴族、羌族、氐族，南北朝时期的鲜卑族、乌桓族、敕勒族和汉族，隋唐时期的汉族、稽胡族、突厥族，两宋时期的党项、契丹、女真、奚、汉诸族群，明清时期的汉、蒙古、女真、藏等族群。长城既然是护卫特定地域各族居民的生命与财产安全的军事工程，因此，特定地域的居民参与其建造进程，就是顺理成章地护卫其身家性命的必然举措。

长城的起源阶段是在春秋战国时期。中国最早的长城出现于公元前6世纪，即春秋中期的齐国。公元前555年，齐国在抵御晋国武力进攻的战争中，利用其西疆济水东侧的堤防作为防御敌方的依托，并由此得到启发，遂不断地将济水东侧的堤防加宽增高为"钜防"。其后，"钜防"遂成为中国早期的原始长城——线状军事防御工程。由于齐国在军事活动中率先探索出全新的防御敌方军队的工程形态，遂产生深远的军事影响，被其他诸侯国纷纷效仿。进入战国时期，齐国于公元前4世纪建起横跨泰山、沂山和蒙山的南疆长城。秦国出于抵御魏国进攻的军事需要，于公元前5世纪至前3世纪先后构建起三道长城防线，即经过数次施工而建起的黄河西岸"城堑河濒"长城、经过"堑洛"形成的洛河西岸长城，以及秦昭襄王时期构筑的秦国北疆长城。魏国也于公元前4世纪中期经过数次施工在其西疆构筑了一纵二横布局的魏国西长城。赵国于公元前4世纪后期在漳水北侧构建"属阻漳滏之险"的赵南长城，又于公元前3世纪初依托阴山天险而建起防御匈奴南掠的赵北长城。燕国亦于公元前4世纪后期构建依循易水北岸而防御赵、中山的燕南长城，于公元前3世纪前期在其北疆建起防御东胡诸部的燕北长城。中山国于公元前4世纪前期构筑一道抵御赵军进攻的槐水长城。南方的楚国于公元前3世纪初期依循伏牛山、方城山和桐柏山营建一道抵御中原诸国攻击的楚北长城。

至秦朝，出于防御匈奴、东胡南掠的军事需要，将军蒙恬主持构建起中国历史上第一道万里长城，西始于陇西郡临洮县境，东至于辽东郡浿水之滨。西汉政府在修缮秦代长城的基础上，于公元前2世纪末期至公元前1世纪初期构建"河西""漠南"（光禄塞、居延塞）数段新长城，新、旧长城相互联结成一道长度更大、分布更广的汉代万里长城。东汉政府在继承西汉军事文化遗产的基础上，对"朔方

甘肃省山丹县境内汉代河西长城遗址

塞"地段的长城进行修缮，继续予以利用。西晋时期，对辽西、辽东两郡区段的汉长城予以重建，恢复其军事防御作用。延至东晋十六国时期，西凉也对敦煌郡境的汉长城做过修复与增建工作。

至北朝时期，为了抵御柔然、契丹诸部的袭掠而出现构筑长城的小高潮。北魏王朝于公元5世纪前期沿着阴山、燕山构建一道"泰常长城"，东起赤城，西迄五原，绵亘三千余里。公元5世纪中后期，北魏又沿着燕山、太行山、恒山、管涔山构筑一道弧形分布的"畿上塞围"长城，以及西至赤城、东达海滨的"广长堑"长城。东魏先于6世纪中期在肆州北山建造一道长约数百里的长城，并且沿着定、幽、安三州西北侧的太行山脉段北魏"畿上塞围"长城构建城戍群体，以应对柔然、契丹、库莫奚诸部的南下。与此同时，西魏则修缮与利用华阴县境的战国秦长城，构筑陕州弘农郡东部的新长城，以抵御东魏军队的进攻。北齐构建长城的次数最多、规模最大，以抗御柔然、契丹、突厥等敌对武装的进攻。北齐于天保五年至七年间（554—556）建起西起黄河东岸总秦戍、东至库堆戍（今北京密云古北口），再延伸至海滨的外线长城。同时，又分期分段地构建西端始于黄栌岭、东端止于碣石的内线长城。其后，北齐又相继营建几道小长城，包括"轵关"长城、"洛州西界长堑"等军事防御工程，以应对北周军队的进攻。北周则在6世纪70年代重建西起雁门、东达碣石的北齐内线长城，以抵御突厥诸部的袭掠。由此可知，东魏与西魏、北齐与北周为了相互防御和抵御柔然、契丹、突厥等敌对势力的侵犯，而多次构建长城类军事防御工程。

隋唐时期是构建长城的第二个高峰阶段。隋朝初期重新利用北齐外线长城，又构筑延亘于灵、盐、夏、绥诸州的新长城；至开皇七年（587），在阴山北麓修复秦汉长城，作为与突厥诸部进行军事攻防的守御依托；至开皇十九年（599），在河曲地域构建南、北两道"横堑"长城，并修复黄河东侧的北魏"畿上塞围"与北周的雁门至碣石（今辽宁绥中南缘姜女坟礁石）的旧长城。在大业三、四年（607、608），再度修缮阴山北麓的长城工程，发挥其军事防御功能。唐朝前期，除继续利用隋代长城外，也构建马岭长城、妫州长城等新的军事防御工程。

两宋时期，北宋在毗邻辽朝的岚州之地、毗邻西夏的庆州与原州之地构建过小型的长城与堑壕。契丹族建立的辽朝虽未兴举大规模的长城工役，但于10世纪初构建防御渤海国的镇东海口长城，于1026年构建防御生女真的宁江州墙堑，于1042年构筑防御西夏的数百里"障塞"等线状军防工程。金朝时期，在其北疆出现构建长城的高潮。天会至天眷年间（1123—1140），构建时称"界壕"的外线长城，其遗址分布在今中、俄、蒙三国之地；大定年间（1161—1189），在今大兴安岭东南麓构建内线长城，形成横跨今大兴安岭的北线、中线和南线墙堑，且辅以城堡、关隘、墙台、道路等设施形成复杂的空间格局。

明朝极为重视北部地区的防务。经过洪武年间至嘉靖年间（1368—1566）的持续施工，构建起东始于鸭绿江西畔的江沿台、西止于祁连山北麓的红泉墩的万里长城，并在长城地带配置十三个军事重镇，分区段主持长城的构筑、驻防与管理。清朝相继接管明代十三镇长城的防务。其后随着全国政局的稳定，雍正皇帝在位期间（1722—1735），推行长城地带改军为民的地方政体变革，明长城由此失去正常的管理而趋于衰败。但至清朝后期，又在陕西与湖北交界的大巴山区、山西与陕西毗邻的黄河东岸、湖南与贵州接壤地带构筑数道长度较短的长城。显然，清朝长城已是中国古代长城构建史的尾声余韵。

明代甘肃镇嘉峪关与其长城

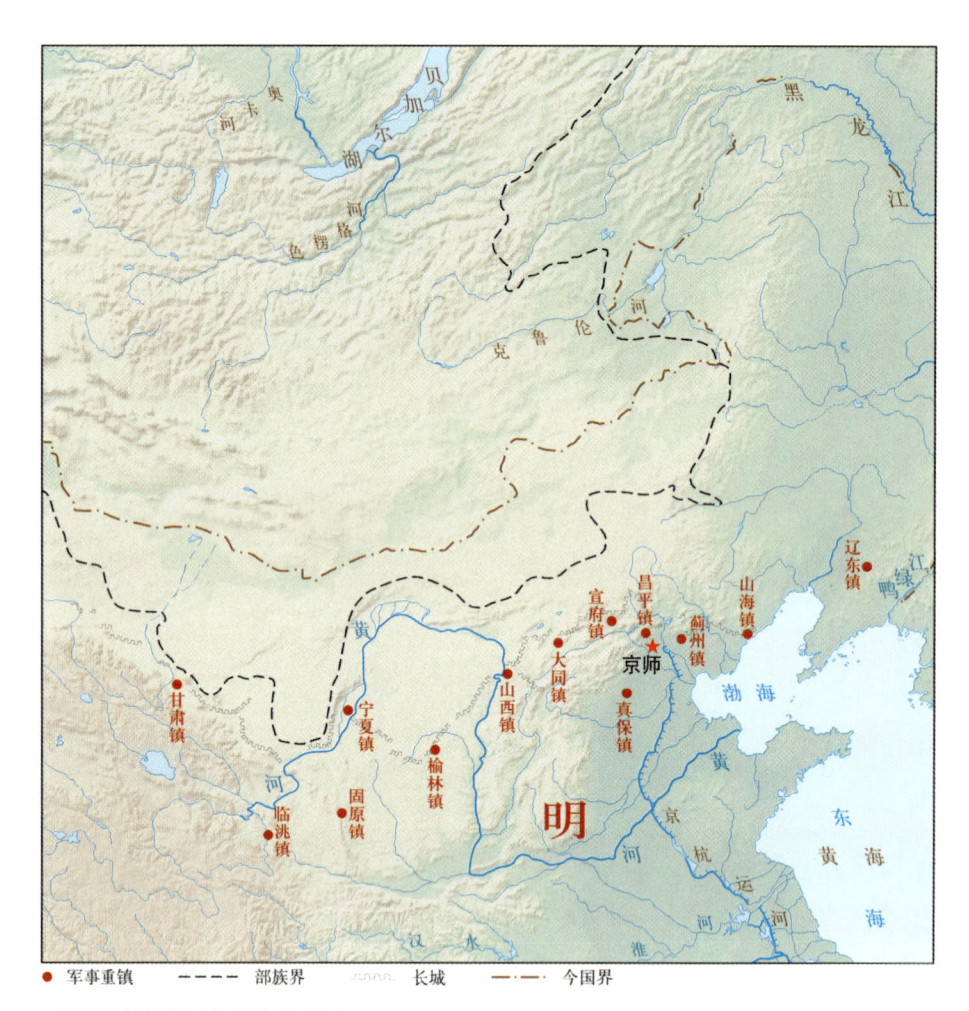

明代长城地带军事重镇分布图

历经两千五百多年间歇性地构建长城的军事活动，不同时代的长城分布地域相当广阔，在我国的西部、东部、南部皆有其遗迹，但主要分布于北部边疆地带。自秦代起，农耕经济地区与游牧经济地区间的文化交流、交往、碰撞与融合日益发展，两种经济形态互为补充和依赖，长城地带遂成为不同文明间交流、碰撞与融合的汇聚线而被人们所重视。

坚固屏障：古代长城构筑技术的发展

古代人们在持久的长城构建活动中不断摸索，逐渐积累着工程管理和构筑技术的经验，使得长城随着时间的推移而更加符合特定时期军事防御的现实需求。

首先，长城本体与附属设施的规划与配置逐步趋向合理。在春秋战国时期，原始的线状军事防御工程——长城的工程配置较为简单，连绵一线的城墙与壕堑作为防御工程主体，沿线配置着穿越长城的关口、驻扎军队的城堡。至战国末期，赵北长城沿线出现了前出于长城北侧而传报敌情的独立烽燧，形成初期的烽燧报警系统。两汉时期的长城地带，烽燧报警系统得到普遍推广，数量大增，传递敌情的信号规定得到细化。例如东汉时期的《塞上烽火品约》，就详细规定了依据来敌数量而向上级机构传递出不同等级的声光信号。汉代以后，历代长城驻防军始终沿用此类敌情传报系统。

自汉代起，长城地带的驻军城堡形成严密的等级体系。例如，西汉长城沿线的驻军城堡分为郡城、部都尉城、侯官城（障城）、燧坞、烽燧诸多等次，形成上下相制的驻防体系。其后，历代长城地带的城堡体系基本继承这类分级制度。明代万里长城地带驻军城堡群体划分为总督治城、总兵治城、参将治城、守备城堡、把总城堡、台堡、烟墩等七个等次。

从宋代起，长城主体形制出现显著的新变化。雉堞（垛口墙）、女墙（宇墙）配置于长城和城市墙体顶端，例如在西夏黑水城（哈喇浩特）遗址，就可看出此类变化。附墙敌台（马面）在长城外壁得到大量的配置，形成这时期长城的新形制，例如金朝长城外壁存在密集的马面设施。宋代以后的元、明、清时期，雉堞、女墙、马面诸多附属设施得到继承与发展。于是，随着时间的推移、社会生产力的进步和工程技术的更新，古代长城的形制就随之出现新样态，长城防御工程体系日益完善。

其次，构建长城的施工方式（工程管理）逐步优化。古代长城的营造过程都存在一个施工方式的抉择环节。既然长城的建造是国家的军事行为，那么可动员与组织的人力就包括两个方面：军队士兵、各地民夫，或兼而用之。例如，隋代大多征调各地民夫至长城工地，分段营建；而明代既组织驻军执役，也征集各地民夫赴役，见诸明代文献。在具体施工进程中，都是将待建长城划分为若干工段，并在地表设置工段标志，配置人力，分区建造，以便明确各支施工队伍的工程质量责任。例如在今山西省岢岚县大庙村出土的隋代长城工役刻石，实际就是长城工地的分工地标；嘉峪关长城的明代施工工牌、陕西省定边县唐凹村出土的明长城工役碑，皆属于此类长城工段划分的实物证据。在长城工役监督管理层面，各朝代出现自高及低的督管组织体系。北齐王朝大规模营建外线长城期间，建立起都督、刺史、都使、子使的管理职官组织。例如，一个名叫卢洵祖的北齐政府官员，"天保末，以职出为筑长城子使。自负其才，内怀郁怏，遂毁容服如贱役者以见杨愔。……既至役所，作《筑长城赋》，其略曰：'板则紫柏，杵则木瓜，何斯才而斯用也？草则离离靡靡，缘冈而殖，但使十步而有一芳，余亦何辞间于荆棘。'"从中既可知卢洵祖于天保末年出任"筑长城子使"，也可看出长城的构筑方法，即"板则紫柏，杵则木瓜"。所谓"板"，即指夯筑城墙时夹持填土的窄长方形护板；所谓"杵"，即指夯打填土的重力工具，后人亦称作"夯"，用木材或石块制成。明代也是如此。

第三，长城构筑技术与工艺随着时间推移而不断创新。自战国时期始，长城的建造技术主要采用夯土版筑与铲削岸坡的施工技术，即"城""堑"的构建方法。其后，古人在实践中摸索出"因地形，用制险塞"的构筑长城的基本原则。延至秦汉时期，人们因地制宜地探索出构筑长城的多种技术，包括天然石块垒砌技术、利用天然崖壁技术、树木枝干封锁溪谷水门技术、预制土坯砌筑技术、土石混筑技术等等。至两宋时期，人们已经能熟练地掌握马面附筑技术，以及雉堞、女墙加筑工艺。金朝构建长城的人员将此类技能运用得相当娴熟，尤其是附加于城墙外壁的马面设施，不仅数量众多，而且彼此间距密迩。

延至明代，长城构建技术得到突飞猛进的更新。加之新建筑材料的广泛应用，引发新技术的快速推广。人工开凿的大型条石、烧制的城砖、捲拱技术等新材料、新技术相继出现，辅以人工拌制的三合土、烧制的石灰等新型黏着材料，尤其是业有专攻的大批技术工匠的涌现，诸多新要素逐渐应用于长城的营造领域，使得明代长城的营造方法、建造工艺出现崭新的气象。明代弘治年间（1488—1505），巡抚文贵就在延绥镇长城地带策划、督建砖砌墩台群体。隆庆年间（1567—1572），总兵戚继光在蓟州镇长城地带推广条石、青砖砌筑骑墙空心敌台群体，并运用新技术对长城本体和附属设施，诸如城堡、墩台、关口等，展开全面改造与重建工役，取得成功。此类改造工程很快被推广到山海、辽东、昌平、保定、宣府、大同和三关诸镇，也波及延绥、宁夏、甘肃、固原和临洮五镇。原先构筑的土石长城得到条石、青砖、石灰等新型建筑材料的包砌（明人称作甃砖、甃石）加固，城堡、关口、水口和墩台群体也是如此。这既改变了万里长城的形制与样态，又提升了长城与其附属设施的坚固性和耐久性，

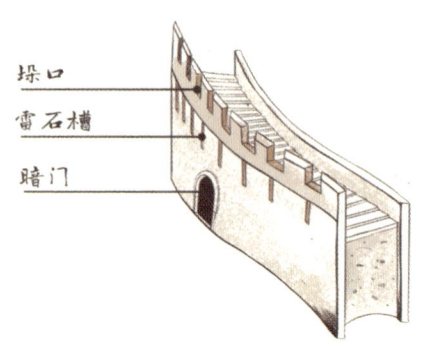

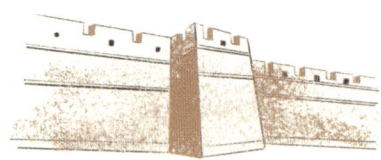

垛口
雷石槽
暗门

楼橹

吐水嘴

马面

马面，又称墩台、墙台、城垛等，为城墙向外凸出的墙体部分，与城墙同高，用以三面防敌

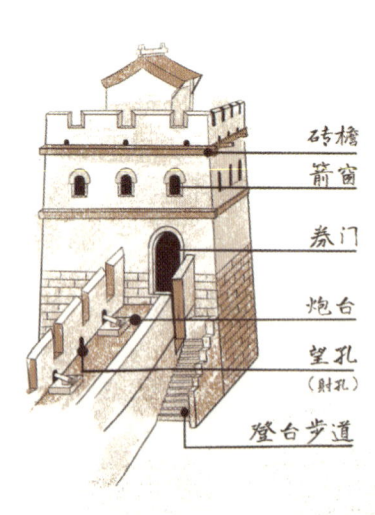

炮台

砖檐
箭窗
券门
炮台
望孔
（射孔）
登台步道

女墙

女墙，又名宇墙、女儿墙、睥睨（埤）、女头墙，城墙顶上的矮墙，一般修建于内侧

长城主要构造
示意图

（邓跃绘制）

极大地强化了其防御功能。

总之，随着军事筑城活动的持续推进，古人不断地总结军事工程的构建经验，逐渐运用新技术、新材料，健全驻防军队的组织体系和防区划分，以及长城的规划、设计和施工的督管水平，使长城的坚固性不断提高，契合着特定时期特定地域的军事防御需求。

顽强坚韧：中华民族的伟大精神

长城是中华民族爱国、卫国优秀传统信念的物化寄托。中华民族历经两千五百余年构筑长城体系等军事活动的历练与实践、军事工程技术的出新和军事经验的积累，练就了顽强不屈、战而必胜的民族特质。近代以降，外患严重，愈益激发中国人民爱国卫国的强烈意识与家国情怀。每遇外敌入侵，长城就成为全民族团结御敌的精神象征，鼓舞着中华民族前赴后继地抗击外来敌寇。

（一）长城是中华民族热爱和平、捍卫国家安全意志的物化象征

中华民族是热爱和平的人民。自古以来，我们总是与人为善，与邻相睦，和平共处。我们从未主动侵略其他国家。唯有当敌对方将武力侵略强加于我们之际，为了保卫自己的生命与财产安全，才奋起反抗其威胁。

古代长城赋予中国人民顽强不屈地抗御外敌的卫国信念。鸦片战争后，近代中国陷入半殖民地半封建的社会状态，国家主权遭受西方列强的严重侵害。于是，一批又一批的爱国志士奋起挽救政治危机，捍卫国家安全，反抗外来敌对势力的侵略。他们在政治、军

事、经济和文化诸多领域发起制度革新,亟欲改变国家积贫积弱的现状,以维护国家的领土主权。他们着眼于经济振兴、国家富强,致力于发展近现代工业、商业、交通运输业,以夯实国家复兴的产业基础。

正是爱好和平、捍卫国家尊严的长城精神凝聚着全国各族人民的意志和力量,方能团结一心,众志成城,前赴后继,抗击外来侵略者。经过几代人的努力,终于在中国共产党的领导下彻底驱逐西方殖民势力,迎来中华人民共和国的成立、中华民族的独立。这种愈挫愈勇的战斗精神正是鼓舞当代国人继续发奋图强、振兴中华的动力源泉。

(二)长城是中华民族坚强力量的实体象征和贴切显喻

古代长城具有威武坚强、屹立不倒的品格,遂成为中国国防力量及中华民族共同抗击外敌的精神寄托。早在一千五百多年前,古代中国人就将国家军队与其将帅比喻为万里长城,以彰显军队对于国家安全的决定性作用。南北朝时期刘宋元嘉十三年(436),将帅檀道济就将破坏军队战力的行为斥责为自毁长城,即《南史》所载:"道济见收,愤怒气盛,目光如炬,俄尔间引饮一斛。乃脱帻投地,曰:'乃坏汝万里长城。'魏人闻之,皆曰'道济已死,吴子辈不足复惮'。自是频岁南伐,有饮马长江之志。……二十七年,魏军至瓜步,文帝登石头城望,甚有忧色。叹曰:'若道济在,岂至此!'"可见,提升军队的作战实力对于国家的政治稳定、抵御外敌具有关键作用。

20世纪30年代,长城作为号召全国人民抗击日寇侵华的精神寄托,发挥出巨大的正能量。其时,日本侵略军侵占我国大片领土,中国处在生死存亡的危急关头。《义勇军进行曲》成为激励全民抗击日寇的响亮号角,"把我们的血肉筑成我们新的长城,中华民族到了最危险的时候",激昂的歌声鼓舞着成千上万的热血青年走上抗日前线,与日寇浴血奋战,前赴后继地抗击侵略者。于是,长城作为战胜一切侵略势力的坚强自信精神的象征,成为中国国防军的代名词、中国人民团结抗敌的牢固信念和战略定力的贴切比喻。

抗日战争初期,中国共产党领导的抗日军民在明代长城地带顽强抗击侵入山西省境的日寇,相继获得可歌可泣的战绩。诸如平型关伏击战、袭击阳明堡日寇飞机场等大捷,振奋了其时全国抗日力量的士气,坚定了持久抗击日本侵略军的意志。狼牙山五壮士在太行山区长城附近英勇抗击日寇的进攻,弹尽粮绝,无路可退,跳崖殉国。其壮举豪气薄云天,英名留人间。

八路军收复张家口从大境门进城场景

油画《平型关大捷》
(任梦璋、杨为铭创作)

（三）长城标志着中华民族特有的家国情怀与爱国信念

古代国家中央政府主持建造长城之目的就是捍卫特定地域各族居民的生命和财产安全，维护社会秩序、人民生产生活的相对稳定。两千多年的线状军事防御工程体系的建造与戍守活动，在中国人民的思想观念上留下了深刻的烙印和影响。

每当面临强敌入侵之际，中华民族就爆发出强烈的爱国爱家、卫国保家，期盼国泰民安、社会和谐的家国情怀，表现为面对外敌入侵而敢于亮剑、勇于献身、持久抗争的战斗精神，表现为军民团结、同心协力、万众一心、排除万难、争取胜利的钢铁意志。而在和平时期，表现为五十六个民族凝聚成发展国民经济、推进现代化强国建设、实现第二个百年奋斗目标的磅礴力量；表现为凝练成中华民族独具的捍卫国家尊严的爱国文化精神，激发出各族人民热爱祖国山河、保卫和平生活的强大动力。凡此种种，铸就成努力传承与弘扬优秀中华传统文化的炽热自信心。

总而言之，长城是中国古代人民建造的伟大的线状军事防御工程体系，凝聚着中华民族自强不息的奋斗精神和众志成城、坚韧不屈的爱国情怀。这已经成为中华民族的代表性符号和中华文明的重要象征，具有凝聚民心、激励斗志的现实意义，以及弘扬奋发图强、历久弥新的文化自豪感与自信心的社会价值。

（作者系国家社科基金重大项目"中国古代长城的历史地理学研究"首席专家、陕西师范大学历史文化学院教授）

大运河：
纵贯南北的大动脉

刘曙光

  中国大运河绵延两千五百多年，跨越三千六百多千米，被公认为古代世界工程史上的奇迹。在中国这样一个幅员辽阔、自然地理条件复杂多变的国度，用人工去开凿将东南西北重要区域连通的水道，需要付出极大的人力、物力和财力。为什么古代帝王不惜巨大代价建造和维系大运河？看似普通的运河之水又承载着什么样的政治和文化意义？

  在本文中，我们将从不同侧面了解大运河的故事：它如何通过一组组水利工程设施翻山越岭、穿越天堑一般的大江大河，哪些城镇因大运河而勃兴，大运河与中国文化同一性的塑造有什么样的关系，以及它为何能成为世界文化遗产。

中国大运河是世界上延续时间最长、规模最大、影响最广的水路交通系统。从春秋时期吴王夫差修筑邗沟开始，经隋唐大运河、京杭大运河等阶段，大运河至今已流淌了两千五百多年。

中国幅员辽阔，地势西高东低，主要河流自西向东奔流入海；在不同的地区，山形地貌和社会文化背景的差异明显。要在如此庞大复杂的空间范围内维系国家统一和政治稳定，需要高效的交通系统。面对沿途复杂的自然地理条件，中国古代先民以卓越的智慧，用简单易得的材料和工具，开挖大运河。它沟通了海河、黄河、淮河、长江、钱塘江五大水系，串联起政治、经济和文化中心，既实现粮食和货物在全国范围内的运输，也促进了各地经济和文化的连通，对统一多民族国家的形成与发展，起到了重要作用。

运河与漕运的历史脉络

在很长的历史时期内，利用水流进行运输要比其他方式更为经济和便利。中国古人很早就掌握了水运的知识，通过在自然河流之间开凿人工渠道，实现高效的水上交通。春秋时期，诸侯争霸。《左传》记载，公元前486年，吴王夫差为了北上伐齐，在长江北岸修建邗城，在城下开凿邗沟，一路向北，将长江和淮河连在一起。这就是大运河最早的河段。

战国至汉代，全国各地修凿了一系列人工河道，以鸿沟、灵渠、关中漕渠为代表，它们推动了黄河、淮河、长江、珠江等流域的连通，带动了物资流转和经济社会的发展，也促进了国家统一进程。这些河道的功能，从最初以服务军事为主，逐渐转变为以粮食和物资转运为主，古人称之为"漕运"。与漕运相伴的，是人们对山川地理认知的不断加深，对自然河流习性的掌握，以及水利工程和造船技术的革新。

公元589年，隋文帝杨坚重新凿通邗沟，并以此南下攻灭陈朝，中国迎来了第二次大一统。继位的隋炀帝杨广从605年开始，在短短六年期间，陆续修建和疏浚了黄淮之间的通济渠、江淮之间的山阳渎、北至涿郡的永济渠，以及长江至余杭的江南河，实现了大运河首次全线贯通，连接了关中、中原、河北、江淮、江南等地区，沟通了海河、黄河、淮河、长江、钱塘江五大水系。

对于隋炀帝开凿大运河，人们褒贬不一。但客观而言，大运河带动的物阜民丰催生了大唐盛世，为后世国家的统一和繁荣发展奠定了坚实基础。隋代奠定的运河体系一直沿用到了北宋末年，东京汴梁（今河南开封）便是因运河而发展起来的都城。北宋年间，围绕汴京修建的四条运河——汴河、惠民河、金水河与广济河被称为"漕运四渠"。汴河之上流转的漕粮和各种货物，带动了商人往来聚集，孕育了繁华市镇。著名的《清明上河图》描绘的就是开封汴河两岸充满活力的生活场景。

大运河在元代统一全国之后重新贯通。由于北京成为新的政治中心，曾经以东西为主要走向的大运河开始变成了南北走向。元世祖忽必烈委派水利专家郭守敬对运河线路重新勘察设计，依次开通济州河、会通河、通惠河，把北京和杭州直接连在一起。如果说大运河是一张弓，那么自此以后，漕运不再走弓背，而是直接走弓弦，距离大大缩短，人们称这一结果为"裁弯取直"。这一条运河，就是今天我们熟知的"京杭大运河"。

明清两代，京杭大运河的作用进一步彰显。明成祖朱棣迁都北京之后，为了修建北京城，从四川、湖广、江西、浙江、山西等地大量开采木材，通过临清和北京等地的砖厂烧造砖瓦，这些建筑材料主要通过运河运至京城。由于明代京城建设和运河息息相关，所以有人形象地说北京城是大运河上"漂"来的。

更为重要的则是漕粮的运输。来自山东、河南、江苏、浙江、安徽、江西、湖北、湖南等地的食粮征收上来后，通过各地的水系源源不断向运河汇聚，最终北上抵达京城。大运河不仅是紫禁城中皇帝及其宗亲的生命线，也是国家政治、军事、建设、外交乃至社会的供给线。

到了清朝中期，京杭大运河形成了相对稳定的线路。如果从北京至杭州，要从京城东郊通州城东的石坝和土坝起航，沿白河南下天津，抵达天津三岔河口，再沿卫河向西南，经过吴桥，从德州桑园镇进入山东。在山东境内，继续沿卫河从德州至临清，通过数十道闸，翻越南旺枢纽之后，在济宁以下经过南阳新河、泇河、中河，与黄河相遇。穿过淮安的清口枢纽后，进入里运河段，一直到扬州。再渡过长江，便是江南运河，一路扬帆到杭州。

清咸丰五年（1855），黄河大改道，北上强夺大清河入海，直接影响了山东段的漕运，加上沿途的叛乱，清廷难以应对漕运问题。同时，随着海运的兴起和津浦铁路的修建，原本事关国运的运河漕运变得无关紧要。1901年，光绪皇帝以时势艰难、财政匮乏为由，正式下诏停止漕运，在中国历史上实行了两千多年的漕运制度寿终正寝。尽管在民国时期有孙中山、潘复、汪胡桢等人不断致力恢复运河的行动，但大运河再次焕发勃勃生机，却是在中华人民共和国成立之后了。

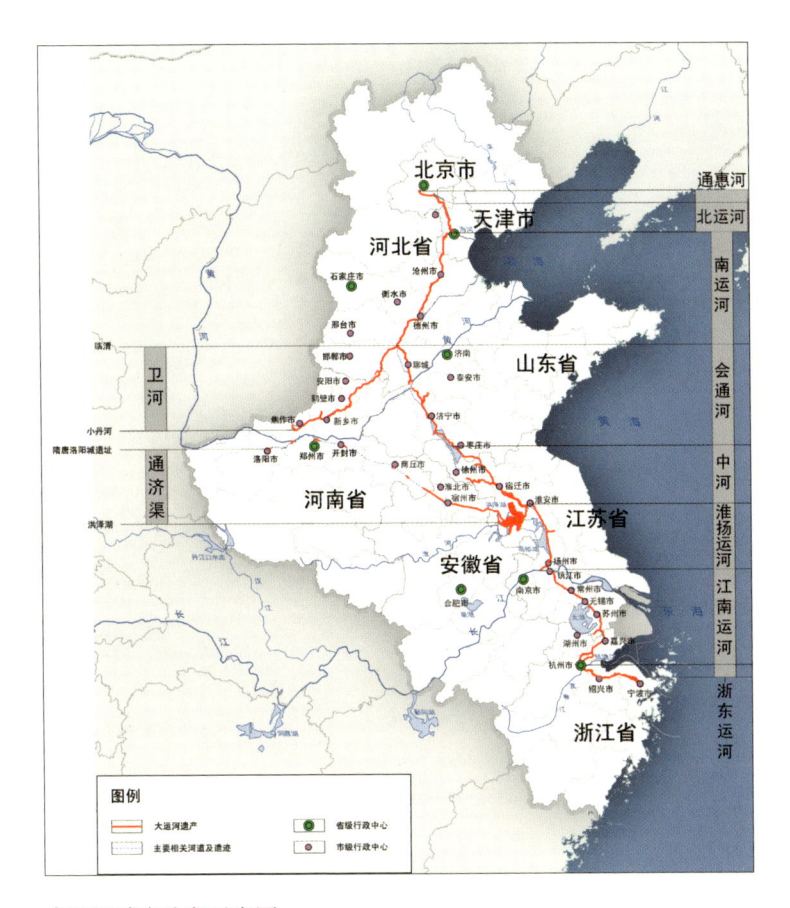

大运河遗产分段示意图

沟通地理空间的工程杰作

  大运河拥有纵贯南北、横跨东西的恢宏尺度，是由许多点段组成的河道体系，其中有自然河流，也有人工开凿的河段。由于中国东部平原的地理条件非常复杂，加上运河并不自带水源，而是要依靠沿途泉水或河道水源，所以会不时面临洪涝灾害或水源匮乏等极端问题。此外，不同河段的高程差异巨大，还有黄河、淮河、长江等水系横贯其间，所以，大运河的修凿和维系，是一个面临艰难挑战的巨大工程。

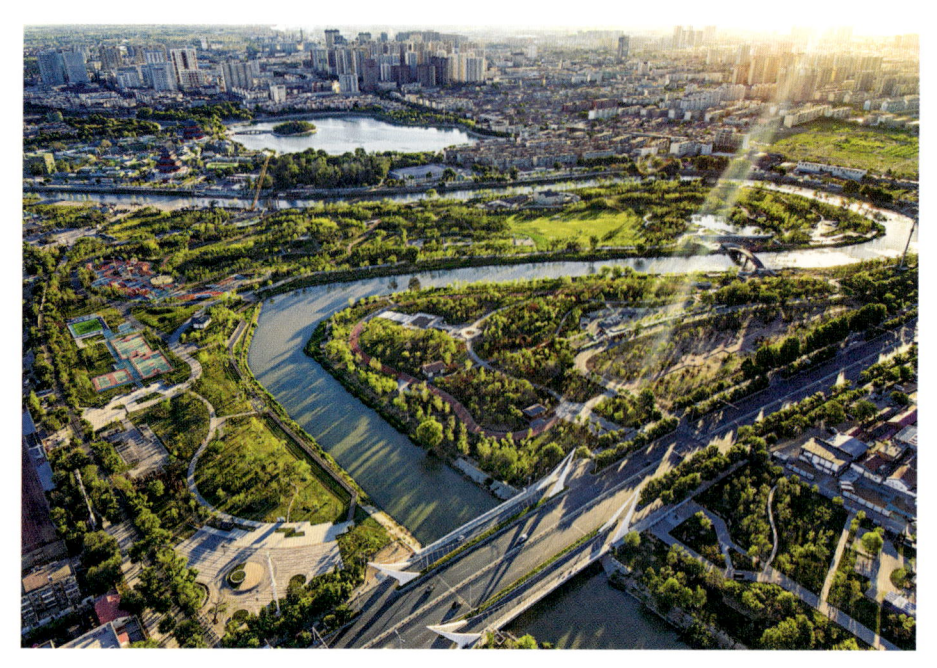

沧州运河的"三湾抵一闸"

　　要实现大运河的高效开凿和疏浚，需要充分掌握地质地理和水利方面的知识。在这方面，我国古人展现出了杰出的智慧。比如在水位高差过大、水流过快的区域，采用了人为利用弯道，减缓河道的纵比降，从而降低河水的流速的方法，人称"三湾抵一闸"，即不建一座闸而实现对水流的调控。再比如，在时常淤积的河段，人们创造出了利用水流自身流速实现清淤的方法，采用木桩、木板作为河岸，让河道变窄，以加大水流速度，卷带走泥沙，减缓淤积速度。

　　元代定都北京后，面临自然水源难以维持从通州到大都漕运的问题。以郭守敬为代表的水利专家在京西北山区发掘了白浮、西山诸泉作为水源，修建瓮山泊等水柜，并在沿线通过各种水利设施调节高差问题，将水源、京城、通州连为一体，使南方漕船可以直接进入大都。这一工程既创造了一个畅通的通惠河，同时重新塑造了北京城的河湖体系，直接孕育了京西北的"三山五园"。

京杭大运河沿线最艰难的河段之一是会通河。这一段要穿越鲁西地区的丘陵，翻越大运河的"水脊"南旺，水源和高程的双重问题困扰着明清两代漕运。得益于明朝初年民间高手白英的智慧，通过一系列水利设施，将沿途水源汇聚南旺，通过分水枢纽让水流"七分朝天子、三分下江南"。漕船要穿越会通河，需要历经三十多座船闸，一点点通过抬升的水位爬升至南旺，再一步步下降，周而复始，翻山越岭。

穿越一条奔腾的江河总是充满艰险，更不要说同时穿越两条。黄河在明清大部分时期是夺淮河入海，并与淮河、运河交汇在淮安的清口。肆虐奔腾的黄河时常决口，并且淤积大量泥沙，威胁运河的安全。以潘季驯为代表的治河能臣发明了"束清刷黄"的方法，建造了由河道、闸坝、堤防等工程共同组成，集疏浚、维护、水文观测功能于一体的清口枢纽，抵御黄河侵扰，护卫漕运安全。

清口枢纽板闸遗址

大运河是古代水利工程最高智慧的结晶，既因为它具有复杂精致的工程设计，更因为实现这些设计的是取自身边的、最简单的材料——土、木、金、石。如筑造堤防，用挖挑出来的黄土配以沙石，用大石或铁盘夯实；错综复杂的清口枢纽，纵然眼花缭乱，也不过是由最基本的土、木、金、石材料拼合而成。

因此，纵贯南北的大运河，是中国人适应空间地理、利用自然山水，不断求知、探索和创造的伟大成就。

国家统一政权稳定的风向标

古人开凿运河，最初是为了打仗；隋唐大运河的贯通以及京杭大运河的形成，军事功能有所淡化，但却始终是国家统一和政权稳定的风向标。古代统一王朝的政治中心，多数时间位于物产相对不那么丰富的北方，而都城人口数量却不断增加，粮食供应的压力不断增长，周边的农业生产根本难以支撑，迫使朝廷不得不依赖江淮地区的漕粮。因此，大运河的畅通与否，直接影响生活在都城的统治集团的安危。

有唐一代，西京长安经常面临粮食匮乏问题，会发生皇帝带着文武百官到东都洛阳吃饭的情形，历史上把这样的帝君称呼为"逐粮天子"。更令唐朝统治者关心的，则是沟通淮河与黄河水系的汴渠（即汴河，又称通济渠）的安危。随着国家经济中心不断南移，长安、洛阳等地对江淮粮食的依赖程度不断增加，汴河成为唐朝中后期各方势力争夺的战略要地，谁控制了汴河，谁就掌控了国家的命脉。

以淮西节度使李希烈反叛为例。这名扼控连接江淮和东都洛阳之间关键地区的军阀之所以有胆量抗衡中央，一个重要基础便是他控制着汴河，掌握着皇帝的饭碗。在李希烈控制汴河、截断漕运的两年中，关中人始终处于饥饿状态。平叛之后，汴河再一次畅通，来自江南的粮食第一时间运至长安。唐德宗甚至激动得热泪盈眶，对太子说："米已至陕，吾父子得生矣！"

明清时期的京杭大运河依旧延续了维系国家粮食安全的角色。因此，以康熙、乾隆为代表的清朝皇帝格外重视漕运安全。康熙、乾隆一共12次"南巡"，目的之一是彰显权力，巩固统治。南巡之时，皇帝通过对江南士子进行召试，与当地意见领袖谈论佛法，尽最大力度笼络人心，实现从武力的征服到人心的统一。

不过，大运河因为其服务帝王的目的，也注定要牺牲掉许多黎民

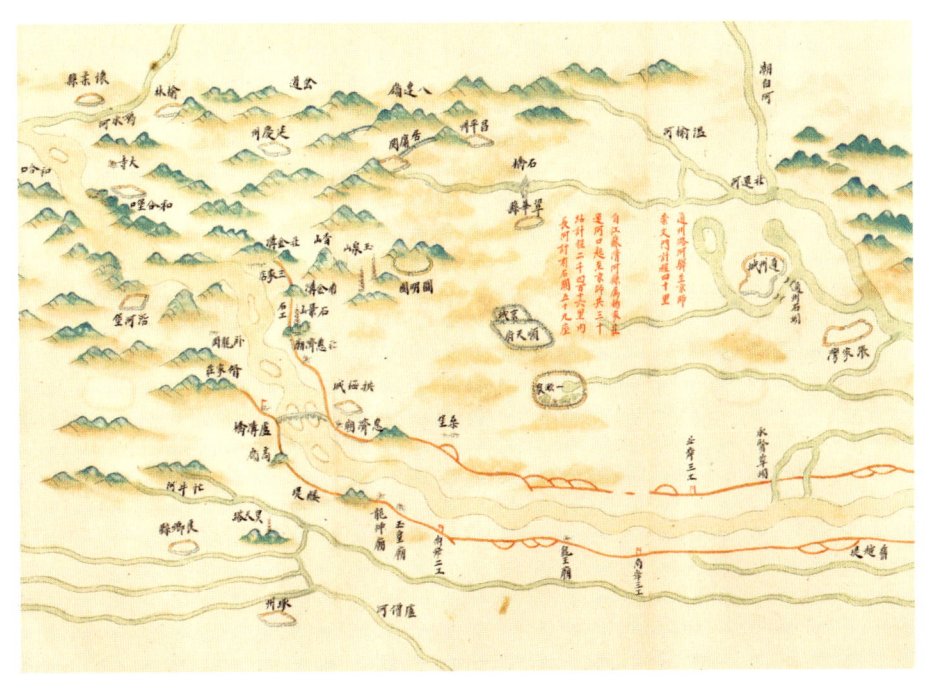

《京杭运河全图》（局部）

百姓的利益。为调节水量而设置的许多水柜，本来是富庶的民田；北京西山引水工程这一创造性的杰作，引的是当地人家的农耕和生活用水；翻越水脊的南旺枢纽，汇聚了山东百姓赖以生存的河水与泉水；清口枢纽的不断修筑，让洪泽湖成为淮北数百万百姓头上的悬湖，直接改变了那里的环境和社会生态。所以，我们对古代大运河的政治功能，也要辩证地看待。

城乡经济发展的大动脉

和西方不同，中国历史上城市的诞生具有鲜明的政治性特点，但是大运河却带来了以商贸为动力的城市发展新模式。货物和人员在运河上的流通带动了沿线的经济活力，孕育了繁荣的运河城镇。

隋唐大运河上的洛阳和开封是其中代表。洛阳是"天下之中"，是隋唐大运河的中心。在隋唐洛阳城的鼎盛时期，城市主要的经济轴线以洛水为主线，构成了一个沿洛水南北分布的城市商业格局，最具商业价值的仓储、码头、手工业区都在洛水两岸占据一席之地。沿着运河而来的船舶通过洛水直抵城内，给洛阳城带来了丰富的物资和勃勃生机。

北宋定都开封，最初延续了封闭式的坊市制度，让经济生活限定在特定的区域内。随着汴河等水陆交通体系的发展，激发出无穷的民间商业活力，原本坊市区分的体系完全瓦解，取而代之的是遍布全城的沿街商业网点。在《清明上河图》中，能看到鳞次栉比的行市、酒楼、茶坊、小吃、瓦子等。汴河与城中心交汇的州桥是开封最繁华的中心商业区，夜夜笙歌、通宵达旦。

伴随京杭大运河的开通，东部平原上许多默默无闻的城镇一跃成为历史的主角，比如北京的张家湾和山东的临清。

张家湾位于北京通州东南。明清两代通惠河行大船不便，南来北往的客商大都要在张家湾转乘小船或车马入京，因此这里的繁华程度堪比今天的北京王府井、三里屯。嘉靖年间的《通州志略》中写道：张家湾"人烟辐辏，万货骈集，是京东第一大码头"。

元代运河经过了"裁弯取直"后，临清成为会通河的必经之地，其经济发展水平、作用和地位，都在北方独树一帜。尤其是伴随着"钞关"的设立，临清成为国家税收重镇。万历年间，临清钞关的年税收总额达八万三千余两白银，占全国课税总额的四分之一，相当于杭州、扬州钞关税收的六七倍之多。

大运河还孕育了江南的水乡古镇。江南运河一段广泛分布着由大量湖泊、河道构成的密集水网，逐渐繁荣和兴起了大量的市镇聚落，承担了连接城市与乡村之间的商业功能，并发展了丝绸、棉布等代表性手工业，由此形成了具有典型市镇格局和生产生活特征的江南水乡古镇。

社会文化交流汇融的载体

大运河是中华风物的载体，是文化交流汇融的见证，也是一部缓缓铺开的中国文化地理长卷。

大运河是贯穿全国最主要的交通干道，文人墨客在生活中，必然会与运河发生各种关联。唐诗宋词里描写运河的场景比比皆是，两岸的地理景致和文化风貌都浓缩在了诗词中。

运河上留下了宋代大文豪苏轼人生中的许多重要印迹，各种在运河上的感悟贯穿了他的一生。宋神宗熙宁六年（1073）的除夕之夜，

《兰亭十三跋》

（元　赵孟頫　日本东京国立博物馆藏）

苏轼在杭州通判任上前往常州一带赈饥，夜宿于常州城外运河边。他看着远处的灯光和低垂的星空，在万家合欢的除夕之夜感到寂寥，写下了"多谢残灯不嫌客，孤舟一夜许相依"的诗句，为大运河留下了另一种文学记忆。

赵孟頫的书法名篇《兰亭十三跋》创作于大运河之上。他当年沿会通河乘舟北上，每到泊船等待放闸之时，都会拿出刚刚获得的《宋拓定武兰亭序》欣赏，撰写题跋，还注明题写之时所处的地点。这是大运河"裁弯取直"贯通不久之后进行的旅程，所以也可能是历史上最早的关于京杭大运河旅行的记录。这份记录既是书法杰作，又是历史的见证。今天，当我们面对劫后余生的《兰亭十三跋》残本，读到"待放闸书"这几个字，不得不为大运河感到无比幸运。

大运河串联起了各地物资和人员，也促发了丰富多彩的民间生活。北宋时期，日本僧人成寻在中国游历，从淮河边的泗州城出发，沿着汴河前往开封，将其在中国的每一个细节都写到日记里。在这部名为《参天台五台山记》的笔记里，成寻写下的"大桥上并店家，灯炉火千万也，伎乐之声，遥闻之"，记录了沿河见到的市镇繁华。

　　大运河串起了东南西北，带动了物资的交流以及生活方式的交融，让沿线百姓接触到了远方的美味，不断丰富着自己的生活。中国的独特饮品——茶，最初只在南方流行。随着运河的开通，茶一步步北上，成为北方人生活中不可或缺的一部分。宋朝之后，饮茶成了全中国所有士大夫共同的生活品味。《宋史·食货志》说："茶之为利甚博，商贾转致于西北，利尝至数倍。"《清明上河图》中画有二十多座茶馆，它们不仅是文人雅客休闲畅谈之地，也是给来往汴河之上百姓歇脚的场所。

《清明上河图》（局部）

大运河是丝绸文化发扬光大的载体，其中又以苏绣为代表。苏州刺绣不仅用于日常衣着，还发展出了高品质的审美格调，配以江南人对生活细致入微的观察。明清时期，京杭大运河上的漕船里，重量最轻的要数装载江南纺织品的船，但这些贡品的价值却是最昂贵的。心灵手巧的不只有南方人，北方人同样在大运河上用灵巧的双手创造出了精湛的工艺，比如天津的杨柳青年画。南方的纸张和颜料源源不断通过运河来到杨柳青，在木板雕刻艺人的手中变成充满乡土气息的年画。据说在鼎盛时期，杨柳青镇"家家会点染，户户善丹青"。

大运河两岸也诞生了丰富多彩的说唱文化。南北戏曲艺术通过大运河交流融合，促成了戏曲唱腔"南北腔合调"，并在清朝达到了巅峰。随着安徽、江苏一带的"徽班"和源自汉水的"汉调"通过大运河北上进京，与秦腔和昆曲交融，再加上北京方言的地方特点，一种独特的京腔韵白应运而生，最终催生了国粹京剧。

看来，大运河犹如一个多棱镜，能让我们窥见中国社会与文化中各个不同的侧面。

历史地理标识的当代传承

大运河是始终处于变化之中的。尤其是中华人民共和国成立后，很多沿线城市在运河旧河道之外采取绕城等方式开辟新的河道，便利了航运，也赋予运河新的面貌和内涵。

随着运河治理的深入，以及人们对美好生活的向往，在改革开放后，尤其是21世纪之后，大运河又进一步深入百姓的日常生活和精神领域，成了城市和乡村景观的重要组成，大运河的文化遗产价值不断被关注和保护。

以申遗为目标,我国学者首次将大运河作为一项文化遗产,开展考古发掘和价值研究,大运河第一次以一项文化遗产的整体面貌被世人所知。2014年,大运河被列入《世界遗产名录》,向世界讲述着两千多年的绵长故事。

近年来,国家相继提出大运河文化带、大运河国家文化公园等关于大运河未来发展的重要战略。其目标是让大运河成为拥有特定开放空间的公共文化载体,集中打造中华文化重要标志,兼顾保护传承利用、文化教育、公共服务、旅游观光、休闲娱乐、科学研究等功能。

习近平总书记强调:"大运河是祖先留给我们的宝贵遗产,是流动的文化,要统筹保护好、传承好、利用好。"大运河作为流动的文化遗产,既是中国的历史地理标识,也是中华传统文化的载体。行走在大运河上,我们不但能看到瑰丽的自然景观,而且能体验到从历史上传承而来的厚重的人文精神。大运河文化不仅是河道和水工设施的组合,也不仅是历史知识和故事传说的汇总,它还塑造着今天中国人看待自我、看待世界的方式,激发着我们对"何以中国"的理解和认同,从而进一步坚定文化自信,为实现中华民族伟大复兴的中国梦而努力奋斗。

(作者系国家社科基金特别委托项目"大运河画传"与"长城画传"首席专家、中国文化遗产研究院研究员)

都江堰：
人类生态文明的杰出典范

彭邦本

战国晚期秦蜀守李冰领导设计、创建的大型水利工程系统——都江堰，两千多年来一直充满活力地屹立和运行于号称"天府之国"的我国大西南四川盆地。李冰荣膺人类水利文化鼻祖的光荣称号，都江堰则被誉为古代世界的超级水利工程。

都江堰更为深远的影响，在于其孕育造就了至今已绵延两千多载的"天府之国"，为中华文明的发展做出了巨大贡献。不仅如此，其催生形成的灿烂富丽的天府文化，特别是其博大精深的水文化，充分展示了中华民族生态文明的深邃智慧，为人类正确处理人与自然的关系提供了光辉的范例，具有重要的历史价值和启示意义。

都江堰航拍图

李冰其人与都江堰水利工程的典范意义

都江堰渠首所在地原名灌县,1988年撤县设市,更名为都江堰市,由成都市代管。都江堰市地跨龙门山地和成都平原(又名川西平原),处于川西高原和成都平原的过渡地带,地势西北高、东南低。成都平原内部地形平坦,南北长约200千米,东西宽近90千米,地面海拔460—750米,由西北向东南倾斜,地面比降3‰—11‰。举世闻名的都江堰渠首工程则正好位于成都平原海拔最高的西北端，亦即岷江冲积扇扇顶部位。

传世文献中最早记载战国晚期秦国蜀郡郡守李冰及都江堰的，是西汉中期司马迁的《史记·河渠书》。据此篇记载："蜀守冰凿离碓，辟沫水之害，穿二江成都之中。此渠皆可行舟，有余则用溉浸，百姓飨其利。至于所过，往往引其水益用溉田畴之渠，以万亿计，然莫足数也。"

显然，早在都江堰建成之初，其航运、灌溉和行洪排涝的综合效益，就对国计民生做出了巨大贡献。不过，当初对于这一综合性大型水利工程体系的设计和领导者的称呼，上述言简意赅的记载竟然仅有"蜀守冰"三字，其职务虽然清楚，但有名无姓，可谓简略之至。直到东汉，基本照抄《史记·河渠书》的班固《汉书·沟洫志》，方始有"李冰"这一完整姓名。但相对于周代以来官僚贵族通常都姓、氏、名、字俱全的传统，此种情形，可谓极其扑朔迷离，以致一个时期以来，人们甚至怀疑历史上是否真有李冰其人。

值得庆幸的是，上述两汉文献中关于李冰的记载，得到了考古学的印证，说明其绝非前人的向壁虚构。1974年，在都江堰渠首工程外江河道的疏浚过程中，出土了东汉时期的李冰石像，其题记曰："故蜀郡李府君，讳冰。建宁元年闰月戊申朔廿五日，都水掾尹龙长陈壹造三神石人，珍水万世焉。"

建宁是东汉灵帝刘宏的第一个年号，建宁元年即公元168年。东汉时期的这一考古学新资料，确证了《汉书·沟洫志》所载李冰姓名的可靠，廓清了学者或疑历史上"蜀守冰"究竟存在与否的谜团。"珍"字，学者或读作"镇"，可成一说，但不如直接按原字解读为"珍惜"，亦即惜水、护水之"珍"。倘真如此，即深刻反映了农耕文明时代中华古老的水文明理念。

尽管秦汉时期留下来的李冰生平信息非常零星，但从史料记载和学界研究的成果可以确知，其作为秦举巴蜀后的蜀守，于公元前3世纪前半叶，领导修建了造福蜀地千秋万代的人类历史上最伟大的水利工程之一——都江堰，使得以成都为中心的川西平原及其周邻浅丘地区很快成了"水旱从人，不知饥馑"的"天府之国"。

都江堰水利工程体系不仅自建成以来就产生了极大的经济社会效益，而且其工程模式及其蕴涵的深沉哲理，也在秦汉以来产生了广泛深刻的影响。虽然经历了两千多年的风雨，但作为我国现存最大的水利灌区，都江堰时至今日依然焕发着"青春与活力"，灌区面积从民国时期的不到300万亩，扩展为今天的1130万亩。这在世界水利工程史上，乃至整个人类社会发展史上，几乎都是绝无仅有的。2000年，都江堰水利工程入选《世界文化遗产名录》；2006年，都江堰放水节被列入《第一批国家非物质文化遗产名录》；2018年，都江堰入选《世界灌溉工程遗产名录》。

都江堰大型水利工程的生态工程模式，整体蕴涵的道法自然、天人合一的深沉哲理，以及它对于人类社会可持续发展的典范意义，越来越受到国内外的高度评价和认同。

都江堰水利工程概说

都江堰充满科学精神和人文底蕴的工程模式并非战国晚期一蹴而就，而是源远流长的古蜀水利文化活水与秦人带来的中原水利文化先进因素融汇创新的结果。汉晋时期的大量文献反映，中华文明的缔造者和早期水利英雄——大禹出自岷江上游川西北地区的西羌部落，

《蜀王本纪》等典籍甚至记载大禹生于"汶山郡广柔县刳儿坪"。这些传说并非前人的向壁虚造，而是蕴涵了珍贵的历史信息。作为带有传说色彩的著名历史人物，大禹治水，显然应是从其故里开始的，从而留下了"岷山导江，东别为沱"等古老的记录，并且得到了岷江流域宝墩文化古城群等同期蜀地考古遗存的一定印证。大禹以后，历经蚕丛、柏灌、鱼凫、杜宇和开明氏等蜀地历代王朝治水患、兴水利的长期实践，巴蜀地区形成了以疏导为主、堵疏结合的源远流长的治水理念和模式，并成为优良的传统。

公元前316年秦并巴蜀，并逐步建立起稳定的社会秩序。蜀守李冰为解决当地频遭"沫水之害"的问题，系统总结蜀地古老而风格独特的水利技术、水文化理念，以之为主干和基础，复引进和汲取中原地区水利技术的先进因素，进行融会创新，领导古蜀先民修筑了都江堰，进而创造了两千多年来长盛不衰的天府之国。

需要指出的是，历史上的都江堰是一个大型的综合水利工程体系。对此史实，后世特别是当今并非所有人都很了解，因而常常只注意到其灌溉功能，甚至误以其渠首工程即整个工程体系，忽略了渠首工程之后延展开来的主体工程——成都平原上极其庞大的航运灌溉系统。

简言之，都江堰工程整体上分为两大部分：一是主要由鱼嘴分水堤、飞沙堰和宝瓶口三部分组成的渠首工程；二是宝瓶口之后延伸于广大成都平原及其周邻浅丘地区的全部航运灌溉系统。

都江堰渠首工程与近世河流大型水利工程动辄修筑拦河大坝的普遍模式不同，采用了无坝引水的独特思路，充分利用河道的自然走向和弯道地势，以几乎完美地体现河道动力学原理的方式，迎着江水流向，于堰首江心由竹笼络石垒砌成形如鱼嘴的分水堤，把从龙门山口

宝瓶口
（刘子楠摄）

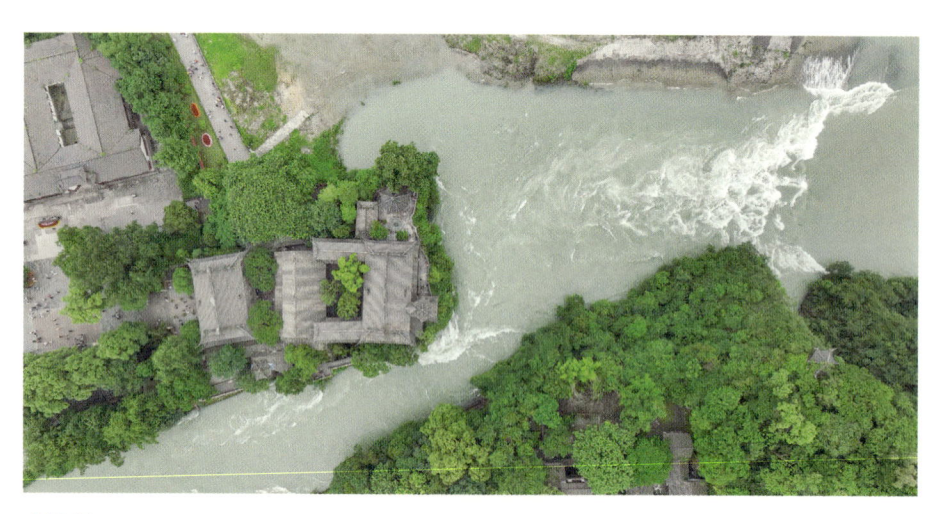

飞沙堰
（刘子楠摄）

奔泻而出后河床变宽、流速减缓的岷江分为内江和外江。平时过半江水流入内江，以保证川西平原舟楫灌溉之利；洪水时则六成以上的江水泻入外江主流，以免平原洪涝之灾。连接内江的宝瓶口，由人工截断玉垒山体凿成，形如约束江水的瓶颈，使内江水道宽度由70米骤减至20米左右，夏秋多余的洪水难以流过，转而从紧接鱼嘴分水堤尾的飞沙堰溢入外江。飞沙堰既可在平水期支水以保证宝瓶口内足够的入水量，又巧妙利用江水直冲离堆而产生的漩流离心冲力，于洪水期自动滚水溢洪、横向排砂石于外江。洪水越大，砂、石排出率越高。可谓因仍自然，巧夺天工。

渠首工程之后的都江堰主体工程——向成都平原提供生产生活供水、交通航运、农田灌溉、行洪排涝，甚至生态、景观功能的延伸渠系，同样采用一系列鱼嘴构成无坝引水、全程畅通的工程体系模式，由系列干渠、支渠和密如蛛网的斗渠、农渠、毛渠等，形成如树谱状广布于成都平原的引水系统，是蜀地上古治水技术最辉煌的结晶。其作用于大地域范围，集多功能、多环节于一体的综合方略思路，一开始即已相当完善。对此，最早记载都江堰工程的《史记·河渠书》就已经明确指出，作为干渠的郫、检"二江……皆可行舟，有余则用溉浸，百姓飨其利。至于所过，往往引其水益用溉田畴之渠，以万亿计，然莫足数也"。《华阳国志·蜀志》的记载"旱则引水浸润，雨则杜塞水门"，则生动形象地体现了疏导为主、堵疏结合、自流灌溉的工程特色。而郫、检二江"别支流双过郡下，以行舟船；岷山多梓、柏、大竹，颓随水流，坐致材木"，直接凸显了都江堰工程水系的干支流"皆可行舟"的繁忙情景。都江堰的修筑，本身就是秦据巴蜀后通过长江水路统一天下战略计划的重要组成部分。《华阳国志·蜀志》《史记·秦本纪》记载了秦举巴蜀后几次从蜀地出发的重大战事。大军及其粮草辎重，要从郡治成都入水道并非易事，因而必亟感成都通航之需，则都江堰航道的开凿疏导，为秦人治蜀政略中的必有之义。而都江堰建成后，从成都东向出川的水路，遂成为一条统一江南的传统战略路线，天府四川则成为历朝统一的

"王业之基"。

在服务于军事战略的同时，非军事的，以至商旅等国计民生功能更得以充分发挥，毕竟战事之余的承平期占据了都江堰历史的大部分时段，因而日常频繁往返于内外江之上的并非战船，都江堰水系则自建成以来就成为长江黄金水道的重要组成部分。杜甫"门泊东吴万里船"的著名诗句，正是秦汉以降直到20世纪中期，锦江畅连万里长江直至江南的生动形象写照。由于无坝引水的都江堰工程自始就是集多功能于一体的大型水利工程系统，综合效益颇高，所以至迟在汉代，以成都平原为核心的川西一带，即已然成为举世称羡的"天府之国"。

都江堰留给后世的文化遗产及意义

时至今日，都江堰大型水利工程体系在宇内已经荣膺了多重桂冠，充分彰显了它对于人类可持续发展尤其是生态文明建设的重大价值和意义。那么，都江堰获得如此巨大成就的奥秘究竟何在？其价值和意义究竟应该怎样加以总结和解读呢？

（一）严谨的工程勘测

自从大禹、李冰以来，蜀地逐步形成了一套科学的水利制度和传统。在工程勘测方面，早期传世文献《尚书》就记载大禹治水时，"随山刊木，奠高山大川"。据研究，这是人类水利史上最早的勘测记录，影响深远。再如古代蜀地文献《华阳国志》记载，修筑都江堰时李冰查勘岷江水文、地理，溯江而上，直到岷江上游江源地区，"乃至湔氐县，见两山相对如阙，因号天彭阙"。北魏郦道元《水经注·江水》亦载，当考察行至岷江上游，"冰见氏道县有天彭山，两山相对，其形如阙，谓之天彭门，亦曰天彭阙。江水自此已上至微弱，所谓发源滥觞者也"。以严谨的勘测为基础，都江堰工程设计科学，并且在后世得到精心维护和完善，科学上几乎臻于完美的境界。

（二）无坝引水、费省效优的生态工程模式

都江堰水利工程的突出创举和显著特征，就是采用了与近世水利工程动辄修建拦河大坝截然不同的无坝引水工程技术模式。这是一种符合水的自然规律和本性的模式，是大禹以来古蜀水文化的悠久传统，都江堰工程则集其精华之大成。其最具永恒价值的科技意义在于，它没有改变河流的自然形态，从而有效地保护了河流本身和流域的自然生态，没有出现近代水利工程泥沙淤积，改变河流形态、流速，改变水质、生态，引起地貌变化甚至诱发地震等诸多难以控制的弊端。都江堰工程不仅大大改善了成都平原及其附近一些地方的生产生活条件，而且改善和优化了当地的生态环境。

诗人李白曾由衷地赞美成都："水绿天青不起尘，风光和暖胜三秦。"杜甫也在他寓居的浣花溪畔，写下了情景交融的千古诗句："两个黄鹂鸣翠柳，一行白鹭上青天。窗含西岭千秋雪，门泊东吴万里船。"诗仙和诗圣笔下的蜀地，空气清洁无尘，风和景明，天人相融，一派盎然生机，这是何等优美和谐的生态文明风光！

不仅如此，由于都江堰无坝引水渠系有计划地延伸到了许多缺水之地，这就在更大范围内进一步改善了生态，因而是极具可持续发展优势的工程模式，对于当今世界无疑有深刻的借鉴意义。

（三）价廉饶给、就地取用的建筑材料和简便易行的工程技术

都江堰工程价廉效优的另一奥秘在于，其建筑材料一般为竹、木、卵石和泥土等，均就地取用、价廉饶给。其施工技术简便易行，科学有效；其施工工具也为过去城乡常用的简单器具。这些在工程所在之地极为丰富的天然材料和民间普通工具的取用，在自然经济条件下也甚为方便。用竹笼卵石筑堤截流，可以截流但又不会完全断绝水流，是一种刚柔结合、以柔克刚的水工技术，可以灵活搭配组合，建成功能不一、各式各样的水利建筑体。虽然不具永久性，但其卵石材料在竹笼散断后又回归自然，不会破坏环境。杩槎，亦作"杩杈"，是用来挡水的三脚木架。应用时以多个排列成行，每个中设平台，台上置石块，在迎水面上加系横木及竖木，外置竹席，并加培黏土，即可起挡水作用。杩槎加竹席、泥、石等既可以横向截断河流，也可广泛运用于抢险堵口、调剂流量、挑流护岸、保护桥闸堤堰、围堰施工和简易搭桥等多种工程。杩槎施工搭建方便，拆除容易，不会留下任何破坏环境的遗物。散开的木料下次又可以再用，是一种资源重复利用率高、经济实用、利于生态环境保护的古老工程材料和技术。

正是都江堰这座浑身"土气"却价廉用饶的千年古堰，创造了无坝水利工程史上的几项世界奇迹：历时最久、灌区面积最大、综合效益最高、人水关系和谐而生态环境保护甚优。

（四）天道酬勤、因地制宜的岁修制度

在中国和世界水利史上，古代著名的郑国渠、白渠等华夏水利工程，和古巴比伦、古罗马帝国的灌渠等，多早已废弃湮没，都江堰却

灌田逾千万亩，长期以来是我国最大的灌区，综合效益随着健康运转继续提高，为四川的经济和居民生活注入了无限的生机。如前所述，历史上的都江堰因其建筑材料和技术，不是永久性工程，加上年复一年的泥石俱下，造成河道淤塞，因而每年冬季，都要冒着凛冽的寒风进行岁修，非常辛苦。但天道酬勤，都江堰之所以能取得如此伟大的成就，永葆青春，奥秘就在于博大精深的古蜀水文化制度，特别是古老的岁修制度。利用冬季农闲时候展开的岁修，一般每年一小修，三年一大修，若洪水等自然灾害造成水利工程严重损坏，则亦及时安排大修。

明朝杨升庵文集收录的《秦蜀守李冰湔堋堰官碑》，就已经提出了古老岁修制度的技术和理念要旨"深淘堆，浅包鄢"，即后世通写作"深淘滩，低作堰"的著名六字要诀。这说明都江堰科学有效的岁修制度可能在李冰时代就已经出现（由非永久性工程性质所决定）。历史证明，这一岁修要诀，连同"遇湾截角，逢正抽心"的治河八字格言，均包含着深刻丰富的科学原理，成为世代恪守的原则。正是上述科学原则及其指导下的岁修制度，确保都江堰两千多年来永葆青春的活力。

（五）道法自然、天人合一的水利理念

都江堰青春永葆更为深层次的原因，是其整体贯穿始终的顺势利导、道法自然、大道若水、天人合一的深邃理念。相传这一融汇科技与人文的思想，源自更为久远的大禹时代，古人早已经指出："禹之决渎也，因水以为师。"这是对历代盛称的大禹治水技术和理念的高度评价。"以水为师"，其义通于老子《道德经》所谓"上善若水"和"道法自然"。这是中国古代由来已久的哲学理念，它源于先民对水性规律的深刻认识和深度尊重。此理念一经孕育出现，必然伴随着先民成败交织的一步步实践，逐渐丰富深化，并对后世产生深刻久远

的影响。而在这一漫长过程中，长江上游的蜀地，以其历史悠久、因仍自然、因地因水、因时制宜的卓越实践及经验总结，为这一古老的科学理念的形成完善，做出了独特的贡献。从都江堰渠首工程鱼嘴无坝分水，到飞沙堰巧溢水砂，以至密布川西平原的整个航运灌溉水道网络，均顺应了水流的规律。

都江堰作为古蜀文明尤其是天府水文化的载体，集防洪排涝、水上运输、农业灌溉、城市生产生活用水供应以至景观功能于一体，不仅使原本就自然条件优良的蜀地进而迅速发展成为"水旱从人，不知饥馑"的天府之国，长期在经济、文化发展水平方面领先于天下，而且在水利工程模式及技术方面，也对后世产生了重要的影响和示范作用。如秦王朝为了将岭南地区收入大一统国家的版图，兴建了沟通长江与珠江两大水系的著名运河——灵渠，其工程设计的技术方案和理念，就明显受到了都江堰的启示影响。

再如历史上黄河在中原地区屡次溃决，长期因治理乏术，给国计民生造成巨大的灾害和损失。汉成帝建始四年（前29），黄河再次"决于馆陶及东郡金堤，泛滥兖、豫……凡灌四郡三十二县……御史大夫尹忠对方略疏阔，上切责之，忠自杀"。成帝改召"河堤使者王延世使塞，以竹落长四丈，大九围，盛以小石，两船夹载而下之。三十六日，河堤成"。这是治黄史上前无古人的巨大成就，成帝特意为之改年号为"河平"，封"延世为光禄大夫，秩中二千石，赐爵关内侯，黄金百斤"。颜师古注云："《华阳国志》云，延世，字长叔，犍为资中人也。"蜀人王延世创造的治黄奇迹之法，实即都江堰工程司空见惯的竹笼络石传统技术。

灵渠的开凿和王延世成功治理黄河水患，可谓都江堰工程模式及其技术在我国古代产生了广泛影响的重要案例。不仅如此，近来的研究揭示，都江堰水利工程体系科学的工程模式和杩槎等技术手段、方法，也在古代就影响到了海外尤其是东亚地区。如早在16世纪中叶日本战国时代，武将武田信玄在日本三大激流河川之一的富士川修筑的著名水利工程信玄堤，就是显例。据日本学者研究，"信玄堤与都江堰的治水技术高度吻合，应当是以都江堰为原型成功复制的治水工程"；并指出，历史上日本与中国交往密切，历来有很多使者往还，尤其是僧侣来华学习，武田信玄是"通过与当时最高知识阶层佛教僧侣们的交往，从而学习和掌握了都江堰的治水技术"。

古代同期甚至晚很多的中外诸多水利工程早已湮没黄沙、销声匿迹，都江堰水利系统至今却仍在运转增效，可以说，它既是蜚声中外的人类文化遗产，又不仅仅是遗产；作为大型水利工程，它既是历史的，又是现实的、活生生的，还将长期造福人类，因而可以说是现代的，甚至还是未来的。

从理念到工程模式，正是中华民族先民的原创智慧，才使得都江堰达到了人与水、地、天的整体和谐格局，体现了人类因仍自然、尊重自然、亲和自然的态度和信仰，彰显了渗透其间的天人合一的深邃理念。它在人与自然的关系这一世界性的永恒主题上，为经济全球化时代人类如何走出江河大坝陆续淤塞、多种一次性能源逐渐枯竭、生态环境日益被破坏的困境，如何化危为机，建立和保持人类与自然界和谐格局的永续发展模式，提供了从科技到人文、从经济到整个社会的多层面的丰富启示，展示了中华民族的创造智慧，由此彰显出它跨越时空的恒久和普遍的意义。

（作者系国家社科基金项目"从并存到融入：古蜀文明与华夏的互动进程及其历史记忆研究"负责人、四川大学历史文化学院教授）

万里通途：
中国历史上的陆路交通

曹家齐

　　交通不但是人类生存的基本条件，而且与国家的发展、盛衰息息相关。受地理条件及历史发展情况的制约，中国历史上更倚重陆路交通。从上古至明清，不但逐步建设了四通八达的全国性陆路交通网络，而且开辟了丝绸之路、西南丝绸之路等具有深远影响的国际陆路交通线。为了保证道路在维护国家秩序及经济文化交流中发挥有效的作用，中国人创设了历史上最具特色的交通制度：驿传。数千年来，中国大地上通达各地的陆路交通线及高效有序运转的驿传制度，在维护国家统一、稳定及促进各地经济文化交流方面一直发挥着突出的作用。

交通是人类生存的基本条件之一，更是人类文明发展及文化交流的重要标志和基础保障。在人类文明的发展历程中，一个国家的发展与盛衰，亦无不表现在交通的建设与成就方面。然而交通的建设与发展因乎地理，成乎地理，虽今日之空中交通，亦莫能外。在现代航空技术出现以前，人类的交通唯有水、陆两类，各国家和地区，因其地理条件，或偏重陆路，或独重水路，或水陆并重，却无不以道路交通为基本起步条件。中国是世界文明古国之一，幅员辽阔，地形复杂，交通发展向来是水陆并举，且水陆各有闻名世界的巨大成就。但因中国文明起源于中原及江汉农业区，耕种土地是中国人生存的基本方式，而国家的形成与疆域的拓展，亦是自中原、江汉向四周延扩，故陆路交通自古便是重中之重，在国家发展及内外文化交流中发挥着突出的作用。

通达全国的陆路交通网络的开拓

陆路交通的基本设施是道路与桥梁等，当然又以道路为先。东汉刘熙所著《释名》称："道，蹈也；路，露也，人所践蹈而露见也。"也就是说，道路是人走出来的。道路最初应是人们因生活之需，逐渐走出来的，但随着权力组织的形成及其势力扩展，则会形成有目的、有计划的道路开辟与修筑。《史记》记载，黄帝成为部落首领后，"披山通道，未尝宁居"，基本呈现出自中原向四周拓展的交通格局及初步历程。后又有尧、舜通四裔，禹开九州、通九道之说。其中虽不免有后人建构与传说成分，但中国早期陆路交通发展态势则基本如是。进入商代，都邑迁徙、征战以及诸方贡纳，无不说明交通线路的存在与作用。尽管商朝迁都有自北南下，并非在中原内部迁徙之说，但武丁迁殷后，以殷都为中心，形成通往诸方的交通网络，则是可以想见的。

西周大封子弟、功臣为诸侯，其范围东至齐鲁，东南至徐淮，西通陇西，北达燕蓟，南及汉水。其间又有部落、方国与诸侯夹杂。各诸侯国在藩屏周王、奉命出征及纳贡之时，又对新占领区进行征服和扩张。这样，逐渐形成以西周都城镐京为中心，通往各诸侯国的车马大道，而相邻及相近的诸侯国之间亦有道路相通。另外，道路之规制，此时亦清晰见于文献记载。《诗经》称："周道如砥，其直如矢。"因此时作战、出行普遍使用马车，道路宽度亦以车轨作为标准。道路分为径、畛、涂、道、路若干等级，各有宽度。

平王东迁洛邑，历史进入春秋时期，而大小诸侯国亦达一百七十多个。诸侯争霸，拓地扩疆，使交通路线在东南西北各方向都得到进一步扩展。进入战国时代，随着政治、军事和经济发展的需要，道路范围日益广阔，北至今内蒙古、河北张家口及承德地区，南至云南、广西北部，西至甘肃东南部及四川大部，东至朝鲜半岛及东海沿岸，以都邑为中心的交通网络更加发达。其中，因中国地形地貌而成，且奠定以后两千多年交通格局的主干道基本成形。如川陕之间的陈仓故道、褒斜道和金牛道等著名古道路，就是在此时正式形成。

公元前221年，秦始皇统一六国，继而将统治进一步向南拓展，最终使岭南、福建诸地纳入版图。其间，进一步致力于交通网的建设，在战国交通的基础上，"决通川防，夷去险阻"，将各国道路整合进全国规模的交通系统。秦代交通建设中，最具特色的成就是始筑于公元前220年的驰道。这项工程亦即对全国主要干道按一定规制修筑，并定出通行禁约。

秦代形成的道路在汉代又经拓展完善，并随疆土的扩大进一步延伸，其中以汉武帝时的作为最为突出。武帝时不但经略西南夷，凿山通道，而且打通了沟通东西方文化的丝绸之路。北边道路也进一步向东西延展，自敦煌至辽东，已达"万一千五百余里"。江南道路建设亦有显著发展，东汉时，卫飒为桂阳太守，"凿山通道五百余里"，从而开通著名的零陵、桂阳交通干线。

魏晋南北朝时期是中国历史上民族大迁徙和大融合的重要时期。其间道路发展的特点是：北方地区因战乱和政权更迭，道路频遭破坏与修复，且不断因各个政权的建立临时形成了平城、洛阳、邺城、长安等交通中心；在南方，伴随着经济的开发，开河筑堤，围海造田，形成各种河堤路、塘堤路和海堤路等，而连接西南、中南的古道亦得到整治。

隋唐时期是继两汉以来又一次大统一的时代，亦是中国陆路交通得以空前发展的时代。首先，南北道路交通得到空前加强。隋炀帝时期，大兴土木，在开挖大运河的同时，还修筑了驰道，而运河一线自然形成一条傍行的南北陆路干线。从长安和洛阳出发经蜀中至南诏，经潭州、衡州至岭南，以及经江州、吉州和虔州至岭南的道路愈加成熟。张九龄开凿大庾岭路，从而使中国南北交通的重心向东转移。其次，盛唐疆域西越巴尔喀什湖，东北达黑龙江以北外兴安岭一带，使西北与东北陆路交通进一步向外拓展，不仅陆上丝绸之路达到中国历史上的黄金时代，东北的渤海道路更加畅通，而且开辟出向北的参天可汗道和与吐蕃交往的唐蕃大道。最后，全国范围内，除东、西两京外，不仅形成了汴州、幽州、并州、凉州、益州、荆州、广州、扬州等多个交通枢纽，而且多数州县城，皆有多条连通四周的交通线，见

唐代主要交通驿路图

于《元和郡县图志》的每州"八到",清晰地呈现出各地的交通路线以及全国性交通网络。

五代、宋、辽、西夏、金时期,中国境内多个政权分立,隋唐时期全国一体的交通格局被打破,陆路交通出现新的态势。陆上丝绸之路被分割阻断,失去了旧日的光辉,渐成历史陈迹。与此同时,整个中国的交通重心先是东移到开封,继而南移到杭州,使整个交通格局发生大的变化。在此背景下,宋朝境内的南北陆路交通进一步畅通,而整个陆路对外交通,则因海上交通的发达而有所萎缩。这一历史时期,社会经济获得了空前发展,交通建设则是其中重要的表现,许多州府周围的道路数量明显增加。

元朝的大一统,不仅扫除了原来金、宋、西夏等政权之间的疆界,其疆域远较汉、唐盛时为辽阔,而且西藏等地纳入中央政权实质性管辖之下。元朝针对每一个统治区，都采用开通驿路、设置驿站的办法。因此，这一历史时期，中国的陆路交通格局又为之一变，以大都为中心，向各个行省和统治区延伸，尤其是向东北、西北、西南方向延伸更广。

明朝的许多制度均因袭元朝，故元代陆路交通格局基本为明朝所承袭，只是明朝先后定都于南京和北京，故从全国范围而言，一直存在南京和北京两个交通中心。当然，在明朝统治的近三百年里，很多区域交通线，尤其是通西南、西北和东北边疆之道路，或得完善，或得拓展。清代道路承前代格局，以北京为中心，向四周辐射，达于各省省城，并根据驿站设置状况，将交通干线称为官马大道，简称官路。各省之间及各省内修筑的支线，称为大路。官路和大路，均为当时重要的官文书传递、军事行动以及通商的路线。

在现代钻山和建桥技术出现之前，陆上交通路线不得不迁就于山川地理。非平原地带，多是顺山谷、河谷而行，山谷、河谷尽头，亦多是盘山绕行。故中国历史上，陆路交通干线往往会维持较久的时间，而整体上不会有大的变化。到了近现代，尤其是改革开放后，随着中国经济的迅猛发展和科技的进步，陆路交通很大程度上突破了山川地理之限。通过隧道、架桥等技术手段，天堑变为通途，已是当今交通建设之壮景。

中国驿传制度的形成、发展与演进

道路虽然是交通的基本条件，但要使道路在维持国家秩序及经济文化交流中有效发挥作用，亦即有序维持政令传递、人员往来及物货流通，则需一定的制度予以保障。此制度在中国历史上便是驿传。驿传可谓是中国历史上最具特色的交通制度，亦是中国制度文明的重要标志。

驿传制度一般包括两个系统，一是维持政令等信息及小件物货传递的系统，史书上多称为"驿"；二是接待公差人员往来，提供交通工具及食宿服务的系统，史书上多称为"传"。但由于两个系统往往会在相同的道路上设置，故在历史上经常是分合不定，纠结不清。从文献记载和古文化遗存来看，中国的驿传制度早在殷商时期就已经出现，西周时则有了明确的规制。《周礼》等文献显示，西周时驿传制度已经有了清晰的建制，对驿传已有专官管理，并有专门制度管理交通工具及传舍。

春秋大国争霸，各国间交往频繁，大国间都设置了驿传之所，但名称却多种多样，有的叫"遽"，有的叫"馆"，有的叫"邮"，亦有称"驿"和"传"者。战国时期，在激烈的征战中，各国纷纷筑长城，设亭障，置烽燧，建关津，驿传亦有了相应发展。但整体上看，战国时期驿传制度还是"驿"与"传"合一，同一系统既负责接待公差人员，又负责传递政令。官方驿传之外，道路上有了私人经营的旅店，称作"逆旅""客舍"，承担私人往来的接待，成为官方驿传的重要补充。

秦统一后，在全国普遍推行郡县制，同时对各国驿传制度进行整合，正式形成沟通全国的庞大的驿传交通网络，并被汉代继承。综观秦汉的驿传制度，尽管仍有传、驿、邮、置等不同名称，但承担公差人员接待的传制，与承担政令文书传递的驿制，还是有所分离。文献中大量出现的"传舍"一词，以及各类人员"驰传""乘传"的史事记载，可见当时的传制属于一套专门的交通系统。而政令文书传递的任务，则主要由"邮"及设于交通干线上的

丝绸之路上的商旅

"亭"来承担。

大概东汉以后,传舍与其他"驿"或"置"合并,"传"和"驿"两个系统又纠结不清。魏晋南北朝时期,各政权都难以维持分工明确的驿传制度,各类传递与接待机构多整合为一,统称作"驿"。亦即驿这一机构既接待过往官员与使节,又负责传递政令文书,还提供驮运随带物资的马匹。由于驿传合并,有的传舍称为"馆"或"馆舍"。与官方驿传合一同时发生的,是私驿的发达。从两晋开始,驿路干线上还出现了大量私驿。

隋唐重新开创全国统一的局面后,驿传制度自然得到统一的规划与协调,见于文献的相关记载亦比较丰富。隋唐驿传发达最为突出的表现,便是完备的驿传律令和较为整齐的驿传设置。唐律中关于乘驿、给驿、驿程、稽违等有较为明确的规定。《唐六典》中不仅有"凡三十里一驿","若地势险阻,及须依水草,不必三十里"的驿制记载,更记及唐开元间全国驿的总数为一千六百三十九所,其中陆驿一千二百九十七所，水驿二百六十所，水陆相兼驿八十六所。设驿的驿路则被称作"邮传剧道"，其次则有县路之称，相关记载，亦给人传驿合一之印象。实际上，从隋朝到唐前期，传和驿曾有过分立状态，单独的传制是存在过的，而三十里一驿的设置制度应是专门的文书传递制度。大概是因为隋唐之际交通风俗中乘马风尚的盛行，越来越多的公差人员出行，侵乘驿马，致传制废弛，无疑影响到文书传递的效率，以至于唐代宗时，中央为准确掌握地方财政信息，不得不重价募急足，自诸道巡院至京师置递相望，亦即在原来驿制之外新建一套文书传递系统——递，又称"度支递"。后来，原来的驿制系统渐渐沦落为专门的接待系统，变成了事实上的传制。中国驿传制度由传驿合一演变为驿递分立，其实又是传制与驿制的分离。

宋代继承了唐以来驿递分立的驿传制度。驿路之上，既有递铺，又有馆驿。宋代馆驿里面不再有马，只为公差人员提供食宿服务。由于宋代马源有限，故对公差人员乘用递铺之马限制甚严，须有朝廷特令及发下乘马凭证方可。宋代递铺除向必要的公差人员提供马匹外，更主要的职能便是传递文书及小件官物，有时亦接送罪犯。与前代不同的是，宋代递铺服役人员全为士卒，文书传递方面则呈现一定职业化特色，分为步递、马递和急脚递三等。北宋神宗时，又创立日行五百里的金字牌递，为皇帝专属的文书传递渠道。南宋时期，又在旧有递铺系统之外，增设斥候铺、摆铺系统，专门承传紧急军情文书。值得一提的是，到了宋代，开始允许官员的私人书信入递传送，可称划时代的变化。

蒙古国建立之前，铁木真为了维持传递军情和运送物资的需要，就已开始设置驿传。建国后，进一步仿金朝制度设置驿传，从窝阔台、蒙哥到忽必烈无不重视对驿传的建设。因蒙古语中管理驿传的人称为"站赤",所以从蒙古时期,驿传制度中的驿,才有了"驿站"之名。元代驿站大致六十里一驿,以大都为中心,构成通往各地的驿传网络。元时全国共有一千五百一十九处驿站。元代驿站系统功能甚多,除"通达边情,布宣号令"外,还承担公差人员接待、提供交通工具及一定的纲运任务,这不能不使文书传递受到影响。因此,从元世祖时期开始,又在驿站之外建立起急递铺(元英宗时改名"通远铺")系统,每十里、十五里或二十里置一铺,形成覆盖全国的网络,专门负责文书传递,其广度、密度均超过驿站。

元代主要交通驿路图

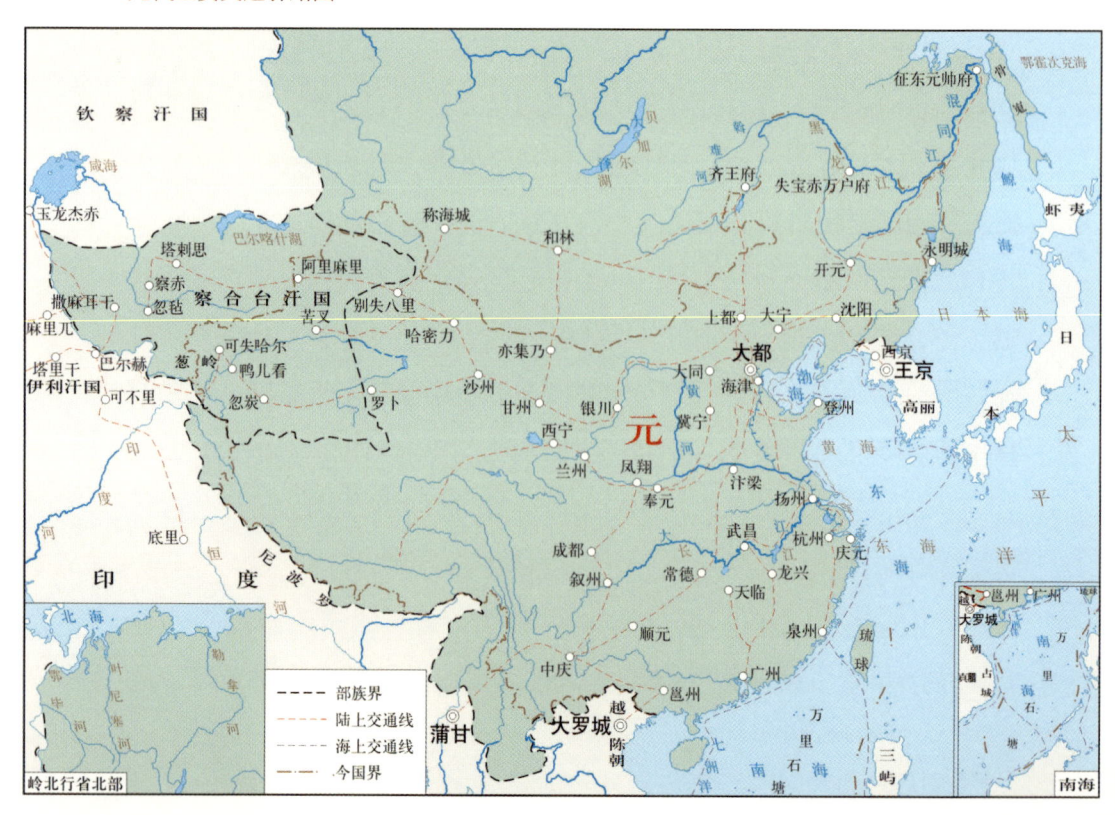

明朝的建立者朱元璋对驿传十分重视，在称帝后的第二十三天就下诏兴驿传，定驿律。洪武二年（1369）又颁诏改"站"为"驿"，明代之驿亦随着统一的大军，随到随置。明驿仍仿前制，以六十里为一驿。据《洪武实录》记载，明代驿传网络初以南京为中心，驿路达十四万三千七百余里，有驿一千九百三十六处。后明成祖迁都北京，又形成了以北京为中心的驿传网络。明代驿的职能以接待为主，传递文书有专门的急递铺系统。但自明代中叶以后，递铺弊端丛生，紧要公文改派专差，经驿传送，递铺渐渐形同虚设。

清代驿传大致仿明制，驿站与递铺系统并存。光绪中期，全国有驿站两千多处，驿夫七万多名；递铺一万四千多所，铺兵四万四千多人。但清代驿传组织较为复杂，有驿、站、塘、台、卡、所、铺等，其性质及设置地区各有不同。

综上所述，从先秦到明清时期的驿传制度，都是在没有现代交通技术的条件下维持政令传布、人员往来和物货流通的交通建置。到了近代，随着交通技术的进步，尤其是电信技术的出现，传统的驿传制度不再适应时代的要求，必然退出历史舞台。光绪三十二年（1906），清政府设置邮传部，统一管理水运、铁路、邮电和道路交通，驿传的作用日渐消失。1913年，北洋政府宣布，将驿站全部裁撤，其功能逐渐被新出现的火车站、汽车站、邮政局、招待所、旅馆所取代，直至今日。

陆路交通与驿传制度的重要历史作用

中国历史上通达各地的道路及设置的驿传制度，在维持国家秩序

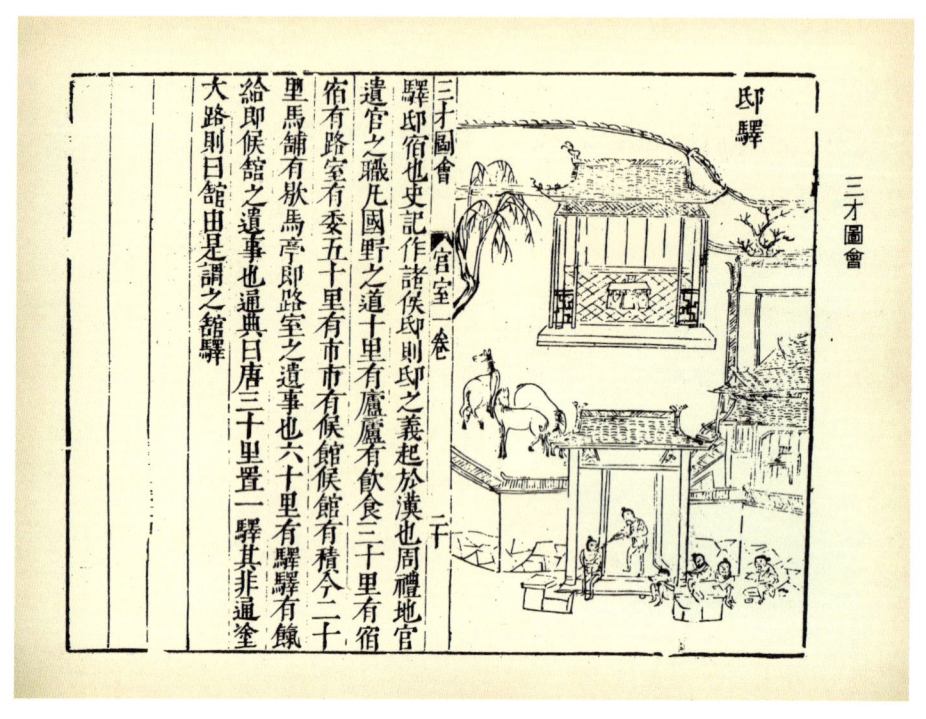

《三才图会》之邸驿

及促进各地经济文化交流方面一直发挥着突出作用。这一方面，史书上记载着许许多多的生动事例。

《史记》记载，东方徐偃王叛乱，西行的周穆王得知后"长驱归周，一日千里以救乱"。此记载虽不免夸张，但透露出两个史实：一是徐偃王变乱的消息很快传到身在极西之地的周穆王处；二是周穆王快速返回宗周，又快速向东击破徐偃王。其前提条件必须是道路的平直畅通及驿传制度的高效。这说明，在西周时东西陆路交通条件已经比较便利了。

如果说周穆王西行及快速平定徐偃王叛乱的故事还带有一定的神奇色彩及夸张成分的话，那么到了汉代，张骞凿空西域与中西陆路通道的形成，则是有充分史实依据及历史文化意义的事件。

公元前138年，张骞出使西域，过匈奴、大宛、康居诸国，历十余年才返回长安。汉武帝得到张骞的汇报后，连续派兵进击匈奴，控制了河西地区，打通了通往西域的走廊，并将匈奴王庭驱逐出漠南。为了进一步打破匈奴对西域的控制，汉武帝又派张骞第二次出使西域，从此，汉与西域的关系日益密切，汉朝频繁派使者前往西域诸国。使者之外，更有不少商人行经汉与西域之间，以献为名，通货市买。为保障使团和商人往来的安全，汉朝于道路之上大量设置亭障和烽墩。公元前60年，汉朝设置了西域都护，对西域的控制进一步加强。由此推测，长安与西域都护之间的道路上，一定有较为完备的驿传。

张骞凿空促成的汉朝通西域之路成形后，其走向是从长安西行，经河西走廊武威、张掖、酒泉、敦煌，及敦煌龙勒之玉门关、阳关，再向西则分南北两道。南道西越葱岭则出大月氏、安息。北道西越葱岭则出大宛、康居、奄蔡。这一连通西域的道路，因其突出的商贸与文化交流功能，在19世纪被德国地理学家李希霍芬称作"丝绸之路"，成为世界交通史上著名的创举。有学者认为，丝绸之路的开通对于中国历史的重要性，绝不亚于美洲之发现对于欧洲历史的重要性。丝绸之路在中外文化交流上的作用是格外突出的，特别是到了隋唐，达到了最为辉煌的时期，丝绸之路作为一个交通载体，在很大程度上帮助各国实现了互相接触的愿望。丝绸之路的畅通，突破了国家、民族和地域的限制，不仅促进了商贸的繁荣，更为文化的相互渗透带来了积极的结果，促成了文化融合的多元格局，对于以隋唐为中心辐射四周的文化圈的形成起到了巨大作用。

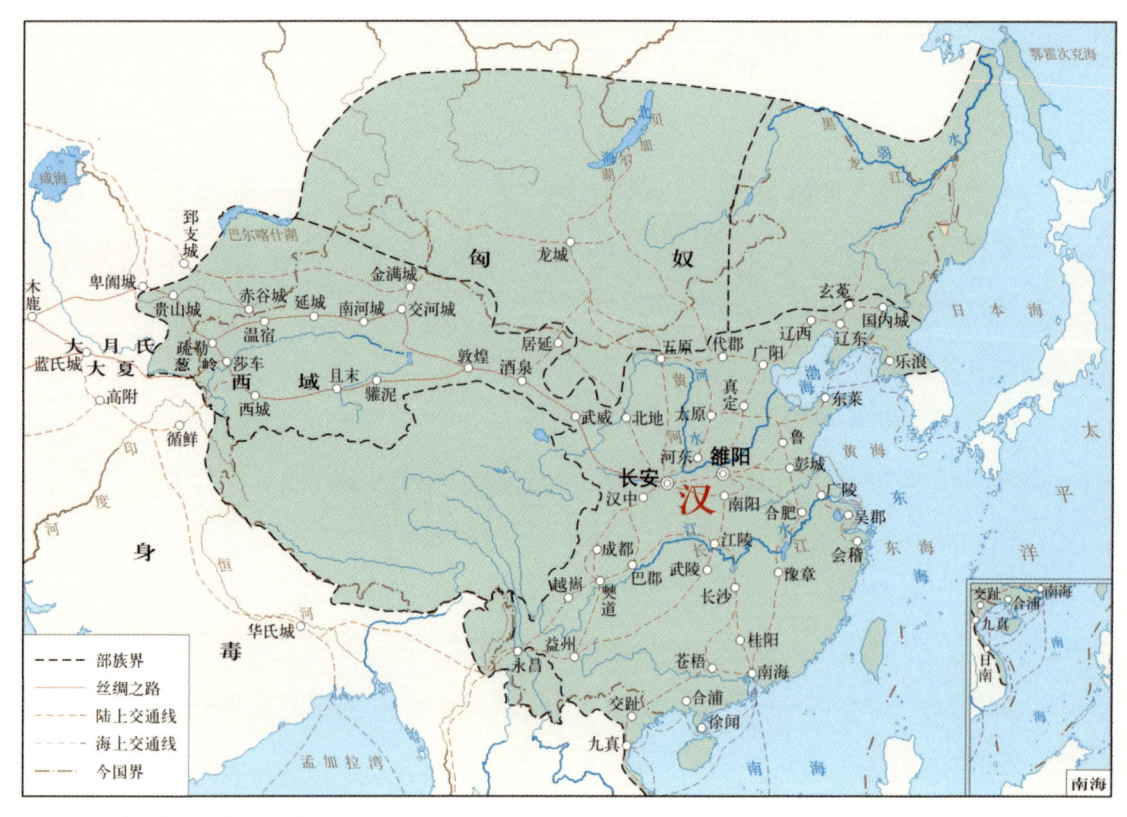

汉代主要交通驿路图

当时,长安和敦煌成为东西文化的两个交汇点,万国衣冠齐聚一堂,各种宗教和睦相处,华戎交融为一体。中外文化交流的深度和广度远远超过汉代。

张骞出使西域归来后,又曾向汉武帝建议由蜀地经身毒通大夏,正遂汉武帝心愿。汉武帝便以"通蜀,身毒国道便近"为出发点,一方面遣使出西南夷,探索到身毒的道路,另一方面出兵,击破"常隔滇道"的头兰,又平南夷为牂柯郡,杀邛君、筰侯,置越嶲郡、沈黎郡、汶山郡。继而迫使滇王归降,置益州郡。东汉时,继续经营西南地区,到汉和帝时,才算真正完全打通滇缅道路,汉武帝开通"身毒国道",与古印度人直接交通的愿望始得实现。这条通过蜀地向南通外的道路,被当代学者称为"西南丝绸之路"。

它很可能在战国时期便已初步开通，但真正成为南北文化密切交汇的通道，应该是汉代以后的事。这条道路在不同的历史时期，发挥着各具特色的作用。

连通西南的交通网络，或是"南方丝绸之路"，在宋以后曾衰落，其主要功能是茶马贸易，连通国外的功能渐渐萎缩，并让位于海路。因此，中国的南北交通重心向东转移，其中跨越南岭的大庾岭路，向南连通北江至广州，向北连通赣江而至内地，在沟通内外、加强南北经济文化交流方面的作用愈加凸显。

实际上，历史上每一条大的交通线都在文化交流及维持国家秩序方面发挥着重要作用，除了上述两条陆上丝绸之路外，在北方草原还有一条横贯亚欧大陆的东西大通道，因沿途多有毛皮流通，日本学者白鸟库吉称之为"皮毛路"。另外，元、明、清时期京城向东北连通朝鲜半岛的陆路交通线，和其在文化交流方面的丰富内容及突出作用，近年格外受到学界关注。

（作者系国家社科基金项目"中国10—14世纪岭南之经略及区域社会变迁研究"负责人、中山大学历史学系教授）

方言：多元一体
中华文化的有声印证

游汝杰

语言和文化共生。自古暨今，广袤锦绣的中华大地养育了勤劳勇敢的中国人民，也孕育了灿烂多姿的中华文化及其语言。每一个中国人都在日常生活里使用国家通用语言、其他语言和方言，共奏丰富多彩的中华乐章。汉语及其方言的主体是共同的，但是构成成分又是多元的，它与中华文化和中华民族一样，都有鲜明的"多元一体"的特征。

汉语方言的形成和地理分布

汉语及其方言具有悠久的历史。先秦经典《礼记·王制》说："中国、夷、蛮、戎、狄，皆有安居、和味、宜服、利用、备器。五方之民，言语不通，嗜欲不同。"这里所谓"五方之民，言语不通"，语焉未详，究竟是指不同民族的语言不同？或是方言不同？难以判定。这一段话是对中国语言地理差异的最早记载。这些不同的语言或方言，可以统称为华夏语言。华夏语言伴随着华夏民族的融合，在北方混化成汉语，所谓"雅言"就是它的标准语，《诗经》就是用"雅言"记录的。汉语和中华民族及其文化一样都具有"多元一体"的特征。

北方的汉语随着历代北方汉人的南迁，又与南方各地的土著居民

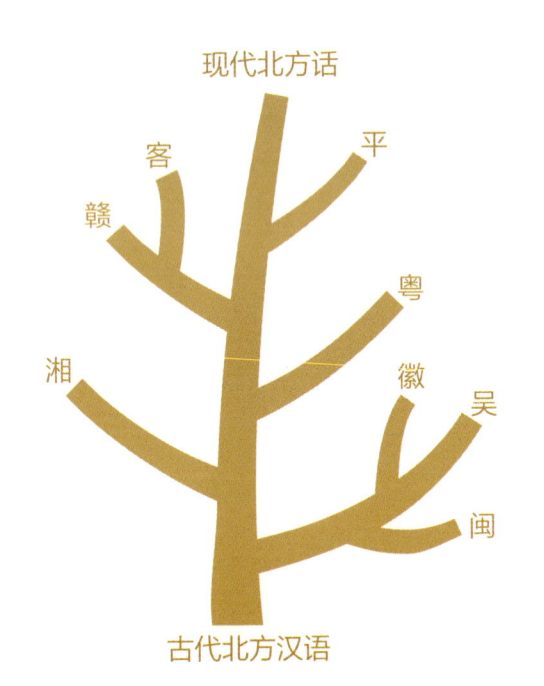

各大方言的形成与原始汉语的关系

语言融合，以北方古汉语为主体，形成后世各种南方方言。

汉语南方各大方言中吴语、湘语、粤语、赣语、平话的直接源头应是古代北方汉语，可以说是直接从古汉语分化的。闽语和徽语则是从吴语分化的，客方言是从赣语分化的，可以说是次生的。

上述各大方言除了徽语形成的历史尚不明确以外，其他方言都是在南宋之前就形成了，至此南方各方言的宏观地理格局已基本奠定。元明之后方言地理只是发生了若干局部的或微观的演变。其中主要的有以下几次：北方官话在清代满洲开禁后涌入东北；闽语扩展到台湾、海南、浙南；客家话南进粤北；太平天国运动以后皖南吴语区被官话占据；赣语西进至湘东等。

汉语是世界上方言最为复杂的语言之一。关于现代汉语方言的分类和分区，主要有三种不同意见：七区说，即官话、吴语、湘语、闽语、粤语、赣语、客家话；十区说，即官话、晋语、徽语、吴语、闽语、粤语、客家话、湘语、赣语、平话；三区说，即北部方言（官话）、中部方言（吴语、湘语、赣语）、南部方言（闽语、粤语、客家话）。

本文采用十区说。各种汉语方言以北方和西南地区的官话使用人口最多，汉语方言的种类以中国东南部最为复杂，吴语、湘语、闽语、粤语、赣语、客家话、徽语都集中在这里。

官话，又称北方话、北方方言。官话是汉语各大方言中使用人口最多、通行范围最广的方言。它分布于长江以北各省区；长江南岸镇江以西的沿江地带；湖北大部分地区；湖南东南部及西北部；四川、云南、贵州的汉族地区。在南方的非官话区还有一些官话方言岛，例如福建南平城关的"土军话"，海南三亚、儋州的"军话"等。

晋语指山西省及其毗邻地区有入声的方言。其分布地区主要在山西，还有河北西部、河南黄河以北、内蒙古中部和陕西北部。

吴语，又称吴方言或江浙话。吴语分布于江苏南部、上海市、浙江大部分地区；江西的上饶、玉山、广丰、德兴；皖南的郎溪、广德及长江以南黄山以北的古宣州地区；闽北的浦城。

湘语，又称湘方言。湘语主要分布于湖南的湘江流域和资江流域。

闽语主要分布于福建，此外广东、海南、台湾、浙江南部也有分布。

粤语，又称粤方言、广东话，旧时也称作广府话，当地人称为白话。粤语主要分布于广东、广西，以及香港、澳门。粤语内部分歧较少。代表方言是广州话。

赣语，又称赣方言。赣语主要分布于江西中部和北部、湖南东部、湖北东南角、安徽西南部。

中国东南部九大方言地理分布示意图

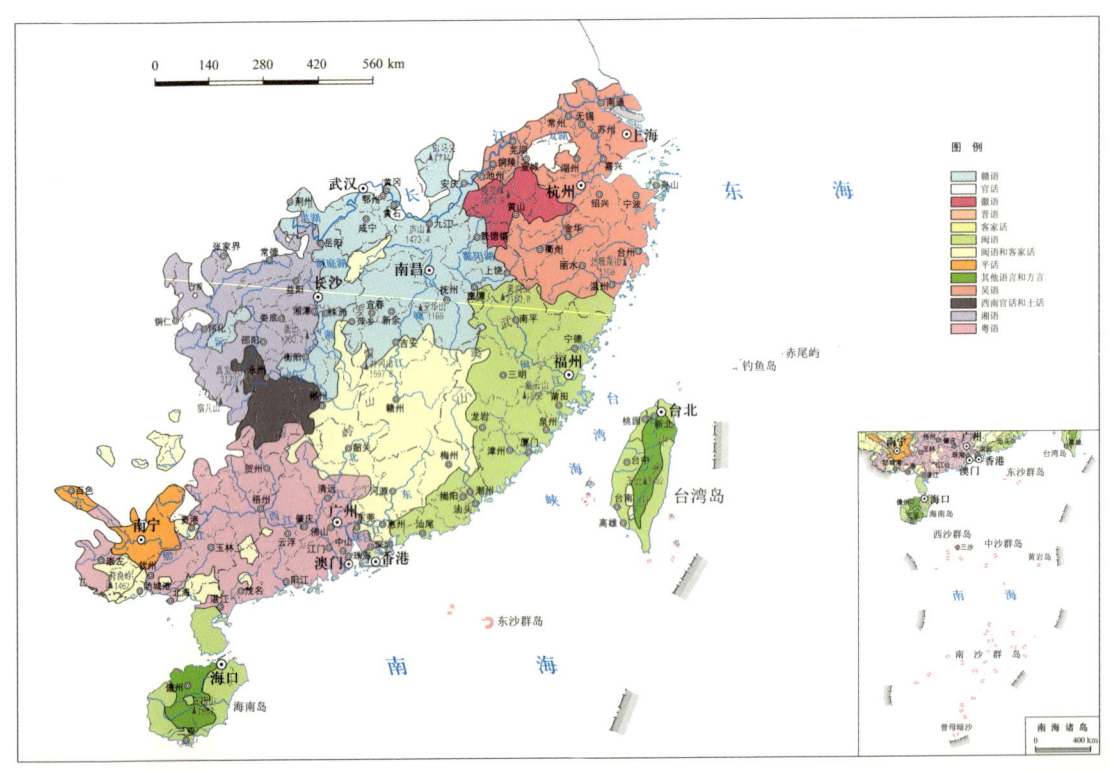

客家话，又称客家方言、客方言或客话。客家话分布于我国七个省区：广东、广西、福建、台湾、江西、湖南、四川的二百多个市县。其中以广东东部和中部、福建西部、江西南部分布最为集中，这些地区有很多纯客市县。现代长江以南有一百个以上的县住有客家人。此外，客家话往往还以方言岛的形式分布于广西、湖南、四川和海南等地。

徽语分布于皖南的旧徽州府、浙西的旧严州府，以及赣东北的德兴、旧浮梁县（今属景德镇市）、婺源。

平话使用于广西的东部。平话可以分成南北两片，从灵川向南到南宁，柳州以下为桂南平话，鹿寨以北为桂北平话。"平话"这种方言及其名称都渊源于宋代的平南战争。

汉语方言除上述十大类外，还有一些系属尚未确定的方言。

移民方式与方言地理分布类型

现代汉语方言在地理分布上的不同类型，是古代汉族人民不同的移民方式造成的。历史上五种不同的移民方式，造成五种不同的现代方言地理类型。

（一）占据式移民和内部一致的大面积方言区

本来使用同一种方言的居民大规模地移居到地广人稀的新地，有可能造成方言大面积一致性。北方方言区地域辽阔，内部相当一致，各地居民可以互相通话，其中的根本原因要从移民史实中去寻找。自汉代以来北方方言的地域大致限于长城以南长江以北，六朝之后北方方言大规模越过长江。在长城以北和西南地区，则一直到明清时代，北方方言才随着大规模的移民运动，遍布了东北的大片土地和云贵各地大大小小的中心城市，席卷大半个中国。

（二）墨渍式移民和方言的蛙跳型传布方式

移民可能不是遍布成片的广大地区，而只是先后选择若干不相连属的地点定居下来，然后逐渐向周边移居，好像滴在白纸上的墨水慢慢浸润开来。他们的方言也因此各自向四周扩散。不过从整体来看，他们还没有连成一片，而被别的语言或方言分隔开来。移民方言的传布好像青蛙跳着前进。官话在广西、贵州、云南的传布即是蛙跳型的，在城镇和某些农村地区通行的官话，常常被平话或少数民族语言隔离开来。

（三）蔓延式移民和渐变型方言

方言相同的居民本来聚居在一个地区，后来逐渐从中心地带向四周较荒僻的地方蔓延渗透，久而久之，离中心地带越远的地方，方言的变异也越大。这有三方面的原因：一是移民越走越远，与中心地带方言的接触也就越来越少，这在交通不便的古代是很自然的；二是移民方言和土著方言难免接触和交融；三是这个方言区的两头又难免受邻区方言的影响。就整个方言区来看，方言在地理上是渐变的。今天的吴语区最初从今苏南的苏州、无锡附近和浙北的绍兴、诸暨一带向整个苏南和浙北蔓延，进而传到浙南，最后扩展到浙西南及边境地区。吴语也因此逐渐变化，以致今天浙南吴语跟苏南吴语不能通话。

（四）板块转移式移民和相似型方言

移民离开祖辈生息的家园，大规模地迁移到与原居地不相连属的大片土地，他们的方言至今仍与原居地的方言基本相似。这种板块转移式的移民运动，一般来说历史不会太长。例如闽南人向外移居，使闽语传播到台湾、海南岛、广东南部沿海和东南亚，造成闽语的新板块。各板块的闽语除海南省的琼文话外，皆与今天的闽南话很相似。如果此类移民运动的历史过长，那么新地和旧地的方言就可能变得不再相似。例如现代南方客家话居民的祖先，本是唐宋时代中原一带的人民，他们南下时带来的是当时的北方话，但今客家话和今北方话却相违甚远。由此也可推知，闽语从福建本土迁往海南岛比迁往别地的时间应更早些，因为只有海南省的琼文话跟今闽南话差异较大。

（五）闭锁型移民社会和孤岛型方言

移民到达新地之后，聚居在一个较小的地域内，自成社区，与周边的本地人很少接触交流，那么这些移民的方言就有可能长久保留原有的面貌或某些特征。与周围大片本地方言相比，这种外来的方言就像大海中的孤岛，即是"方言岛"。因闭锁型移民社会造成的方言尚有一个共同的特征，即岛内外方言分属两大类或差别较大，不易相互交融。例如闽语包围中的官话方言岛——福建南平话；吴语包围中的闽语方言岛——浙江余姚观城卫里话；西南官话包围中的湘语方言岛——四川中江、金堂、简阳、乐至四县交界的老湖广话。

方言地理与人文地理

方言地理不仅是地理现象，也是一种人文现象，因此研究方言地理必须联系它的文化背景。汉语方言地理格局的形成，跟中国文化的固有特点关系很大。方言地理与人文地理关系密切，特别是人口地理、历史政区地理、地方戏曲地理、交通地理、民俗地理、经济地理、自然地理。这里谈谈方言地理与历史政区地理、地方戏曲地理和交通地理的关系。

秦代开始建立的郡县制度是中国文化的固有特点之一，两千多年来一直稳定发展，对汉语方言地理格局的形成影响极大。研究汉语方言地理的人不难发现：旧府州辖境内的方言内部有很大的一致性。这样的例子在许多地方都可以找到，如浙江的温州府、江苏的徐州府、上海的松江府，其方言的内部一致性都是显而易见的。如果从中国文化的特点来考察，这种现象是很容易理解的。

一方面，中国的经济自古以来就是自给自足的农业经济，历代都实行重农抑商政策。承平时代一般百姓都安居乐业，厮守田庐，乡土、宗族及地域观念很强，除非有战祸和天灾的威胁，都视背井离乡为畏途。是故方言世代传承，不易变更。这样的文化背景使历史行政区划与汉语方言区划，尤其是次方言区划有着相辅相成的关系。另一方面，我国自秦代开始就实行郡县制度，即地方行政管理制度，其历史之悠久、区划之严密、管理之有效，世所罕见。旧府（或州）是若干县的有机组合体，府治即一府的文化中心，也是本府权威方言之所在。在农业经济社会里，人们的日常生活和政治、经济、文化生活大都不超出本府之外。上述两方面的文化背景自然使得一府之内的方言趋于一致，因此历史行政地理还可以作为构拟古代汉语方言区划的重要线索。此外，在给现代汉语方言分区的时候，也可以把历史行政地理列为重要的参考项，在府境长期稳定的地区尤其应该如此。例如南宋时代福建的福州相当于今闽语闽东片，兴化军相当于莆田片，泉州和漳州相当于闽南片。

汉语方言地理格局是宋代奠定的，宋代的行政区划和现代方言

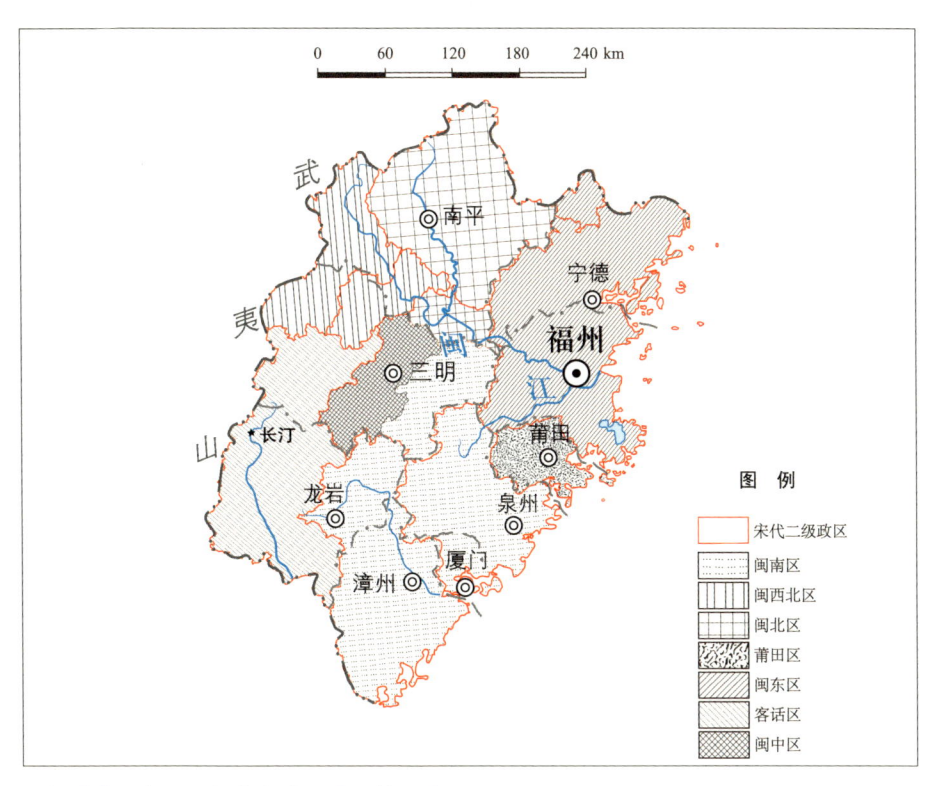

今福建省方言分区与南宋政区地理关系地图

区划，事实上有不少重合之处。例如，现代广东省方言基本分为三大区，即以广州为中心的粤语，以梅州为中心的客家话和以汕头为中心的潮州话（闽南话的一种）。其中粤语和客家话分界线的北段和南段跟宋代的行政区界线完全吻合，北段即广州府跟英德府和连州的界线，南段即广州府跟惠州的界线。

中国的地方戏曲，包括曲艺，约有四百种，传统剧目数以千计。比较著名的流行剧种有京剧、昆曲、越剧、黄梅戏、粤剧、豫剧、秦腔、川剧、评剧等五十多种，又以京剧流行地域最广，几乎遍及全国。

从最广泛的意义来说，任何一种戏曲，其起源都局限于一定地域，采用当地的方言，改造当地的民间歌舞而成。换句话说，任何剧种在其雏形阶段都是地方戏，其中少数后来流行于全国，而大部分仍然以地方戏的形式存在。区别这些地方戏的最显著的特征是方言而不是声腔，因为有的地方戏可以兼容几种声腔，如川剧就包含了昆、高、梆、黄四种声腔，再加四川民间小调。声腔可以随方言变，方言却不肯随声腔改。长期以来藏戏在青海始终流行不起来，就是因为所使用的方言与青海藏族的安多方言不同。安多方言没有声调，这在中国各种方言中是很特殊的。20世纪40年代以后使用安多方言的安多藏戏出现了，不过几十年，就已普遍流行于青海地区。

地方戏曲是用方言演唱的，虽然它也吸收书面语成分和某些别地的方言成分，但是毕竟是以某一地的方言为基础的，听众一般也只限于该方言地区或跟该地方言相近的地区。如果当地观众听不懂唱词和说白，那么这种戏曲在该地自然是没有多大生命力的。所以戏曲的流行范围和方言地理有密切的关系。

方言地理与交通地理的关系也很密切。古代交通，河流应占最重要的地位。这有两方面的原因：一是河流有行船之便；二是山地丘陵地带的河流虽然没有航运之利，但是河谷平地却自然成为交通的孔道，移民往往是溯河而上或沿河而下。河流的沿岸往往是可以垦殖的山谷平地，所以一条河流的流域也常常成为一个经济区。在同一个经济区，方言自然容易接近，并且往往能够维持相对的独立性。在每一个这样的流域或经济区自然会形成一两个中心城市，所以古代的县城也大多是沿河谷而设置的。方言片境界线与河流流域大致重合，这样的方言区以福建省和浙江省最为典型。例如浙江太湖流域相当于吴语太湖片，甬江水系流域相当于太湖片的甬江小片，曹娥江水系和钱塘江下游流域相当于太湖片的临绍小片，苕溪流域相当于太湖片的苕溪小片，楠溪、瓯江（下游）、飞云江和鳌江流域相当于瓯江片，椒江水系流域相当于台州片。

  山川形势对于方言地理影响如何，其背后的决定因素是交通条件。交通便利的地区，方言容易保持一致。交通系统不同的两个地区的方言往往歧异，例如吴语太湖片是平原水网地带，便于舟楫交通，所以方言内部很一致，自古以来同属一个方言片。浙江多独流入海的河流，河谷平地有利交通，所以每个流域或几个流域即自成一个方言片。

  中国行政区划最重要的标准是"山川形便"原则，通常会选择山岭作为县与县之间、府与府之间、省与省之间的界线。因此大的山脉两侧常常分属不同行政区域，或者说江河的分水岭往往是省、府、州的分界线。例如浙江宁波府和绍兴府的分界线是大明山；台州府和金华府的分界线是大盘山。这也就间接阻碍了山脉两侧的人们的来往。所以方言地理、行政地理与自然地理具有明显的一致性。山脉、河流与行政区划界线重合时，对方言区划的影响力会极大增强。浙江各方言片皆如此。例如瓯江北岸的永嘉县讲永嘉话，南岸的温州市讲市区话。

  方言区划的形成是人口地理、行政地理和自然地理合力作用的结果。影响汉语方言地理的外在因素，以人口地理最为重要，行政地理次之，自然地理再次之。

地名的区域文化特征

  地名是一类特殊的词汇，是人们在社会生活中给地理实体、行政区域或居民点所起的专有名称。地名中包含着丰富的社会生活、文化历史和地理环境的内涵。

地名用字，尤其是地名的通名部分的用字，往往因地区不同而不同，一个地区的地名用字常常自有特点。例如浙江和福建普遍用"溪"字称较大的河流，如浙江的苕溪、松阴溪、大溪，福建的建溪、崇溪、双溪、木兰溪等；也用"浦"字称河流，如黄浦江，原称"黄歇浦"，后改名"黄浦江"。"浦"和"江"同义，这个地名的构造是叠床架屋。江南一带常用"港"称较小的河流，如苏南的张家港、上海的拦路港，钱塘江上游称为常山港。北方惯常不用"溪、浦、港"三字称河流。

长江下游的太湖平原是全国闻名的水稻高产稳产地区，几千年来人们为了确保水稻等水田作物的生长，兴修了大量的堤、堰、塘、埭、闸等水利设施。堤和闸的含义全国一致。堰是可以溢流的挡水堤坝；埭则是堵水的土坝。因为这些水利工程是当地经济生活的命脉，所以也就自然成了当地许多地名的通名。在比例尺为一百五十万分之一的太湖流域地图上可以找到四十几个这类地名，其中以埭为通名的有：黄埭、埭溪、钟埭、徐贤埭等。由此可以看出当地水田作物栽培的发达。

壮语地名用字中最常见的是"那"字，"那"在壮语中是"水田"的意思。在现代的地图上，含"那"字的地名多至成千上万，如那乐冲、那龙等，散布于我国西南地区和东南亚。这些地名90%以上集中在北纬21度至24度之间，并且大多处于河谷平地，其土壤、雨量、气温、日照都宜于稻作。古代壮族居民习惯将"那"（水田）用于地名，说明稻作在古代壮族生活中的极端重要性。"那"字地名的分布也显示了古代人工栽培的水稻在华南和东南亚的地理分布，这些地名的历史也为人工栽培水稻的历史提供了间接的证据，而这些地名的繁复表明古代壮人稻作文明的发达。

地名与交通路线的关系也非常密切，因此古代的交通制度也常常在后世的地名上留下印记。秦汉时期完善起来的驿传制度在我国历史上长期实施，在古代驿路上，每隔一定距离就要设置邮、亭、驿、置、传舍等设施，以供来往人员休息、马匹更换之用。这些驿站的地名可以为追寻古代交通路线提供重要的线索。

元代的驿传制度或管理驿传的人称为"站赤"，"站赤"是蒙古语的译音，明清以后省称为站，现代的车站之"站"即源于此。站赤的组织规模很大，能供欧亚两大洲交通。今天地名中以"站"为通名的以黑龙江省最为典型。由瑗珲（清代黑龙江城）往西到嫩江市有二站、三站，由嫩江往北到漠河更有二十几个此类地名。

汉语方言表面上看起来纷繁歧出，许多方言互相不能通话，细究起来，各大方言都有相同的源流，就是古代北方的汉语，所谓"雅言"。语音上听起来差别大，但是构成语言的基本单位"语素"，相当于"字"是基本一致的。古代汉语从北方跟着移民扩散到南方各地，同时吸收本土语言成分，形成不同的汉语方言。

（作者系国家社科基金后期资助项目"上海地方方言调查研究"负责人、复旦大学中国语言文学研究所教授）

农耕文化：
乡土中国的文化本根

孙庆忠

　　长达数千年的农耕文化是祖先留给我们的宝贵遗产。只有立足于农耕生产生活，我们才能读懂江南水乡的鱼灯舞、西北干旱地区的求雨戏，才能在其独特的韵律中体会到人与自然和谐共处的生存智慧。

　　在现代化业已成为人们的发展观念之时，如何理解农耕文化的生态属性？如何将祖先的农耕智慧引入现代农业生产和生活方式之中，使其成为实现农业绿色发展的物质基础，成为慰藉人们心灵的文化源泉？对于这些问题的求解，不仅可以增进我们对自身文化模式的理解，也能增进对乡土中国的认识。

人类从依赖自然界的食物来源为生，到主动利用自然界资源创造食物为生的转变，被称为"新石器时代革命"或"第一次革命"。农业的发明与若干野兽的豢养，从根本上改变了旧石器时代人类粮食来源不固定、渔猎采集的食物不能久存的生存状态。自西周开始，以农立国一直是中国古代社会经济发展的基础，中国社会的超稳定结构得益于此，农耕文化也因此成为中国传统文化的底色。

农耕文化的生态属性

农业的基本生产资料是土地，劳动对象是农作物，而作物的生长又受制于土壤、水分、气候、肥料等条件。这种鲜明的生态属性，决定了我国南北水田与旱地经济文化类型的基本格局。各地民众不同的生活方式，正是在适应农业生产季节性、周期性变化的过程中形成并发展起来的，是不断调适其自身文化行为的结果。

（一）自然周期与农业生产制度的生成

农作物的生长周期，决定了生产活动的时序安排，也是中国人岁时观念形成的依据。据考证，岁时的起源与农事活动关系密切。"岁"在金文、甲骨文中已出现，其字形像一把石斧，是一种收获农作物的工具，当时是一年一熟制。收获之后，人们要杀牲祭神，"岁"成为一种祭祀名称。这种一年一度的祭祀庆祝活动，将自然时间分成了不同的段落。因此，岁收之"岁"与岁祭之"岁"就逐渐成为特定的时间标记，岁也就转变为年岁之岁。与之相关的"年"，同样起源于农作物的生长周期。《说文解字》说："年，谷熟也。"其内在的含义依然是以作物生长、成熟为时间段落的标志。

西周利簋及铭文

（摹本及释文引自张桂光主编《商周金文摹释总集》，中华书局，2010年）

"时"在甲骨文中也已出现。在上古时期，作为节候之"时"的划分只有春、秋二时。

从谋生活动看，人们在采集与农作耕种的生活形态下，产生一年两季的时节划分，春、秋的古字形义都与植物或农作物相关。植物的春生秋杀，农作物的春种秋收，强化了人们的时间和季节观念。由此可见，通过空间的物候变化，把握时间的自然流动，是上古岁时观念产生的重要途径。至春秋战国时代，我国的历法趋于完善，四时八节、岁元、朔、望等逐步确定。由于节气的准确与否与农业的成败、作物的丰歉息息相关，对于以自然经济、小农生产方式为主体的古代农业社会而言，顺应自然时序，调整好人与自然的关系就是关乎社会稳定、国家盛衰的头等大事。因此，每逢重要的节令都要举行农耕

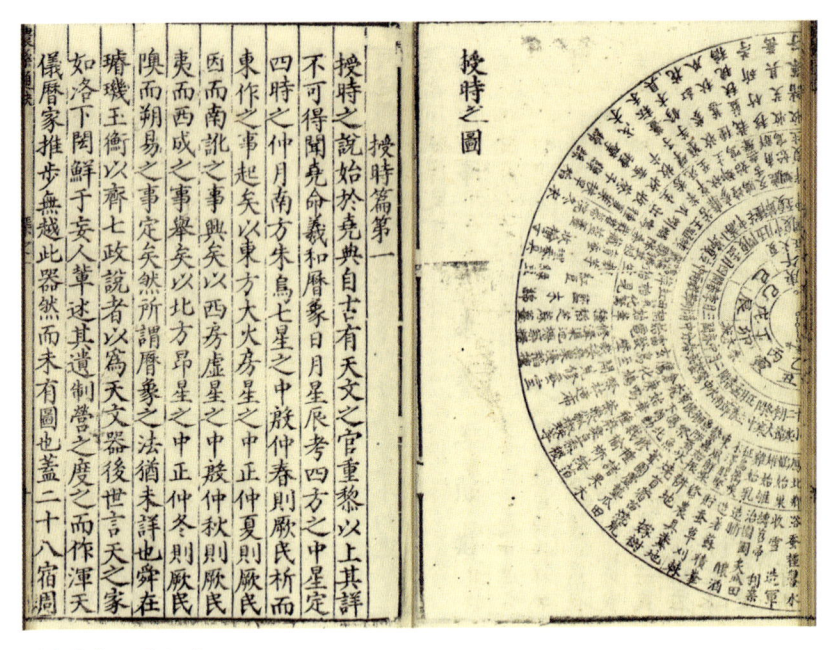

《农书》三十六卷
（元　王祯撰　明嘉靖九年[1530]山东布政使司刻本　国家图书馆藏）

示范仪式和庆典活动。作为礼俗规范，这既是国家推行的农政管理措施，也是传统民俗节日的源头。

在成文历法创立、流通之前的史前时期，先民们通过观察自然现象的变化来确定农事活动的时间。这种"观象授时"活动，依据所观察现象的不同可以分为物候历和天文历两个阶段。物候历关注的寒来暑往、风雨水旱、土壤墒情、草木枯荣、鸟兽孳育等现象直接影响农耕生产的安排，而且与遥远的天文现象相比更易于观察，因此，在民间一直被视为行之有效的历法。在我国西南的少数民族中，物候历至今仍然是人们安排农耕生产的重要依据。

发轫于春秋战国时期，完备于汉代的二十四节气，是古代天文学、气候学与农业生产实践的成功结合，两千多年来一直是最为重要的农事指南。二十四节气的节律就是春种、夏锄、秋收、冬藏的农耕文化周期，与之相应的农事活动习惯正是在这年复一年、周而复始的运转中自然地延展。乡村的土地制度、水利制度、集镇制度、祭祀制度，都是依据这一周期创立，并为民众自觉遵循的生活模式。农民依照二十四节气的变化来安排生活，指导农业生产。因此，民间素有"不懂二十四节气，白把种子种下地"的说法。北方农村的"打春阳气转，雨水沿河边""清明忙种麦，谷雨种大田""清明麻、谷雨花、立夏点豆种芝麻"等等，就是农民不违农时、信守农耕作业习惯的形象表达。这些至今仍广为流传的民谚，作为一种特殊的文化指令，千百年来深度地影响着农民的日常生活。

（二）生态环境与经济文化类型的划分

我国地域辽阔，生态环境复杂多样。生活在不同区域的人们在适应和改造环境的过程中，也创造出了各具特色的民俗文化。从生计方式的角度视之，原始采集经济，经过野生种子的发现、耕作方法的发明，以及农具的创造，形成了农耕产食文化。畜牧产食文化是原始狩猎经济经过剩余存活猎物的驯养经验沉淀而成。捕捞渔业则是渔具改进的结果。诸如此类基于生存环境的文化创造，正是祖祖辈辈生活经验累积传递的生存智慧。

从地理环境和各民族历史发展的角度考察，自新石器时代起，在我国多民族文化中，就形成了三个主要的生态文化区：北方和西北草原游牧兼事渔猎文化区；黄河流域以粟、黍为代表的旱地农业文化区；长江流域及其以南的水田稻作农业文化区。此外，在南方尚有以苗、瑶、畲等族为主的山地耕猎文化区，以藏族为主的农作与畜牧文

化区。在西北有以维吾尔、乌孜别克等族为主的人工灌溉农业兼事养牲业文化区。在西南有以珞巴、景颇、佤、基诺等族为主的山地火耕旱地农作兼事狩猎文化区。生态环境的多样性决定了民族文化的多样性。换言之，不同的生态环境决定了一个民族生计方式的选择，以及与之适应的文化传统模式。以藏族为例，在长期的生产实践中，雪域高原的藏民总结出一套行之有效的青稞、豆类倒茬种植，既种地又养地的经验。基于这种农耕习惯，青稞和豆类成为藏民的主要食物。他们也因此养成了偏爱吃糌粑、喝青稞酒，以及按照作物生长季节安排

黑龙江齐齐哈尔秋收前水稻大田

打牛春耕

日常生活及活动的风俗习惯。

相对于少数民族的生态文化，作为中华文明之根基的汉民族农耕文化，如果以黄河、长江两大河流为轴，以地处北南不同的生态环境为分野，以北方旱田、南方水田的农耕产食为内容，是存在北方麦黍文化和南方稻米文化的鲜明区分的。细细数来，很多文化创造都与此直接相关。比如，北方农耕文化模式普遍采用了黄牛、马、驴等畜力耕作，与中国南部的水牛相对应；用大片土地的垄作和种子直播法与中国南部的小块水田和插秧法相对应；利用天雨与南方固定水塘相对应；用畜力拉车与中国南部人力撑船的运载工具相对应；同时形成了以黍米、稷米、麦粉、杂豆为食物的形形色色的米面食品与中国南部以大米、糯米为主食的饮食文化的两大分野。可以说，这种农耕文化的地域格局深度影响了中华民族的文化建构。

循环永续的传统农业

农耕文化强调的核心是人与自然的和谐，其基本理路就是寻求人与自然的和谐共处之道。正是基于对自然规律的遵循、对自然的敬畏心理，以及对自然之审美体验的传达，围绕着土地，人类创造了以产食为核心价值的生产与生活文化。

在生存资源极度短缺的条件下，传统农业滋养中华民族繁衍生息，孕育出不曾间断的华夏文明，正是因为积聚了数千年的农耕智慧。就观念层面而言，"天人合一"的哲学思想、五行相生相克的辩证认识，深度地影响了人们的生产与生活实践。从经验层面而论，不同季节作物种植的安排、有机肥料的使用方法、各种旱作技术、稻田生产技术、选种和积肥技术等，无不蕴含着丰富的科学道理。由此形成的稻田养鱼、桑基鱼塘、湿地农业、山地梯田、农牧复合、草原游牧等类型多样的生产系统，都是可持续农业的典范。

距今约有2500年历史的浙江湖州桑基鱼塘，分布在河流下游的低洼之地。在这个水陆共生的循环体系中，"塘基种桑、桑叶喂蚕、蚕沙养鱼、鱼粪肥塘、塘泥壅桑"。也就是说，在塘基上种桑，蚕吃桑叶后的蚕沙扔到池塘养鱼，鱼粪与塘泥再回到桑基，塘泥中氮磷钾一类的养分被桑树吸收。不只如此，鱼塘里混养了大头鱼（鳙鱼）、草鱼、鲤鱼和鲫鱼，也发挥着各自的功能。大头鱼以浮游生物为食，在水塘上部游动；草鱼是植食性动物，植物需要阳光，它就在鱼塘的中上部生活；杂食性的鲫鱼和鲤鱼是池塘的清道夫，生活在鱼塘的底部。这种不同鱼种立体混养模式，使鱼塘的资源得以充分利用。

浙江青田稻鱼共生系统是一种种植业和养殖业有机结合的生产模

浙江湖州桑基鱼塘

式，究其源头距今已有1300年的历史。它通过"鱼食昆虫杂草—鱼粪肥田"的方式，使系统自身维持循环。其更为精细的食物链模式是，稻田里的鱼撞击稻禾，50%的稻飞虱掉下来被鱼吃掉，鱼身上分泌的黏滑物质还可以控制水稻的纹枯病。由此可见，利用生物多样性可以不用化肥农药实现田间病虫害的控制，从而达到以稻养鱼、以鱼促稻、生态互利、稻鱼丰收的效果。

与稻鱼共生同宗的是贵州从江县侗乡稻鱼鸭复合系统。为了保证稻鱼鸭系统良性发展，侗乡人建构了与生态环境高度兼容的鱼塘、稻田、沟渠、河溪相连通的人工复合水域环境。在稻田中，侗乡人种稻、放鱼、养鸭，通过掌握水资源的利用与管理、鲤鱼的自繁自育、小香鸭世代选育驯化等知识和技术体系，将本来是具有相克禀赋的稻、鱼、鸭等物种，按照成长时间的不同而将它们编织到一个系统中，促使有机体之间构成了一个复杂的食物链网络结构，能量、水、肥得到高效利用，从而形成稳定系统，对抗外界风险，确保"稻、鱼、鸭"三丰收，维持和延续千年的日常生活。

除了这些农耕技术的传统知识外，我国各民族的文化体系都蕴涵着人与自然和谐共处的生态观。"森林是父亲，大地是母亲"的谚语，便是人们护林意识的形象表达。大自然是人类的衣食父母，只有精心呵护才是生存之本。在人与自然的关系序列中，人位居林、水、田、粮之后，"有了森林才会有水，有了水才会有田地，有了田地才会有粮食，有了粮食才会有人的生命"。正是这样的"人"观和"物"观，才使人们热爱身边的一草一木、一山一石。由此衍生出的对大自然的呵护意识，从山林的祭祀到农事庆典，从农耕礼俗到乡规民约，都是维护生态平衡的重要资源。生活在黔东北的苗族，其文化传统具有"重巫尚鬼"的特征。这里曾以神鬼的力量来实现对森林的管护，而到当代曾经肃穆、庄严的"神判"仪式很少有人参加，也没有人来执行以往种种强有力的配套措施。在他们的生活中，这种文化的约束力近乎降到零点。但是这并不意味着传统文化的彻底消失。在其农民股份制林业企业的森林管护制度中，我们看到了传统文化资源的变体形式。企业的形成与发展，依靠的还是头人、寨老、家族力量等文化资源，"公司"不过是"合款"制度的翻版，管理模式也同样是"闹清"（用神鬼力量管理森林的一种方式）制度中强制力量的延续。可见，民族传统文化和乡土知识的开掘与应用，是决定当地生活环境变迁的主要因素，对于森林保护和农业的永续发展发挥了重要的作用。

不幸的是，由于劳动力的短缺，加之对经济利益的追逐，那些没有经济价值或低产的品种被迅速淘汰，顺应动植物生长规律的农耕制度被现代化工具和技术所改写，地力全靠化肥，杀虫全靠农药，生态系统中的原生植被被清除，土壤微生物、昆虫和动植物之间的平衡关系被人为切断，其结果是影响人类健康的一系列问题接踵而至，系统抵御风险的能力大大降低。更为严峻的事实是，作物多样化系统的破坏，不仅导致全球性的政治、经济和自然生态问题，也使依附于农业的种植习惯和相关的礼俗活动随之终结，致使社会文化系统深陷危机。那么，如何破解这些发展的难题？前现代的生态理念与传承于民间的乡土知识能否化解现代农业的危机？

农业文化遗产的保护与传承

我国2012年启动了中国重要农业文化遗产的发掘与保护工作，是联合国粮食及农业组织"全球重要农业文化遗产"（Globally Important Agricultural Heritage Systems，GIAHS）倡议最早的响应者和主要贡献者。2016年农业部组织开展了农业文化遗产普查工作，共发掘408项具有保护潜力的农业生产系统。截至2022年底，农业农村部共认定6批138项中国重要农业文化遗产。

作为农耕时代的物质见证，农业文化遗产所呈现的自然生态和人文景观，是在当地人生产和生活实践的基础上，经由他们共同的记忆而形成的文化、情感和意义体系。传续千年的云南红河哈尼梯田、湖南新化紫鹊界梯田、江西万年稻作文化系统、福建安溪铁观音茶文化系统、浙江绍兴古香榧群落系统、陕西佳县古枣园等，都是生物多样性和文化多样性保护的天然基地，也无一不是现代化背景下人们理想的生态宜居之地和乡愁栖居之所。这些人与自然环境长期协同进化的传统农业系统,以及活在其中的本土知识和生态原则,经受住了千百年的考验,具有极高的适应性。它们不仅是农村生计、多样化粮食系统的来源,也是实现一二三产业融合发展,继而"活化"乡村原有资源的内生性动力。

作为一种特殊的遗产类型,农业文化遗产保护的动因之一是反思现代农业的危机与弊端,意欲在传统农业系统中寻找农业可持续发展之源。从这个意义上说,保护不是让我们回到前现代的农业社会,不是对传统的刻意存留,而是必须考虑农业生态系统中农民生活水平的提高和生活质量的改善。十余年来的保护实践证明,以农民为主体、以政府为主导、社会多方力量参与的保护机制,是农业文化遗产保护、农耕文化传承的有效路径。

内蒙古敖汉旗是我国旱作农业的发源地之一。当地政府将农业文化遗产打造成地方经济社会发展的金字招牌,先后建成敖汉旗旱作农业展览馆、中国小米博物馆。从2014年开始,连续6年举办世界小

广西龙脊梯田

河北邯郸涉县石堰梯田

米起源和发展大会，与国内外农业遗产地交流保护经验，确立敖汉旗小米的品牌地位，让小米产业成为助力脱贫攻坚的主导产业。广西龙胜县利用山区的自然环境、历史悠久的稻作生产以及传统的手工业技术，开发了以观光农业为龙头的旅游产业，使龙脊梯田、壮锦、苗绣这些传统的文化遗产转换成为农民重要的收入来源。以王金庄村为核心保护区域的河北涉县旱作石堰梯田系统，在地方政府的支持下，2017年农民自发筹划成立了旱作梯田保护与利用协会，他们组织开展社区资源调查，强化了村民对梯田、对村庄的认同感和归属感。这些案例从不同层面说明，在生态脆弱和经济贫困地区，农业文化遗产保护可以成为地方政府脱贫攻坚的抓手，农民由此看到了乡土文化资源潜藏的多功能价值，民间组织也发挥了服务国家建设的积极作用。

综观我国农业文化遗产的保护实践还会发现，遗产保护与产业发

江苏垛田

展并举的江苏兴化垛田传统农业系统、借助农业文化遗产解困而重现原貌的湖州桑基鱼塘、以桑产业带动大健康生态农业的夏津黄河故道古桑树群,以及利用原生态民族文化旅游资源保护和利用的贵州从江稻鱼鸭复合系统、内蒙古阿鲁科尔沁草原游牧系统,都展现出了在应对现代化危机中农耕文化强大的适应性和创造性。在经济上直接受益的农民也由此切实感到继续保持传统生产和生活方式的必要性。这些具有示范性质的案例充分说明,保护农业文化遗产的目的是立足于当下重新思考农业的发展和乡村的未来。同时也证明,作为践行"绿水青山就是金山银山"理念和发展绿色农业的现实成果,农业文化遗产保护的经验对于我国农业和农村发展以及国际可持续农业运动,都具有重要的示范和借鉴意义。

农业生产是农耕民族赖以生存的资本。从生活的角度来观察农业生产行为，可以称之为"农活"。在这一过程中，有人与动植物之间的情感交流，有创造性劳作中对生活真谛的体悟。因此，农业劳动充满了一种"综合的人性"，其独特的教育作用有助于对"完整的人"的设计与培养。手工榨糖、酿酒、纺棉织布、土陶制作、打铁、竹编等一些古老的技艺，以及收藏在博物馆里的农具，这些曾经是乡村生活重要组成部分的元素，承载了一代又一代无名工匠的创造激情和劳动智慧，也记录了农耕民族文化创造的历史。那些源自乡土的艺术同样是民间艺人对其生活世界的审美传达。因此，只有立足于农耕生产生活，我们才能理解江南水乡的鱼灯舞、西北干旱地区的求雨戏，才能在其独特的韵律中体会到农民对大自然的敬畏与对丰收的企盼。

作为一种"情感的学问和实践"，保护农业文化遗产的目的是能形成一种精神纽带，让我们的子孙在祖荫下更好地生存与生活。如果在追逐现代化的过程中，我们丧失了对这些生产和生活经验的传承能力，失去的不仅是我们这个民族的文化特质，更是基于历史认同的安顿心灵之所。就此而言，保护农业文化遗产表面上是保存传统农业的智慧，保留跟城市文化相对应的乡土文明，其更为长远的意义则在于留住现在与过往生活之间的联系，留住那些与农业生产和生活一脉相承的文化记忆。这不仅是弘扬农耕文化的精神基础，也是社会再生产的情感力量。

（作者系国家社科基金重大项目"农业文化遗产保护与乡村可持续发展研究"首席专家、中国农业大学人文与发展学院教授）

天人合一：
人与环境和谐共处的理念

韩昭庆

  目前人类活动对自然环境产生了史无前例的影响，带来了一系列环境问题和生态危机。解决环境问题除了采用科技手段、调整政策制度、改变生产生活方式、加强国际合作等措施外，还可诉诸历史文化的启迪，"天人合一"观由此得到发掘。虽然它不能提供具体的解决方案，但其理念如果能够贯穿在人们的知性行为中，则可成为指导人们解决环境危机的哲学依据。什么是"天人合一"？其中有关人与环境和谐共处的思想根源及发展过程是怎样的？本文揭示了从人与天地同为万物之本至万物一体的思想演变过程，"天人合一"在生产生活实践中的具体体现等。指出敬畏自然是古代"天人合一"思想最为核心的理念，深入挖掘并发扬"天人合一"理念，将为生态问题的解决提供有益的启示。

我国的文字记载中很早就出现了人们对自然环境的朴素观察，除了地理描述，还留下大量古代哲人有关天、地、人的哲学思考，其中在古代人与环境和谐共处的有关理念中，最为突出的当属"天人合一"。

"天人合一"中"自然之天"理念的发掘

中国思想的全部内容不外乎天人之际和人人之际两大方面，天人关系思想的历史几乎与人类自身的历史一样久远。吴锐认为，北方红山文化和南方良渚文化的宗教遗迹都说明中国先民在很早的时候就开始探索天人关系，天人关系对于早期人类来说，是头等大事。而许多遗址选择在山上，则是因为高山乃通天捷径，《山海经》中就记载了很多巫师和神山。据说颛顼以前人神杂糅，人人可以通天，通天的方式多种多样，占卜和祭祀是比较常见的与天沟通的渠道。但颛顼时代"绝地天通"，一般民众被禁止自由祭祀鬼神，由此被剥夺了与天沟通的权利，从而出现了最初的专门神职人员，天人之间的沟通成了巫祝等人的专利，改由"巫"述历史。巫衰落以后，史家代兴。杨向奎论证了神—巫—史的演变过程，这一过程表明人类世界观由天人之际转向人人之际。《春秋》作为史家的历史是人的历史。这种历史的出现从"天人之际"转向"人人之际"，是世界观的跃进。不过，天人之际的思想并没有在春秋完结，而是在以后的历史时期有新的发展，而"究天人之际，通古今之变"既是史家，也是历代思想家赋予自己的神圣使命。

"天人合一"是天人关系思想最重要的组成部分，也是中国哲学的基本问题。早在先秦时期，儒家、道家、阴阳五行家就表现出强

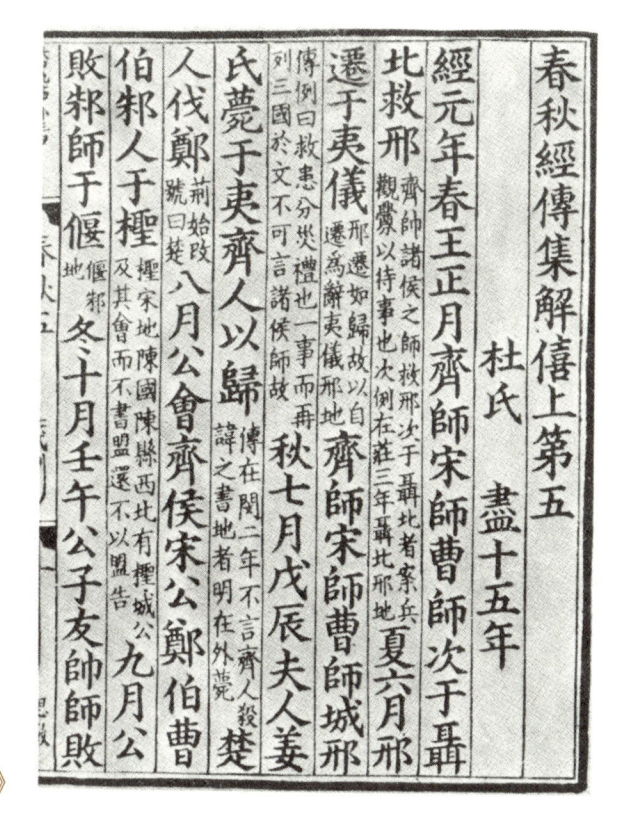

《春秋经传集解》

烈的"天人合一"的文化倾向。高晨阳认为三家的思想可以分别概括为以天合人、以人合天、天人感应。关于"天人合一"中"天"的涵义,至今众说纷纭。有季羡林主张的"天"即"大自然"的一义说、冯友兰主张的五义说、刘泽华提倡的六义说等。但目前以张岱年主张的三义说最通行,分别指最高主宰、广大自然和最高原理。"人"一般指人类,但在"天人感应"的思想体系下,主要指君王或统治者,而非普通民众。正因为人们对"天"有不同理解,所以对"天人合一"的阐释也是众说纷纭,莫衷一是。

20世纪后半期,中国的"天人合一"思想在环境保护方面的价值首先被西方的生态伦理学者发现和肯定,并被赋予了解决生态危机的作用与意义,一些国内学者对此表示认同。1990年,钱穆在《中国文化对人类未来可有的贡献》中指出,"我深信中国文化对世界人类未来求生存之贡献,主要亦即在此","此"指的就是"天人合一"观。他认为中国传统文化精神自古以来既能注意到不违背天、不违背自然,又能与天命自然融合一体,由此掀起了国内对于"天人合一"的热烈探讨。1993年,季羡林发表了《"天人合一"新解》,把天简化为大自然,认为"天人合一"即人与大自然的合一,并在此基础上阐发了东、西方文化对自然的迥异态度,西方的指导思想是征服自然,东方的指导思想主张与自然万物浑然一体,对大自然的态度是同自然交朋友,了解自然,认识自然,在这个基础上再向自然有所索取。但这一观点受到一些学者的质疑,如刘立夫教授指出,将"天人合一"简单规约为"人与自然和谐相处",过分拔高了传统文化的生态学价值,没有顾及中国传统天人哲学的真正内涵。传统"天人合一"思想虽然也涉及人与自然生态的关系,但这种关系是以政治、伦理和精神境界为本位的,因而,其核心内容不是处理人与自然关系的哲学理论。笔者认可刘立夫的观点,下面的讨论仅限于体现人与环境关系的"天人合一"观。

"天人合一"的思想根源

古代农业社会,农业生产与四季更替、气候变化密切相关。雨旸时若,就会获得丰收,气象异常则会减产,甚至颗粒无收,导致饥荒,这本属自然规律。但据文献记载,早在春秋战国时期,各种自然现象就被看作天意的表达方式,《周易·系辞上》曰"天垂象,见吉凶",表达的正是此意。先秦阴阳五行家最早提到"天人感应"说。

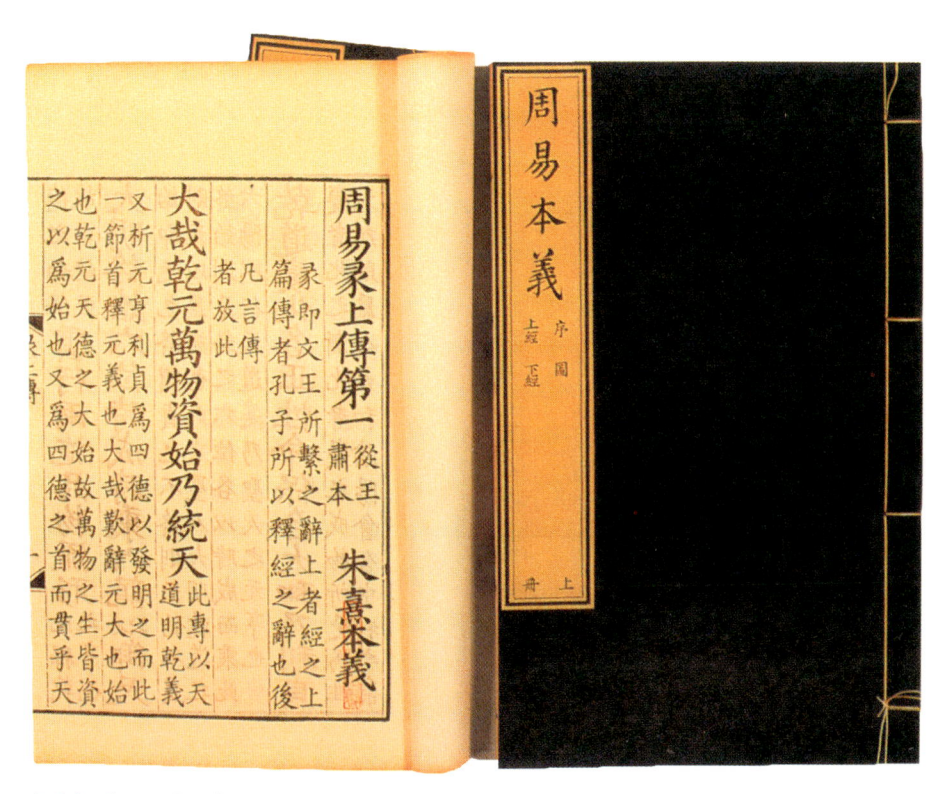

朱熹撰《周易本义》

《尚书·洪范》谈到国君的恶行会伴随着自然界的不正常现象；而《礼记·月令》则告诉国君和大众，每个月当做什么，不当做什么，以求得与天地万物的和谐。这些思想在后代发展成为体现"天人合一"理念的"天人感应"学说。

最早提出"天人合一"并对之进行理论阐释的是汉代的董仲舒。他在《春秋繁露》一书中写道："天亦有喜怒之气、哀乐之心，与人相副。以类合之，天人一也。"又言："事各顺于名，名各顺于天。天人之际，合而为一。"提出了天人同类合一的思想。他把构成天的基本要素归结为天、地、阴、阳、金、木、土、水、火和人，即"天

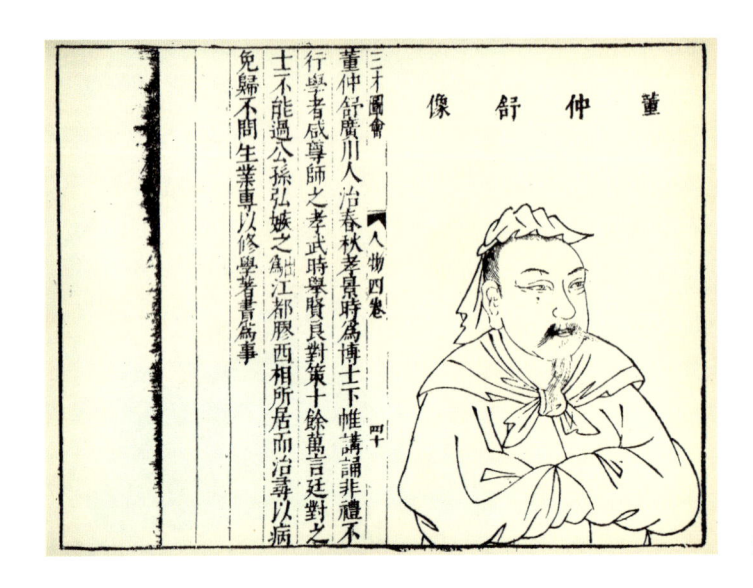

《三才图会》之董仲舒像

有十端","凡十端而毕天之数也"。十端当中,天、地、人共同构成万物之本,"何谓本?曰:天地人,万物之本也。天生之,地养之,人成之。天生之以孝悌,地养之以衣食,人成之以礼乐,三者相为手足,合以成体,不可一无也"。

根据天人同类说,董仲舒把天道当作政治原则和人伦道德的依据。董仲舒在论证天人相类的过程中,分别利用了以数相副和以类相副的比附法。如以阳生物十月成功,与人怀胎十月而生相比,以五脏像五行等是以数比副;又如人的头之圆像天,足之方像地,空窍理脉像川谷,伦理副天地,哀乐副阴阳,耳目像月日等则是以类比副。不过这些比附归根结底只是牵强附会,没有任何科学依据。在天人同类的基础上,他进一步论证了天人感应的理论基础同类相感。同类相感在董仲舒之前已有论述,如《周易·乾传》中就讲到"同声相应,同气相求"。《吕氏春秋》也有载:"类固相召,气同则合,声比则应。"董氏的同类相感、相动思想正是在总结前人的基础上形成的。

他在《春秋繁露·同类相动》中推论道："帝王之将兴也，其美祥亦先见；其将亡也，妖孽亦先见。"在董仲舒看来，"天人感应"的形式不外乎天降符瑞和天降灾异两种。尽管这种"天人感应"的思想盛行于当时的社会，但也出现了一些质疑之声，如其后的王充也使用了类比的方式对此进行驳斥。他在《论衡》中指出，人在天地之间，如同衣裳内的蚤虱、洞穴中的蝼蚁，这些蚤虱、蝼蚁既然对衣裳和洞穴不能产生任何作用，"而独谓人能，不达物气之理也"。

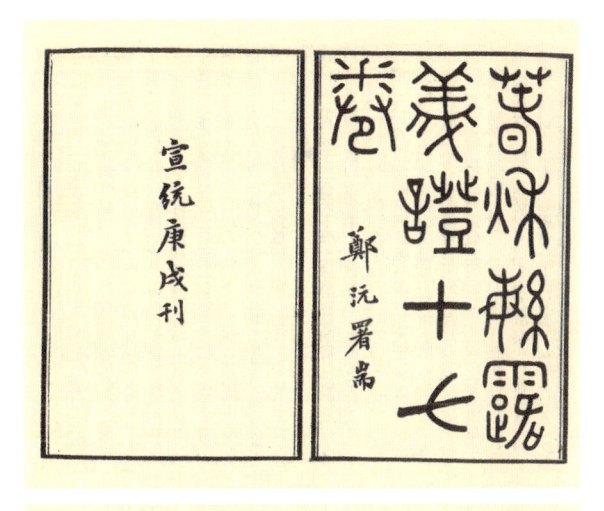

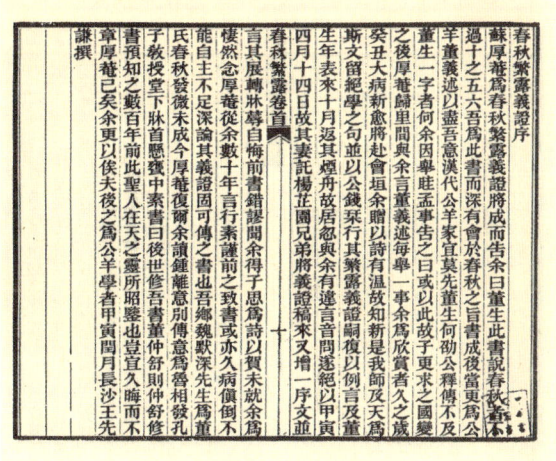

苏舆《春秋繁露义证》

尽管这种把自然现象与社会运行联系起来、通过同类相感的认识来论证王朝兴衰的做法，在今天看来非常荒谬，但是它对之后的中国政治史依然产生了久远的影响。董仲舒"天人感应"论的出发点在于论证封建统治秩序的合理性，并利用了天的名义和权威来限制君权；同时，董仲舒在神灵之天和自然之天之外，还提出道德之天，但又无法把三者统一起来，存在内在的混乱和矛盾。尽管如此，我们也要看到，董仲舒对"天人合一"命题的论证，也是建立在当时自然科学的基础上的，如他指出一些自然现象"非人所意也"，人必须对它们抱有敬畏的态度，从这个角度，也反映出他具有一定科学理性的态度。经过董仲舒的论证，"天人感应"成为一种较为系统的学说。这种学说在今天看来破绽百出，但"天人感应"却可被视作古代人与环境和谐共处的思想根源。

从"天人合一"到万物一体

汉代以后到唐，中国经历了几个世纪的分裂时期，其间佛教兴盛，魏晋时期道教获得很大的发展，但是儒学进展不大，唐代虽然确立了以儒家经典为主要标准开科取士的制度，但此时的儒学却失去了活力。到了宋代，随着新儒家的兴起，他们在继承孔孟之道的基础上，接受佛教和道教的宇宙论，进一步发扬了与"天人合一"有关的理论。宋初周敦颐从《易传》得到启发，把其中的思想加以发展，用道教的图录和图说来阐述他对《易经》的看法。邵雍也从《易经》发展宇宙论，并绘制《六十四卦圆图方位图》来揭示万物演化的普遍规律，指出整个世界总处于生灭之间。邵雍甚至推算出，世界要完成一次由生到灭的过程需要129 600年。此外，他还著有《皇极经世》，

周敦颐像

列有世界的详细年表。

  宋代另一位哲学家张载是明确提出"天人合一"的学者。他在《正蒙·乾称》中指出:"儒者则因明致诚,因诚致明,故'天人合一',致学而可以成圣。"他同样也是从《易传》里发展出宇宙论,但所持的却是另一种观点,即他特别强调"气"。他认为,宇宙万物都来自同一个"气",因此,世人和万物都是一体。他在《西铭》中说:"乾称父,坤称母。予兹藐焉,乃混然中处。故天地之塞,吾其体;天地之帅,吾其性。民吾同胞,物吾与也。"既然人类与其他物体皆是同胞,则自然会生"于民必仁,于物必爱之理"的心,对天地就如同父母一样,对待世人和万物就如同自己的兄弟和朋友一样。学者蒙培元认为,只有在承认自然界是一切生命之源以及价值之源的前提下,才能体会到"民吾同胞,物吾与"的道理,这也就是

"以仁体物"。这种体恤之情渗透在张载学说的各个方面，表现出张载这位思想家广大而深厚的宇宙情怀。张载提出万物一体，较董仲舒把人从万物中挑选出来，与天地并列相比，就人与自然和谐的思想而言，是很大的进步。

张载以后，"天人合一"思想又不断被发展完善，如比张载稍晚一些的程颢十分称许张载揭示的"万物一体"。他认为，人达到视自己与万物一体正是"仁"的主要特征，做人的第一要务就是要懂得万物一体的道理，然后牢记这一点，真诚用心去做就够了。其后的陆九渊以及明代的王阳明又把该思想更细致地予以发挥。学者蒲创国认为，在王阳明看来，人与天地万物的关系表现在两个方面：从自然之天来看，人与天地万物都是一气流通；从主宰之天来看，人的灵明与天地万物的灵明是相互依赖的。

程颢像

总之，儒家的"天人合一"肯定了人是自然界的一部分，自然界有普遍规律，人要服从这普遍规律，人生的理想是天人调谐，不过这种调谐更加强调人的道德原则与自然规律的统一，其中人道与天道的统一实已溢出本文所言的"自然之天"与人的关系。不过就儒家而言，人是道德性的存在，道德乃人的本质，人的行为不是源于私，就是源于公。一个人的行为出于私，可能不顾自己行为的后果，给社会带来灾难。一个人的行为如果受道德理性的支配而出于公，就会自觉地调整自己的行为，有所为，有所不为。这一观念落在人与自然的关系上，必然要求以人类的整体生存为目的，而不能只顾及局部的和眼前的利益，从而指向和谐的人地关系。不过值得指出的是，过去新儒家论证"天人合一"的最终目的是引人成圣，与我们当前为了保护环境，实现可持续发展，从而主张与自然和谐的出发点是有区别的。

道家认为，人是道的中和之气所化生而成，是万物中最有灵气最有智慧的物类，是宇宙间道、天、地、人四大根本之一。早期道家的"天人合一"说，集中体现在"道法自然"命题中。老子在《道德经》中谈到，作为宇宙间四大之一的人类，处理与天地万物的关系是"人法地，地法天，天法道，道法自然"。不过老庄崇尚自然，旨在消除和化解人为或人的种种执着，复归于人的纯真本性，追求一种自然无为的精神境界，与西方人"回到自然"的意义不同。在道家这里，"天"所涵盖的自然之义主要是指主观性的"无为"境界而言。不过道教一百八十戒中有近二十条戒规，指导人对待山川、动植物的行为举止，如第十四戒"不得烧野田山林"、第十八戒"不得妄伐树木"、第十九戒"不得妄摘草花"、第三十六戒"不得以毒药投渊池江海中"、第四十七戒"不得妄凿地毁山川"、第五十三戒"不得竭

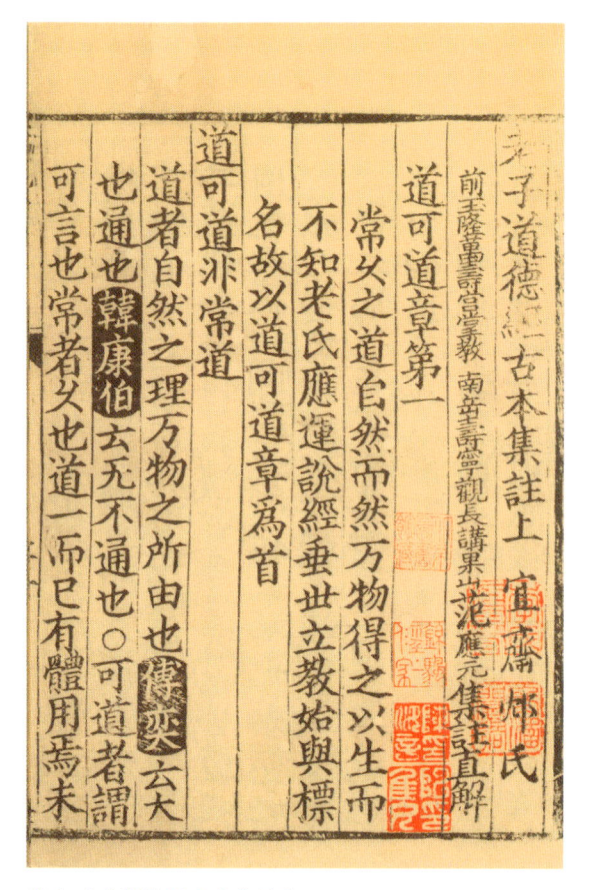

范应元《道德经古本集注》

水泽"、第一百戒"不得以秽污之物投井中"、第一百零一戒"不得塞池井"、第一百三十二戒"不得惊鸟兽"、第一百三十四戒"不得妄开决陂湖"、第一百六十五戒"凡天时灾变水旱不调,不得患厌及其评议"、第一百七十六戒"不得绝断众生六畜之命"等。

学者张苏对道教中有关"天人合一"的思想进行了总结。他认为,这些思想有表达了天与人同源同根的"天人同源"的认识,也有体现了两者共同演化、互相作用的"天人合化",而"天人和合"既是道教"天人合一"追求的目标,也是实现"天人合一"的必然环节。

故道教的"天人合一"思想亦含有人与自然环境协调发展的观念。此外，道家认为，人生不能有执，有执则万事皆坏。今人对金钱或物质财富的无限度追求、对自然资源的过度开采和利用，都可被视作一种执着，这种"执着"在道家看来，对自然环境是有害的，故道家的观点对于纠正人与自然关系的失调，无疑也具有一定的积极作用。

"天人合一"在古人生产生活实践中的具体体现

"天人合一"提出要遵循自然规律以便实现人与自然的和谐相处，但它是如何来指导生产生活的？取之有度、用之有节是在"天人合一"思想指导下的具体体现之一。《礼记·月令》中规定，孟春之月，"命祀山林川泽，牺牲毋用牝。禁止伐木。毋覆巢，毋杀

孟子像

孩虫、胎、夭、飞鸟，毋麛，毋卵"。孟子在与梁惠王的一段对话中也谈到："不违农时，谷不可胜食也；数罟不入洿池，鱼鳖不可胜食也；斧斤以时入山林，材木不可胜用也。"这些措施虽然主观上主要体现了儒家强调的仁爱和仁政思想，以达到王道政治的目的，但是却在客观上起到了保护自然生态从而达到与自然和谐相处的目的。

值得注意的是，即便是主张天人相分的荀子，在利用自然资源方面也提出了类似观点。荀子认为，"足国之道，节用裕民，而善臧其余"，指出若对自然索取无度，则会伤及国之根本。在此基础上，还应遵循动植物及农作物生长的自然规律来利用资源，荀子称之为"圣王之制"。《荀子·王制》说："草木荣华滋硕之时，则斧斤不入山林，不夭其生，不绝其长也。鼋鼍、鱼鳖、鳅鳝孕别之时，罔罟、毒药不入泽，不夭其生，不绝其长也。春耕夏耘，秋收冬藏，四者不失时，故五谷不绝而百姓有余食也。污池渊沼川泽，谨其时禁，故鱼鳖优多而百姓有余用也。斩伐养长不失其时，故山林不童而百姓有余材也。"只有取之有度、用之有节，才能有余，老百姓也能丰衣足食；只有顺应天时，给自然休养生息的机会，维护自然的生态平衡，才能达到我们今天所说的可持续发展的目的。道家和儒家一样，在利用自然资源方面，也有节俭的理念。《道德经》讲道："我有三宝，持而保之。一曰慈，二曰俭，三曰不敢为天下先。"第二条要求即是以俭修身。

这种取之有度、用之有节则常足的理念，可能源自中庸之道。著名哲学家冯友兰谈到，儒家与道家受太阳、月亮运行和四季嬗替的启发，都注意到，无论在自然还是人生的领域里，任何事物发展到极端，就会朝反方向的另一极端移动，如《周易·系辞下》中的

荀子像

"寒往则暑来，暑往则寒来"。这种源于农业和生活实践的观察，为儒家和道家都主张的中庸之道提供了依据。"中"的含义是"恰如其分""恰到好处"，这种思想不仅适用于人的感情，也适用于人的行为，以及人对物的态度。运用中庸之道，宁可不及，也不要过甚，因为行事过分将适得其反，对自然资源有节制地开发利用，则可以常足，才能实现可持续发展。

"天人合一"对人与自然和谐共处的启发

由于"天人合一"中的"天"存在多种涵义，所以在古代"天人合一"与人和自然的关系问题上，主要有三种意见：第一种认为"天人合一"就是人与自然的和谐，古老的"天人合一"完全可以为今天所用；第二种只承认人与自然的关系是"天人合一"的一个方面，他们虽然也主张用"天人合一"来解决现代问题，但是强调要立足于"天人合一"的本义，再进行新的解释；第三种则持完全的反对态度，认为用"天人合一"来解决现代难题是牵强附会，难有作为。

第二种观点或许更为客观。"天人合一"源于中国古老久远的哲学思想，是中国传统文化从天人关系的高度对人生的反思，是特定历史时代的产物，不可避免带有时代的局限。这些思想产生的自然环境与今天相比，也发生了千差万别的变化，而人类与自然的关系，更是因为科技进步、社会发展今非昔比。古人因为对自然界的认知有限，存有诸多不解和困惑，故赋予自然神秘性，天、地及自然现象也常常被作为人类道德和政治理论的形而上学基础，是人事之根据。今天看来，其中许多认识带着幻想和附会以及唯心的内容，甚至荒诞的内容，这就需要我们在辨析旧说的基础上，发掘其有关人与自然关系的思想精髓。

值得肯定的是，不管随着时代的进步，"天人合一"的内涵和关注的重点发生什么变化，它始终把人与天或自然看作一体，而"天人合一"的内涵也从最初的天道即人道，渐渐发展到民胞物与和万物一体，由此对自然的关注由最初的天、地，逐渐扩展到世间万物，虽然古代先哲们的出发点并非像我们今天一样是为了可持续发展，但是这种主张以仁爱之心对待自然的态度无疑是值得我们继承和发扬的。通过梳理这个理念的演变还可让我们警醒，在自然面前、宇宙之中，人类的渺小。虽然"天人合一"观与具体知识无涉，不能给人类摆脱目前的环境危机提供具体的解决方案，但其理念如果能够贯穿在人的知性行为中，则可成为指导人们解决环境危机的哲学依据。自然界于我们人类仍有数不胜数的自然之谜,对自然要存敬畏之心、仁爱之心,唯有如此才能达到与自然的和谐相处,实现人类的可持续发展。

敬畏自然是古代"天人合一"中最为核心的理念,深入挖掘并发扬"天人合一"理念,将为解决今天人类面临的生态问题提供有益的启示。

(作者系复旦大学历史地理研究中心教授)

中外编

陆上丝绸之路与中外交流

邢广程　秦　琼

山间回荡的声声驼铃，大漠飘飞的袅袅孤烟，总是让人想起古代陆上丝绸之路的繁盛。古丝绸之路绵亘万里，延续千年，积淀了以和平合作、开放包容、互学互鉴、互利共赢为核心的丝路精神。

丝绸之路何以形成？有哪些基本路线？经历了什么样的交流互鉴？何以沉淀出丝路精神？为什么能够载入人类史册？让我们一起来感受古丝绸之路的厚重与繁华。

两千多年前，张骞筚路蓝缕，历经千难万险，开辟出联通亚欧非的陆上丝绸之路。古丝绸之路不仅是一条商贸之路，而且是一条东西文化交流、多种文明碰撞的互鉴之路，还是集贸易、外交、军事、文化、宗教、科学技术交流于一体的开放合作之路。大约两千年的时间里，丝绸之路凭借传播与共享，让古代文明多姿多彩。

古代丝绸之路的形成

古代亚欧陆上丝绸之路的形成具有必然性，有其历史文化纹路，与人类文明发展史紧密交织，与古代四大文明起源中心密切关联，是诸多丝绸之路参与者共同开创的多用途大通道。

（一）人类文明初始的互寻之路

众所周知，古代四大文明起源中心分别是，位于非洲北部尼罗河下游地区的古埃及文明、位于西亚美索不达米亚的两河流域文明、位于南亚印度河流域的古印度文明和位于东亚黄河流域的古代中国文明。上述四个古代文明起源中心在其形成过程中有一个非常明显的特点，即具有不约而同地寻找其他人类文明的强烈冲动和本能，亦如现代人类苦苦寻找外星文明一样。古代丝绸之路是连接亚欧大陆和北非的重要文明互动之路，是一条人类文明初始阶段的互寻之路。

（二）沿线古国政治和军事因素推动的希望之路

在亚欧大陆历史发展进程中，地中海东部沿岸和西亚中亚地区先后出现了两个大帝国，即波斯帝国和马其顿帝国。公元前6世纪至前4世纪，波斯帝国经过一系列战争，建立了横跨亚欧非三大洲的超大型帝国。波斯帝国的扩张客观上拓展了地中海东部沿岸至西亚地区深度交流的空间。公元前334年，亚历山大东征，不仅继承了波斯帝国固有疆土，而且还将中亚地区纳入其统治范围，使得欧亚非不同文明不断交流整合。

汉朝出于军事战略需要，派张骞出使西域，旨在与大月氏等国联合，以"断匈奴右臂"，却在无意中开辟了古代丝绸之路。张骞之举被史学家司马迁称为"凿空"。由此来看，丝路古国出于政治、军事和外交需要而采取的一系列综合性行动，在客观上为古代亚欧陆上丝绸之路的开辟创造了条件。

（三）顺应强大贸易和文化交流需求而形成的互通之路

农业对于文明的起源和发展起着基础性作用。农业生产的差异性，使得不同群体之间需要交换，间接促使贸易和文化交流需求的出现。从欧亚地区的相关考古资料来看，公元前6世纪至前5世纪，来自中国的丝绸等物品已传入希腊。公元前4世纪印度孔雀王朝时期，中国的丝织品就已经从蜀地（今四川）经滇西转运到印度、阿富汗和中亚地区了。地中海沿岸的欧洲地区、西亚、中亚和我国中原地区自发的经贸往来自然地推动了丝绸之路的形成。

《张骞出使西域图》（张骞拜别皇帝）
（莫高窟第323窟 初唐）

（四）沿线古国在各自国家治理进程中铸就的联通之路

丝路古国在各自治理国家的进程中注意修建交通基础设施，注重推动贸易往来，为丝绸之路的构建提供了坚实的基础。为了维护其统治，波斯帝国建立了全国性的交通网，其驿站遍布全境。亚历山大为满足贸易往来的"直接需求"，建立了一系列重要的中心点。而在中国，秦朝统一后，书同文、车同轨、统一度量衡，修建通往全国的驰道。西汉时期除继续修建道路等基础设施之外，汉武帝还打通了河西走廊，汉宣帝又在西域建立西域都护府，使西域与中原地区建立了畅通的贸易网络。古丝绸之路沿线国家出于治理国家等目的，重视交通基础设施的联通，客观上便利了货物和人员的跨国流动，使得接力式跨国贸易更加兴盛。

（五）亚欧大陆北部游牧民族和游牧部落的文明传播之路

草原虽然不能为定居的人类提供居住条件，但是却为旅行和运输提供了更大的方便。从欧洲多瑙河下游的黑海沿线到大兴安岭，大致在北纬40度—50度之间的区域，亚欧大草原呈带状分布。这一区域自然阻碍较少，自然地形成了一条水草丰茂的通道。游牧民族和游牧部落将东西方文化——无论是物质的还是精神的，都进行了超长距离、接力式、不间断的传播。从考古发现来看，整个草原区域的人类文化遗址并非孤立存在，而是连续分布，紧密关联。斯基泰人是这一区域中从事东西方丝绸贸易的代表，因此丝绸之路也有"斯基泰贸易之路"的说法。

古代丝绸之路的基本路线

古代中国处于陆、海丝绸之路的东方端点，是丝绸之路的"凿空"之国，为亚欧文明的交流做出了不可估量的贡献。从时间上看，古代丝绸之路跨越两千多年，历经中国的先秦、汉唐、宋元、明清四个时期。从地理类型来看，包括陆上丝绸之路和海上丝绸之路。陆上丝绸之路依据地理状况又分为"绿洲丝绸之路""草原丝绸之路""南方丝绸之路"等。

（一）绿洲丝绸之路

沿青藏高原北缘的诸多绿洲、戈壁，穿河西走廊，经新疆，抵中亚，一直通达黑海南岸、东欧。此通道以绿洲为重要串联，多个东西向线路平行延伸，又有多处交叉相交而通。在两汉时期丝绸之路从东至西由四个主要国家组成,即汉朝、贵霜帝国、安息国(帕提亚)和罗马帝国。基本线路是,从我国疏勒越葱岭经蓝氏城、木鹿城、番兜城、埃克巴坦那、塞琉西亚,至安条克。这是贯穿上述四国比较经典的线路。以后不同时期丝绸之路有不同的变化,或支线增加,或节点城市名称发生改变,但大致区间依然如此。德国地理学家李希霍芬所言的"在洛阳和撒马尔罕之间存在一条丝绸之路",是亚欧绿洲通道的最核心一段。绿洲通道是古代亚欧陆地互动距离最短、最便捷的通道,也是学术界所公认的最重要的传统丝绸之路。

传统意义上我国的丝绸之路就是指这条绿洲之路。在新疆(西域)分南道和北道,南道以楼兰为起点,从楼兰到今且末、和田、喀什,沿塔克拉玛干沙漠南面;北道以楼兰为起点,到今焉耆、库车、阿克苏、喀什,沿塔克拉玛干沙漠北面。东汉时期在西域又开辟了沿敦煌、哈密、吐鲁番,南翻越天山抵焉耆进入北道的新路线。这条线路的最大好处就是能够避开罗布泊地区。南北朝至隋期间,吐谷浑控制"青海道",开辟羌中道、河南道、吐蕃道。吐谷浑维系河湟谷地通道,开通了经川西入长江和南下西藏的通道,还开辟了通西域的路线,即经龟兹,过中亚去波斯的线路。吐谷浑在东西交通史上占有重要位置,甚至当时的丝绸之路被称为"吐谷浑道"。

绿洲之路有一个非常显著的地理特征,即在广阔的戈壁、沙漠中间分布着大小不一的绿洲,具有集镇生活补给的功能,为商旅提供了补给和休息的营地。在亚欧传统丝绸之路通道中,过境商旅以一个个绿洲为节点穿越戈壁和沙漠,蹚出了一条最为快捷的商贸之路,维系着丝绸之路干线的畅通。

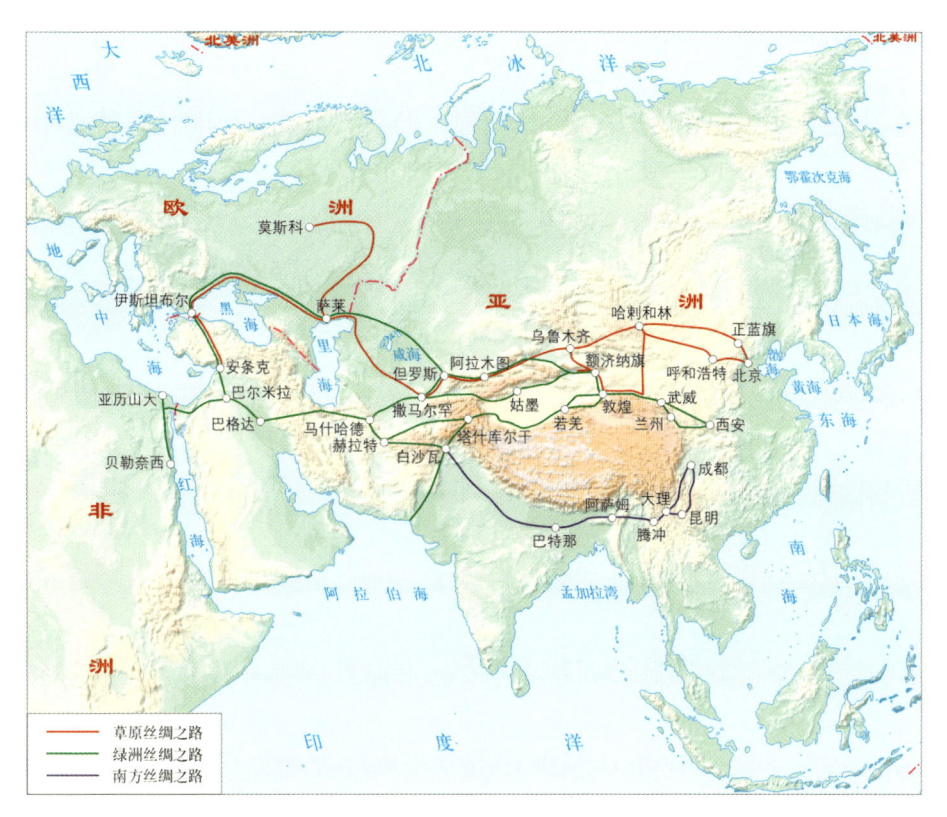

古代丝绸之路的基本路线示意图

（二）草原丝绸之路

顾名思义，这是以亚欧北方草原为地理空间而展开的，横贯亚欧北部草原的大通道，确切地说是大通带，其特征是在亚欧北部东西向草原地带呈带状组成。具体地说，从中原地区向北穿越古阴山（即今大青山）、燕山一线，再经过蒙古高原、中亚北部，西接南俄草原，直达黑海北部地区和东欧平原。在这个草原丝绸之路上，有多条东西向道路和南北向河流组成了比较完整的交通网。草原丝绸之路虽然在不同历史时期有不同的变化和变迁，但在近代之前一直发挥着重要的亚欧交流通道的作用。

草原丝绸之路的主角自然是生活在其中的游牧民族和游牧部落。他们逐水草而居，流动性强，各部落之间交流频繁，且与亚欧大陆南部的农耕文化交流密切，承载着丰富的物质和文化信息交流。

丝绸经过草原通道转运欧洲的速度要快于其他通道，因为草原通道有一个古代最为快捷的运输工具——马匹。游牧民族借助健壮善跑的马匹可以在北方大草原上快速移动，这是古代最有速度、最为便捷的运输工具。游牧部落借助马匹最大限度地实现了农耕文化与游牧文化的交流和对接。当然，这些交流和对接并不总是以和平和浪漫的方式进行，经常伴随着冲突、掠夺和战争。

（三）南方丝绸之路

沿青藏高原东南边缘，经过川、贵、滇，南进东南半岛，西越怒江和高黎贡山可至印度，经印度可西达中亚、西亚、北非、东欧等。此通道即蜀身毒道和茶马古道，被称为南方通道。《史记》明确记载，公元前122年张骞在大夏国（今阿富汗）市场上发现了来自西汉的蜀布、邛竹杖等商品，并得知上述巴蜀商品"从东南身毒国（今印度），可数千里，得蜀贾人市"。这表明此前自蜀郡有通道通往身毒。实际上，早在张骞出使西域之前，南方丝绸之路就已经形成，比北方绿洲丝绸之路早了二百多年，起到了连接中国、东南亚、南亚、中亚和西亚的商业链接作用。这条丝路穿行于高山密林间，形成对外联系通道实属不易，这也是中国和印度两个文明古国最早的交通贸易线路。

"南方丝绸之路"在我国境内由三大干线组成：一是西线，西汉称"蜀身毒道"，起点在今四川省成都市，穿越缅甸、印度后通向中亚、西亚和地中海地区；二是中线，史书称为"步头道"和

西汉黄褐色对鸟菱纹绮地"乘云绣"
（湖南省博物馆藏）

"进桑道"，起点四川经云南至越南和中南半岛；三是东线，起点四川经贵州、广西、广东至南海的"牂牁道"，也称"夜郎道"。

还要说明的是，除亚欧东西走向的三条主要通道外，还有三条南北走向的通道与其相交叉，构成了亚欧立体化的丝绸之路交通网络。第一条，以我国中原地区为轴心向南北延伸，逐步形成了以茶马古道和茶叶之路为特征的南北贸易之路，沟通了北部的草原之路、中原重要贸易中心（长安、洛阳、开封、北京等）和南方丝绸之路。第二条，以我国西域为轴心南北延伸，沟通了阿尔泰山以北的漠北地区、西域和天竺（印度）。第三条，6世纪至12世纪形成的以第聂伯河流域和伏尔加河流域为轴心的北欧经南俄草原至黑海和里海的瘦三角形南北向大通道。

"丝绸之路"，唯美丝绸

尽管连接古代四大文明发祥地的这条大通道已存在两千多年了，但迟迟没有正式名称，小名倒是有些，如"皮毛之路""玉石之路""珠宝之路""香料之路"等。1877年德国地理学家李希霍芬将这条古代商路称为"丝绸之路"，后逐渐被国际社会所接受，从而将沟通中西方的商路统称为丝绸之路。这里有三个问题需要说明：第一，中国对丝绸之路的全线贯通起到了至关重要的作用，没有张骞的"凿空"就不会有这条丝绸之路；第二，尽管中国对古代丝绸之路的形成和繁荣做出了卓越的贡献，但这条大通道的命名权不属于中国；第三，李希霍芬以中国的特产"丝绸"命名这条极为重要的洲际大通道，这本身就是对中国对"丝绸之路"形成和繁荣所做贡献的肯定。

（一）古罗马对丝绸的追捧与困惑

现在我们将注意力集中在古代罗马帝国与汉代的丝绸贸易和认知方面。丝具有纤维长、韧性大、弹性好、光泽鲜、触感软、染色易等优点，以丝为原料制作的纺织物轻薄透气，穿着舒适，光鲜亮丽。古罗马人也十分喜欢丝绸。古希腊、罗马文献中记载了很多中国与丝绸的事例。早在先秦时代，古希腊人已经了解了东方的丝织品，将其称为ser，将出产丝绸的国度称为赛里斯（Seres），即丝国。当时，丝绸是经过多次转手贸易才运到古希腊的。

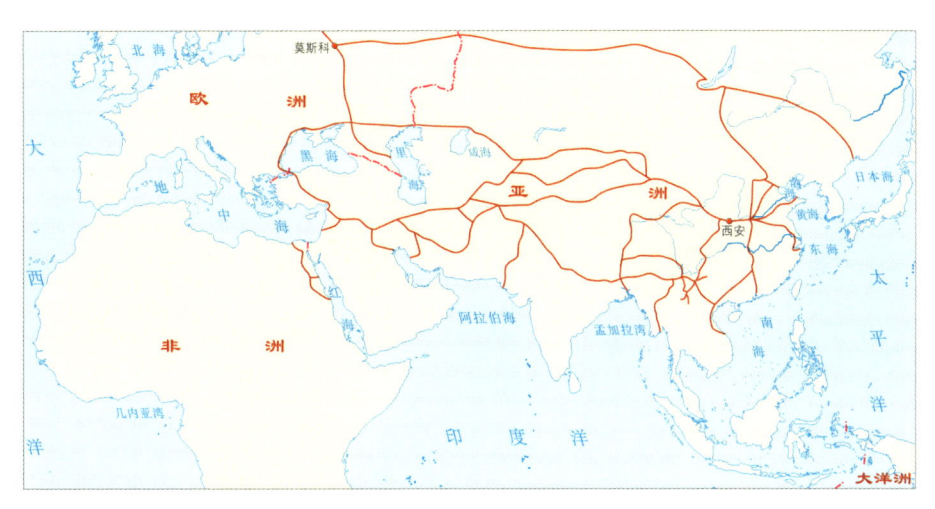

丝绸之路与南北交通通道示意图

然而，古代罗马人并不清楚他们所喜爱的丝绸是如何生产的，也不清楚其原料究竟是什么。这个谜一样的问题困惑了古罗马人许多年。后来他们得知丝绸的原料与树木有关，但认为"赛里斯人从他们那里的树叶上采集下了非常纤细的羊毛"。

（二）对丝绸认识的不断进步

直至公元2世纪罗马帝国安东尼在位时期，罗马人才了解到丝不是羊毛，也不是植物纤维，而是来自一种被古希腊人称为"赛儿"（ser）的小动物。这是西方世界第一次对中国丝蚕业比较接近真实的认识。直到东罗马查士丁尼国王在位时期，中国蚕种才从阿拉伯传入西方，欧洲人才真正了解了中国制造丝绸的基本工艺和技术。

（三）以丝绸构建的贸易通道

就像罗马帝国对中国丝绸工艺极感兴趣一样，中国对大秦国

（罗马帝国）也极感兴趣。《后汉书》等多种文献明确记载，大秦能用羊毛或野蚕丝织布。

公元前4世纪印度孔雀王朝时期，中国的丝织品就已经从蜀地经滇西转运到印度、阿富汗和中亚地区了。波斯帝国通过丝绸之路不仅进口丝绸产品，还进口生丝，运用萨珊传统的纺织方式对生丝进行再加工。从挖掘出来的考古资料看，萨珊王朝的丝织品图案非常雅致和精美，对中国生丝的再加工技术也影响了拜占庭帝国和中亚地区。

古代丝绸之路上的交流与互鉴

丝绸之路使得地理位置不同的文明体系之间建立起较为长期而稳定的联系。技术、艺术、宗教不断在丝绸之路上交流传播，跨越了民族，跨越了信仰，跨越了身份。丝绸之路上的人们在贸易中沟通，在学习中借鉴，在交流中启发，在拓展中进步。

（一）科学技术的共享之路

中国古代的"四大发明"通过古代丝绸之路，在欧洲近代文明产生之前陆续传入西方，成为资本主义生产方式发展的必要前提。"火药把骑士阶层炸得粉碎，指南针打开了世界市场并建立了殖民地，而印刷术则变成新教的工具。"

火药在蒙古军西征过程中大放异彩，同时也引起了阿拉伯国家的关注。蒙古军保证亚欧陆路通道畅达的同时，火药、火器和其他东方科学技术也在势力范围内流传。

文字书写材料在大小、重量、收纳等方面的差异，深度影响了知识的传播和文明交往。中国纸张曾随丝绸一路西运,因此丝绸之路也被称为纸张之路。在丝绸之路沿线,出土了大量多语种古代纸本文献。唐玄宗天宝十载(751),安息节度使高仙芝与黑衣大食(阿拉伯阿拔斯王朝)进行了怛罗斯之战。此次战役使得中国造纸术外传至撒马尔罕,而阿拉伯帝国的崛起和发展又使得造纸术迅速地扩散开来,中亚、西亚很多地方都有了造纸厂。之后,造纸术再度扩散,广至北非的埃及等地,经西班牙、意大利,直至欧洲大陆。

明清时期,以利玛窦、汤若望、南怀仁为代表的传教士来华,西方科技成果传入中国,内容遍及数学、地理、天文、水利、机械、铸造、医药、音乐、绘画等多个方面。在徐光启等人的助力下,东西文化交流加强,极大地促进了中国近代科技的进步。李约瑟甚至认为:

中国造纸技术外传示意图
(据潘吉星先生1998年绘制原图重绘)

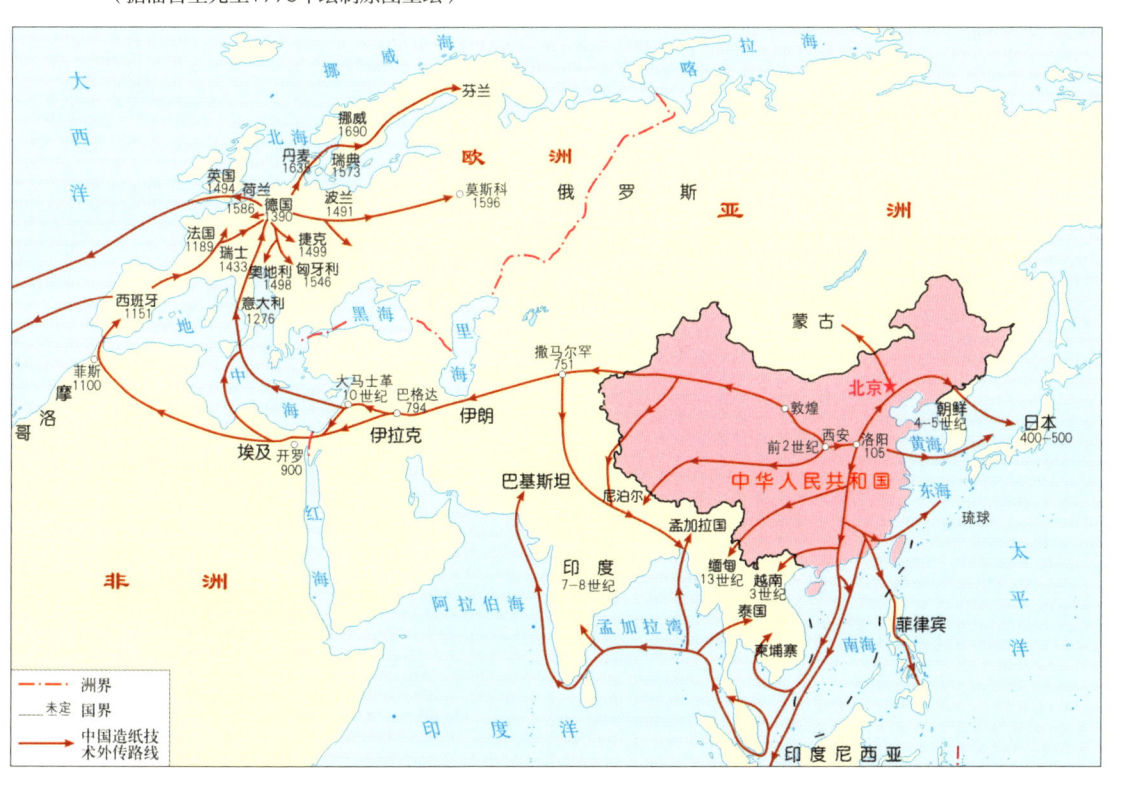

"到明朝末年的1644年，中国和欧洲的数学、天文学和物理学已经没有显著差别，已完全融合、浑然一体了。"

（二）宗教信仰的传播之路

丝绸之路的传播使宗教在异国他乡寻找共鸣，生根发芽。佛教、琐罗亚斯德教（祆教）、景教都曾在丝绸之路上传播。

佛教起源于古印度，两汉之际传入中国。丝绸之路一直是佛教交流的重要桥梁，不仅有东来传教，亦有西行求法。法显和玄奘都曾西赴印度求法。佛教传入中国之后，不断中国化，形成中国佛教派别，遂有六家七宗、八宗共显之说，并形成"具有中国特色的佛教文化"。佛教已深深地渗透到中国传统思想之中，与儒、道融合为中国传统文化的组成部分。贵霜帝国时期，佛教对中亚地区产生了非常大的影响，同时也与中亚当地的传统文化相融合。

（三）商品文化的汇聚之路

《史记·大宛列传》载"宛左右以蒲陶为酒，富人藏酒至万余石"，葡萄酒传入中国，遂有"葡萄美酒夜光杯，欲饮琵琶马上催"的华美诗句。胡麻即今之芝麻，源自大宛；胡桃即今之核桃，源自波斯；另有狮子、鹦鹉、孔雀等珍禽异兽。唐长安城市场上的精美金银、珍珠、玛瑙、水晶制品很多都由外来商人制作、贩卖。西安南郊何家村出土的唐代窖藏，不少金银器呈现出中外文化融为一体的风格。西来之音乐舞蹈在唐代大为盛行，武则天的侄孙武延秀因为擅长胡旋舞，得到中宗李显和安乐公主的垂青。杨玉环、安禄山也都是胡旋舞高手。白居易创作的乐府诗《胡旋女》，"胡旋女，出康居，徒劳东来万里余"一句揭示出胡旋舞传来之方向。

著名学者季羡林曾指出，中国、印度、希腊、伊斯兰是世界上四个影响深远的文化体系，它们都在亚欧大陆，都在丝绸之路上有着重要活动空间；而且，这四个文化体系的唯一"汇流"处就是中国的敦煌和新疆地区。这充分体现了我国在四个文化体系中，在丝绸之路发展和繁荣进程中的兼收并蓄、互学互鉴和开放包容的大格局。

丝路精神需要发扬光大

经过千年洗礼，古代丝绸之路的意义和价值已远远超出了原有"路"的概念，升华出一种精神，这就是丝路精神，"古丝绸之路绵亘万里，延续千年，积淀了以和平合作、开放包容、互学互鉴、互利共赢为核心的丝路精神。这是人类文明的宝贵遗产"。

不同种族、不同信仰、不同文化背景的国家共享和平，共同发展是植根于古丝绸之路精神的当代倡议，与中华民族理念一致。陆上丝绸之路的形成和发展离不开和平使者，他们以驼队和善意替代了战马和长矛。武力征服更多给古丝绸之路沿线的民众带来深重苦难，而和平合作往往伴随繁荣昌盛。和平、和睦、和谐是中华民族一直追求和传承的理念，中华民族的血液中始终流淌不变的是向往和平的基因。

开放包容绘就了亚欧非文明交流的生动画卷，中国正是这画卷中的浓重一笔。古丝绸之路覆盖了古埃及文明、古巴比伦文明、古印度文明和中华文明的起源地，沟通了尼罗河流域、底格里斯河和幼发拉底河流域、印度河和恒河流域、黄河和长江流域，联通了游牧民族和农耕民族的地理和文化地区，容纳了不同国度和肤色、讲各种不同语言的人民，汇集了佛教、基督教、伊斯兰教信众的世界。酒泉、敦煌、吐鲁番、喀什、撒马尔罕、巴格达、君士坦丁堡等古城，是丝绸之路上的"明珠",是记载丝绸之路历史的"活化石"。

互学互鉴是深化文明交流的中国智慧。古代丝绸之路为东西方交流打开了大门,创造了文化观念创新的场域。佛教源自印度却因中国主动取经而在东亚和东南亚大放异彩,成为中国传统文化的重要组成部分,自然而深入地融入了中国大众的生活中。同样,源自中国的儒家文化也对欧洲产生了重要影响,欧洲的莱布尼茨、伏尔泰等思想家欣赏和推崇中国的儒家文化。古代丝绸之路的历史价值和文化价值昭示了古代亚欧之间文明交融的必要性和必然性,揭示了亚欧不同文明之间交流的历史轨迹和历史规律。

"使者相望于道,商旅不绝于途",这是古丝绸之路兴旺之时的景象。中国是古丝绸之路上的东方端点国家,以独有的不间断文明开创并见证了这段辉煌历史,亦乐于并有责任在当代传承这一宝贵遗产,弘扬古代丝绸之路精神,推动贸易投资便利化,通过深度国际合作,实现互利共赢。

(邢广程系国家社科基金重大项目"丝绸之路经济带建设与中国边疆稳定和发展研究"首席专家、中国社会科学院研究员;
秦琼系福建师范大学副教授)

郑和下西洋与海上丝绸之路的开拓

万 明

"云帆高张,昼夜星驰,涉彼狂澜,若履通衢",好一派海上远航的壮观场景。15世纪是一个海洋的世纪,由中国的大航海——郑和下西洋开端,通过海上丝绸之路连接起不同的国家地区与民族多元文明的交流与互鉴,共同谱写构建人类命运共同体的璀璨篇章。郑和七下西洋的开拓进取精神,在海洋上领跑世界,至今鼓舞着后世。郑和下西洋的"西洋"是哪里?郑和下西洋所代表的古代中华文明的海上辉煌,意味着什么?郑和下西洋与早期全球化又有什么关联?让我们抛开以往对于下西洋的误解,再现一个真实的下西洋。

海洋是人类文明的摇篮，中国这个著名的文明古国，是最早养蚕缫丝的国家，拥有漫长的海岸线和广袤的海洋国土，既是东亚的大陆国家，又是太平洋西岸的海洋国家；是一个海洋大国，也曾经是一个海洋强国。中华文明是大陆和海洋共同孕育出的世界最古老的伟大文明之一，中华民族以勤劳勇敢和开拓进取精神，铸就了古代中国处于世界前列的辉煌航海业绩和海洋外交成就。

明朝永乐三年（1405），以强盛的综合国力为后盾，明成祖永乐皇帝派遣郑和下西洋。郑和统率一支规模庞大的船队持续28年之久（1405—1433），风帆高挂，百舸争流，远航南海至印度洋周边三十多个国家和地区，标志着中国古代的造船技术和航海水平发展到巅峰，推动海上丝绸之路达于鼎盛，在世界航海史上写下了光辉的一页。

郑和下西洋核心地理概念"西洋"

郑和下西洋的"西洋"是哪里？这是认识郑和下西洋的基本问题，也是我们了解郑和下西洋的基本路线及其所到的国家和地区的关键。

根据随郑和下西洋的亲历者所撰写的三部书：马欢《瀛涯胜览》、费信《星槎胜览》、巩珍《西洋番国志》的第一手资料，我们可以得知明朝初年明朝人理念中的"西洋"，一开始是有特指的。在跟随郑和亲历下西洋的通事（翻译）马欢笔下，当时明朝人所认识的"西洋"，具体所指是"那没黎洋"，也就是今天称为印度洋的海域。

郑和下西洋使得"西洋"一词凸显，在此后广泛流行于明代社

宝船厂遗址碑
（田雯摄）

会，并有了狭义和广义的区别。狭义的"西洋"，是郑和下西洋所到的印度洋，包括孟加拉湾、波斯湾、阿拉伯半岛、西非红海和东非一带。广义的"西洋"，则具有了宽泛的海外诸国、外国之义，深刻影响到后世的认识。这样一来，明朝人对于西洋认识的延伸，遂使下西洋的初衷——下印度洋被遮蔽了起来。现在我们应该澄清本源，还原郑和下西洋的"西洋"特指"那没黎洋"，也即今天印度洋的历史。

由此，我们可以理解郑和下西洋目的地古里国（今印度南部西海岸喀拉拉邦卡利卡特）是西洋大国，是西洋诸国大码头。郑和下西洋属于国家航海行为，七次下西洋，七次必到古里，前期目的地以及后期中转地均是古里。明人说，"郑和下番自古里始"，以古里为中心出发航向印度洋，可以归纳为5条航线：

（1）**古里至忽鲁谟斯国**。忽鲁谟斯（Hormuz），古国名，在今伊朗霍尔木兹海峡，废址在霍尔木兹岛北岸，扼波斯湾出口处。

（2）**古里至祖法儿国**。祖法儿（Zufar），古国名，在今阿拉伯

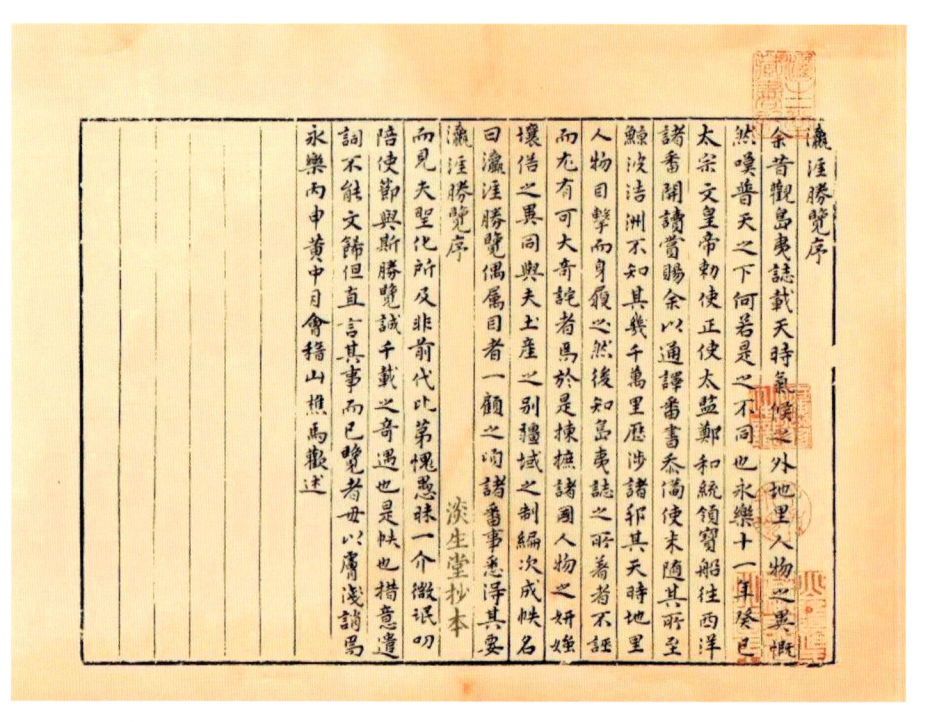

《瀛涯胜览》

半岛东南岸阿曼的佐法尔（儿）一带。

（3）古里至阿丹国。阿丹（Aden），古国名，今译作亚丁，在今也门亚丁湾西北岸一带，扼红海和印度洋出入口。

（4）古里至剌撒国。剌撒（Lasa），古国名，故地旧说在今索马里西北部的泽拉（Zeila）一带，近人认为是阿拉伯文Ra's对音，义为岬，即也门沙里韦恩角。

（5）古里至天方国。天方（Mekka），古国名，今沙特阿拉伯的麦加，麦加因是伊斯兰教创始人穆罕默德诞生地而著名。

最重要的是，所至"西洋诸番"，都是印度洋周边国家，处于印度洋航行与贸易的节点位置，于是一个整体的印度洋凸显了出来。

郑和下西洋时期，古里是香料和纺织品的国际贸易中心。正是它吸引了郑和航行印度洋期间将之作为第一位的目的地，让我们了解到郑和下西洋的重要目的之一是贸易。

古里的作用，绝非仅为郑和船队主要目的地那么简单，将其放在整个印度洋范围内加以考量，在郑和第四次下西洋后，船队转向了一个位于波斯湾"各处番船并旱番客商都到此处赶集买卖"的西洋诸国码头——忽鲁谟斯。郑和船队从古里航行到忽鲁谟斯，此后每次下西洋都必到忽鲁谟斯。从郑和下西洋的角度来说，无论是古里，还是忽鲁谟斯，都是那没黎洋的大国。从以古里为目的地到成为中转地前往忽鲁谟斯，意义在于下西洋目的地的延伸，是明朝海洋政策在印度洋的一次大的调整，忽鲁谟斯可以视为郑和下西洋过程中以古里为中心开拓的新航线。

当时中国人对印度洋的认知变得比以往任何时候都更为鲜明和准确。七下印度洋，明代中国的海洋大国走势乃至海洋强国形象，在印度洋上留下了深刻印记。

郑和下西洋，留下了宝贵遗产《郑和航海图》，这是海上航线图。此图原称《自宝船厂开船从龙江关出水直抵外国诸蕃国》，记录了以南京为起点的航行入海口与流域岛屿、印度洋沿岸的主要城市、港口、航线、方位、行程、距离等大量数据。航海图以书卷的形式，在明天启年间收录于茅元仪的《武备志》。

《郑和航海图》的内容极为丰富，充分表明下西洋是印度洋航海史上的壮举，将中国的远洋航海推向了一个前所未有的高度，为活跃中国与印度洋各国的政治、经济往来，做出了卓越贡献，是前所未有的中华文明与印度洋多元文明的交流互鉴，并产生了深远影响。

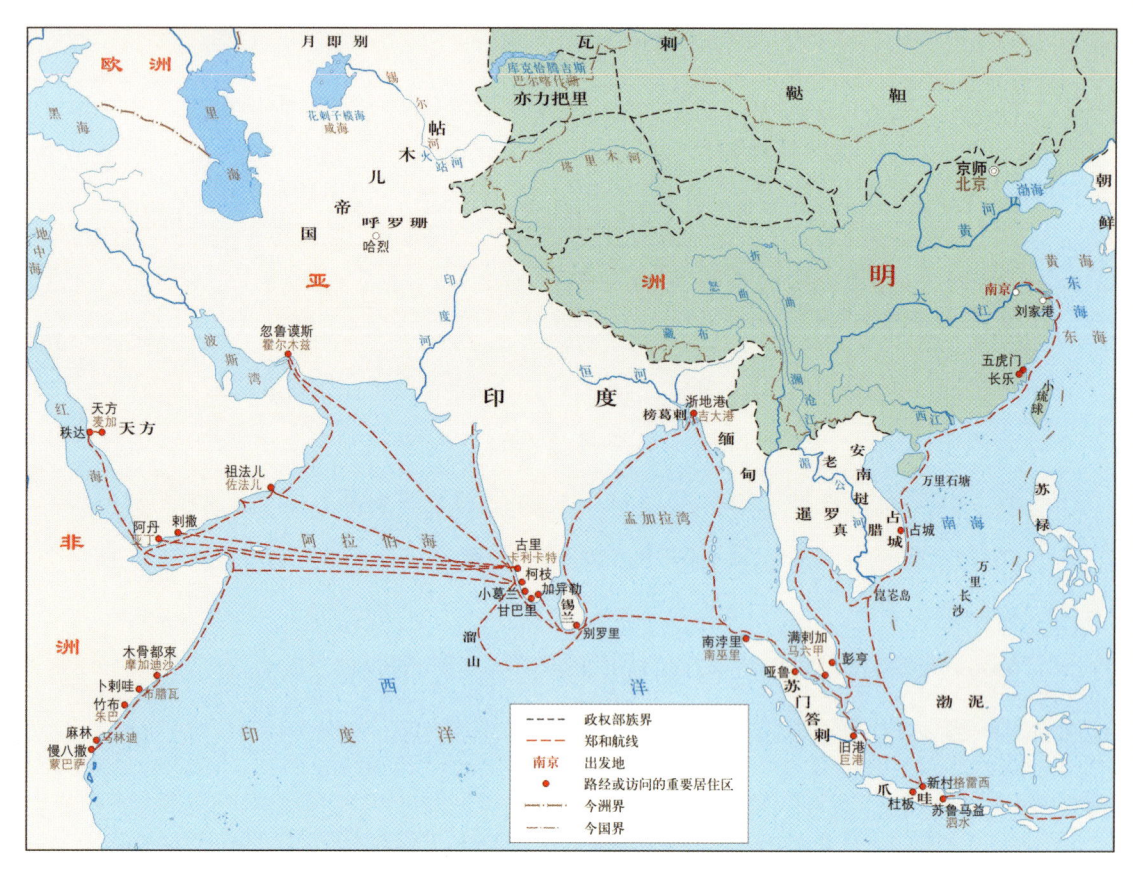

郑和七下西洋航海线路图

从海上给陆海丝绸之路画了一个圆

明初中国人对"西洋"——印度洋有一个整体的视野，主要表现在对以下几个印度洋重要节点的地理认识上：

首先，表现在对于古里地理方位的认识上。费信有诗曰"古里通西域，山青景色奇"，诗中道出古里位于西域与西洋的连接点上，地位由此凸显。此外，古里是东西方国际商业贸易中心，如果说下西洋去那里只有如清修《明史》所说的"宣扬国威"的政治意图，是说不过去的。古里处于西域与西洋的交叉点上，由古里出发的航线在印度洋上辐射四方，正是因为这一特殊方位和特性，古里才成为郑和下西洋的主要目的地。

其次，表现在对于忽鲁谟斯地理方位的认识上。忽鲁谟斯是郑和第四次下西洋才开始访问的国家，此后下西洋每次必到。在郑和下西洋过程中，明朝皇帝敕书和民间文献中出现了忽鲁谟斯的地理方位西域和西洋两属的情况，明显是明朝人将西域与西洋连接了起来。此前的忽鲁谟斯，一直是以西域大国著称，此时由于郑和下西洋的关系，改以西洋大国著称。特别是忽鲁谟斯所在的波斯湾处于中国与欧洲之间的交往重心，也就是丝绸之路陆路和海路的交汇之地，明朝人对于波斯湾头东西方贸易的集散地忽鲁谟斯，显然已经出现了新的观念：从西域到西洋，标志着西洋与西域的贯通。

第三，表现在对于天方国地理方位的认识上。明朝初年要前往"陆路一年可达中国"的天方国，道路并不通畅，摆在明朝人面前的选择必然是海路。在当时的明朝人看来，西洋的尽头，也就是西域之地。这种认识说明，明朝人对于西洋与西域相连接的认识已经相当明确。

明朝人的西洋观提示我们，下西洋是联通陆上丝绸之路的西域与海上丝绸之路的西洋之举，从海路前往西域，丝绸之路从海到陆，从陆到海，至此得以全面贯通，贯通的交汇之地就是西洋——印度洋。

因此，下西洋正是在印度洋上为古代陆海丝绸之路画了一个圆。

中国古代向西方的寻求可谓源远流长。亚欧大陆的大河和平原孕育了伟大的文明，在诸文明之间，如中华文明、印度文明、西亚文明和欧洲文明之间，自古具有一种互动关系，而互动的中心，一直是在亚欧大陆上，而且主要有赖于亚欧大陆上自古形成的陆上通道。汉代张骞通西域，其重大意义就在为陆路交通开辟了新时代。在人类文明史上为海路交通开辟了新时代的，正是郑和下西洋。

明初时人对于远航的认识，是将郑和下西洋与汉朝张骞凿空西域相提并论的。郑和航海的辉煌业绩与海上丝绸之路的鼎盛联系在一起，正是因为郑和下西洋是明代中国国家航海外交的代表。中国不仅是一个海洋大国，而且是一个海洋强国，由此凸显出来，正如张骞的名字永远与西域联系在一起，郑和的名字也永远与西洋联系在一起，并成为海上新时代的先驱者。

郑和下西洋的重要意义就在于明朝人至此将陆海丝绸之路从海上全面贯通，由此海上丝绸之路达于空前鼎盛时期，明朝人对于海外世界的互联互通理念和实践，在印度洋上给陆海丝绸之路画了一个圆，具有重大意义，由此奠定了古代中国在世界航海史上的地位，也为区域史走向全球化做出了重要铺垫。

拉开早期全球化的序幕

15世纪初举世闻名的中国郑和七下西洋，开启了人类大航海时代，中国大航海在印度洋上造就了一个"全球"贸易的雏形，为一个整体的世界——全球化诞生于海上，拉开了序幕。

众所周知，一部人类社会发展史，是人类从各自相对隔绝、相对闭塞的陆地走向海洋，最终融为一个整体世界的历史。追本溯源，全球化自海洋始，海洋的世纪自郑和下西洋始。它与中国强盛的国力和走在世界前列的极其辉煌的航海科技水平相联系，是中国人首次以史无前例的规模走出国门、走向海洋与外部世界交往的壮举，是中华民族的光荣与骄傲，也是对人类文明发展史做出的重大贡献。

人类历史发展到15世纪初，随着科技的发展，海上运输日益显示出比陆上运输更大的优越性，贸易的需求使海上丝绸之路成为各国的共同愿望所在。明王朝建立后，以强盛国力为后盾，郑和七下西洋持续近三十年的航海经历，为人类交往打破相对分散和隔绝状态，迈出了从陆上向海上转折的重要一步；作为人类交往史上从陆向海转折的标志性事件，更推动人类文明互动中心从亚欧大陆转移到海上，由此整合形成的印度洋国际贸易网，繁盛了近一个世纪，为15世纪末东西方文明在海上汇合、一个整体的世界形成于海上奠定了坚实的基础，从而揭开了早期全球化的序幕。

郑和七次率领的庞大船队，是和平之师、文明之旅，船上满载着深受海外各国喜爱与欢迎的丝绸、瓷器、药材、铁器等物品，船队所至，大都是当时各国的沿海贸易港口城市。每到一地，他首先向当地国王或酋长宣读明朝皇帝的诏谕，表明中国与各国"共享太平之福"的愿望，随后当地国王或酋长遍谕国人来与中国船队贸易，郑和等即用宝船所载各种货物在当地进行互市交易。这种通过互市方式进行的贸易，是建立在双方互信互惠互利基础上的平等贸易，由此，下西洋成为永乐年间几大工程中唯一有进项的，反映出郑和下西洋并非仅有耗费巨大的一面。

郑和远航与满剌加建立的特殊关系，成为中外关系史的一段佳话。自第一次下西洋开始，中国—满剌加—古里就是下西洋的主导航线。七下西洋，郑和每次必到满剌加。满剌加国王曾多次亲自前来中国。永乐九年（1411）的一次规模最大，由拜里迷苏剌国王亲率王妃、王子和陪臣540人来访。永乐皇帝还曾慷慨地赠与满剌加国王船只，使他"归国守土"。两国建立的政治上互信、贸易上互利的友好关系，成为历史上国际关系和平发展取得双赢的成功范例。郑和到满剌加，给当地带来了无限商机，满剌加国王同意郑和建立货场，存放货物，郑和船队的船只分头出发到各国进行贸易，最后都汇合在满剌加，等待季风到来一起回国。满剌加从"旧不称国""人多以渔为业"的渔村迅速发展起来，成为连接亚洲、非洲和欧洲的重要的东西方贸易中心，繁荣了近一个世纪，直到西方航海者东来，于1511年灭亡了满剌加王国。郑和七下西洋促成了满剌加的兴起，也有力地彰显了海洋在人类交往史上的作用。最重要的是，满剌加的崛起，就是东南亚的崛起，也就是海洋的崛起，马六甲海峡得名于满剌加王国，就是最好的证明，它标志着人类文明史从陆地向海上的不可逆转的重大转折，导致了自古以来位于亚欧大陆的东西方文明互动中心迁徙到海上，完成了世界文明互动中心的陆海空间转换。

15世纪是一个海洋世纪，以中国郑和大航海开篇。一部人类发展史，是人类从各自相对隔绝、相对闭塞的陆地走向海洋，最终融为一个整体世界的全球史。追本溯源，15—16世纪，海洋成为时代的主题，海上活动成为最令人瞩目的国际现象，中国学者应该发出声音宣示15世纪的海洋世纪是由中国郑和下西洋开端的，以促进我们的文化自信和文化自觉。

更重要的是，明初印度洋国际秩序的建立，具有与西方海外扩张殖民帝国迥然不同的特征。郑和七下印度洋，将今天的东北亚、东南亚、南亚、中亚、西亚乃至东非、欧洲等广袤的地方，连成了一个文明互动的共同体。政治上国家权力整体上扬，经济上贸易资源互通有无，文化上多元文化认同交融。永乐二十一年（1423），出现的西洋古里、柯枝、加异勒、溜山、南浡利、苏门答剌、阿鲁、满剌加等16国派遣使节1200人到北京的所谓"万国来朝"盛况，是下西洋将中华秩序理念付诸实践，在没有对任何国家产生威胁的基础上，建立起一种"共享太平之福"的国际新秩序的标志。

人类历史不是开始于一个整体的世界，作为一个整体的世界，是人类文明史极大发展的结果。正是15世纪出现的东西方向海洋不断开拓探索的进程，最终使人类汇合在一个整体世界之中。在15世纪初，史无前例的郑和七下西洋，大批中国人走出国门，走向海洋，从"西域"到"西洋"，标志着中国对外交往决策发生了从陆向海的重大倾斜，中国人长达近三十年的远航印度洋，标志着人类交往出现了从亚欧大陆为重心向海上为重心的重大转折，促成东西方文明互动中心脱离了亚欧大陆，不可逆转地转移到海上；一个海洋的时代宣告到来，最终决定了世界的走向——全球化在海上诞生。到15世纪末，葡萄牙人航海东来，无独有偶，登陆地正是郑和七下西洋每次必到的印度古里，也即卡利卡特；随后，葡萄牙人沿着郑和的海上航线，追寻到马六甲，东西方在海上汇合，一个整体的世界在海上形成。就此而言，郑和下西洋是古代东西方交往传统的一次历史性总结，同时也宣告了一个海上新时代的开始，在全球文明发展史上，具有里程碑的意义。

郑和下西洋给我们的启发

郑和下西洋开启了人类大航海时代，改变了世界面貌，是中国古代历史悠久的航海技术经验累积的成果，推动了中华文明与印度洋多元文明交流互鉴，也体现了中国人的开拓精神与博大情怀，成为人类命运共同体意识的具体化表现和象征。

今天，丝绸之路早已超出了字面含义，成为后世对中国与世界所有往来通道的统称：不仅是一两条交通道路，而是四通八达、辐射广远的中国与世界之间的交通网络；不仅是丝绸西传、西物东来，而

郑和船队扬帆景象
（宝船厂遗址公园　田雯摄）

且沉淀了东西方文明交往几千年生生不息的轨迹；不仅是一个地理概念，而且已扩展为一种历史文化的象征符号，构建的是一个多元文明共生互动的开放系统，凸显了古代诸文明之交流对人类历史发展进程的巨大贡献。明代郑和七下印度洋，贯通了古代西域陆上丝绸之路与西洋海上丝绸之路，是其中一个典型范例。

与当时中国强盛的国力和极其辉煌地走在世界前列的航海科技水平相联系，郑和下西洋是中国人首次以史无前例的规模走出国门、走向海洋的壮举，从此，人类文明互动中心大转移，古老的东西方文明交往重心转向了大陆外的海洋地区，偏离了大陆上人们构筑的交通网络，也偏离了古代几大帝国的中心，在海上形成了一个新的文明互动中心，标志着东西方交往进入了一个崭新的发展阶段。

纪念郑和具有全球意义。首先，这是人类文明史的重大转折，宣告了人类以海上科技含量占重要地位的交往新阶段的开始，从此人类交往不再只是依靠人力、马匹、骆驼。人类文明交往中提高了海洋科技的含量，这是人类文明史上一个名副其实的进步。而奠定这一切的，正是郑和远航。就此意义而言，郑和是中国的，也是世界的。

其次，人类文明史上存在不同的航海模式，有着不同的实现机制，也有着不同的结果。郑和下西洋所代表的和平交往航海模式与西方的暴力掠夺航海模式，形成了鲜明的对比。历史可以作证，郑和高扬中华民族"协和万邦"的人文精神，在海上的开拓精神与胸怀，使得海道清宁，人民安居乐业，在长达28年的航海活动中少有战事发生，更没有占据海外国家一寸土地作为殖民地。明代中国与海外各国各民族"共享太平之福"的世界形象，在七下西洋中树立起来，得到了当时世界公认。郑和所到的东南亚一些国家至今仍在纪念郑和，郑和下西洋已经成为一个象征符号，所体现的中国和平交往"共享太平之福"的理念与实践，为人类和谐相处提供了宝贵的历史经验，给予现实全球化危机四伏的世界以珍贵的启示。

总之，我们对于郑和下西洋意义的认识，需要置于人类文明发展进程的长时段去考察，不能远离历史真实而将全球化的功绩主要记在西方大航海的账上。试想如果没有15世纪初中国人史无前例地大规模地走向海洋，在印度洋上全面贯通了陆海丝绸之路，推动了人类交往重心从陆向海发生重大转折，也就没有文明互动中心的空间转换，也没有繁盛了半个多世纪的当时世界上最稳定也是最繁荣的国际贸易网络和人类文明互动中心在海上的形成，准确地说，没有这些前提条件，后来欧洲人的航海东来也将黯然失色。

全球史意味着以全球的视角重新梳理人类交往的历史，关注全球空间产生的人类经验。海洋是把不同国家和社会相互连接在一起的纽带，考察人类历史上的航海现象和海上各国各地区的交往与联系，是全球史极为重要的一部分。21世纪是一个全球化的世纪。把握历史发展的真实脉络，郑和下西洋所体现的中国人的海洋开拓精神和与世界和平交往的博大胸怀，在印度洋上与各国各民族合作共赢的理念与实践，昭示了不同文明之间交流互鉴的历史，为人类文明和谐共处提供了宝贵的历史经验。雄强一时的西方航海模式造就了大批殖民地，已成明日黄花；今天中国构建"一带一路"新模式，继承和发扬了古代大航海时代的开拓精神，秉承着互联互通、合作共赢的理念，中国的海运遍及全球，积极推动国际航运产业链的转型升级，实现航运业的可持续发展，为构建人类命运共同体，铸就海上丝绸之路的新辉煌提供持续的动力。

（作者系国家社科基金项目"十六世纪明代财政研究——以《万历会计录》的整理与研究为中心"负责人、中国社会科学院古代史研究所研究员）

全球化与明清以来中国经济重心的东移

倪玉平

由于气候、地理、政治和社会等多方面的原因，数千年来中国一直存在经济发展不平衡的现象。夏商以来，位于黄河流域的关中平原和华北地区在很长时间内是全国的政治和经济重心；隋唐以后，由于战乱等原因，经济中心逐步向南方移动，这就是大家所熟知的经济重心南移。明清时期，伴随着全球化的次第展开，中国经济的重心又一次发生移动，即由内陆向沿海的东向转移。

明清时期的这次经济重心转移，可称为中国历史上的第二次经济重心转移，影响深远，格局迄今未变。这次经济重心转移与第一次相比，有哪些新的特点和变化？未来中国经济的重心是否还会发生新的移动？鉴古知今，历史从不会让人失望。

"基本经济区"概念

1934年,一位风华正茂的年轻人在美国哥伦比亚大学完成了他的经济学博士学位论文,论文题目是 Key Economic Areas in Chinese History: As Revealed in the Development of Public Works for Water-Control(中国历史上的基本经济区与水利事业的发展,中文本译为《中国历史上的基本经济区》)。这一年,他刚好31岁。两年后,这一用英文完成的博士论文以专著形式在英国伦敦出版。若干年后,国际上极为著名的学者李约瑟在他的名著《中国科学技术史》第1卷中,对这本书做了这样的评价:"这一著作,也许是迄今为止任何西文书籍中有关中国历史发展方面的最卓越的著作。"李约瑟表示,如果没有这本著作,自己是不可能完成中国水利工程研究的。

这位受到李约瑟高度评价的学者名叫冀朝鼎(1903—1963)。中华人民共和国成立后,冀朝鼎历任中国国际贸易促进会副主席兼中国人民银行副董事长、中国拉丁美洲友好协会副会长等职,被誉为"中国最干练的经济学家"。冀朝鼎开拓性地提出了"基本经济区"的概念。他认为:"中国历史上的每一个时期,有一些地区总是比其他地区受到更多的重视。这种受到特殊重视的地区,是在牺牲其他地区利益的条件下发展起来的,这种地区就是统治者想要建立和维护的所谓'基本经济区'。"基本经济区之所以重要,在于它是直接和政权安危联系在一起的,"中国的统一与中央集权问题,就只能看成是控制着这样一种经济区的问题:其农业生产条件与运输设施,对于提供贡纳谷物来说,比其他地区要优越得多,以致不管是哪一集团,只要控制了这一地区,它就有可能征服与统一全中国"。而到隋唐时期,长江流域就完全取得了基本经济区的地位。

冀朝鼎的"基本经济区",正是我们今天所说的"经济重心"。他对于基本经济区的判定标准是水利工程的多少。不过,水利工程的大小和多少,以及记载的详略与否,会因时因地因人而有所差异,而这种差异会直接影响到结论的准确性。

此后,越来越多的学者关注这一问题,唐宋时期中国经济重心的南移也成为学界定论。当然,问题也随之而来:唐宋之后,中国的经济重心有无新的变化?

从"苏松熟,天下足"到"湖广熟,天下足"

明朝前中期著名学者丘濬在《大学衍义补》中写道:"谚有之

丘濬像

曰：'苏松熟，天下足。'"说江苏苏州、松江地区是全国粮食的主产区和主要供给地。丘濬引用的这句谚语其实有很多版本，但核心范围都是江南地区。晚明时期，这一情况发生了巨大改变。《辑校万历起居注》记载："夫湖广，天下鱼米地，谚称'湖广熟，天下足'，自大江东西皆仰给焉。"谚语的变化显示出以湖北、湖南为中心的长江中上游平原，已经取代江苏和浙江，成为最重要的商品粮生产基地。

关于江南由原来的粮食净流出地变成净流入地的问题，已经有学者做过数量上的考证。许涤新、吴承明在《中国资本主义发展史》中测算，明清时期每年运往江浙地区的米粮多达2500万石。邓亦兵估算，长江水系在乾隆年间的粮食外运量高峰，包括四川300万石、湖南800万石、湖北200万石、江西450万石和安徽100万石，合计在1850万石以上，主要是供沿海地区使用。

明清江南地区虽然不再是主要的产粮区，却依然有着明显的农业生产技术升级换代优势，农业耕作技术遥遥领先于全国。水稻两熟是最为普遍的耕作技术，双季稻的种植既是选种技术的进步，也使得稻麦多熟制得到发展。类似的模式还有稻豆两熟、稻油两熟、稻与烟草等经济作物两熟等。这里的农民尤其注重施肥，以提高地力和产量。

明清时期最发达的棉纺织业仍然在江南。妇女在家中织布，然后拿到市场上交换，以维持生计并进行再生产，是棉纺织业存在的普遍模式。丝绸是奢侈品，也是技术含量很高的手工业产品。清代的丝织业仍然集中在江浙地区，清廷设立江宁织造局、苏州织造局和杭州织造局，专为皇室提供丝绸。民间丝织业虽在规模上不比官营，但发展速度也很快。在家庭副业式生产的基础上，棉纺织业和丝织业中的专业化分工，成为"资本主义萌芽"论断的重要基础。

明清时期的珠江三角洲是仅次于江南地区的经济发达地区。番禺的花市、合浦的珠市、罗浮的药市和东莞的香市，合称广东"四市"。广州是清代最重要的对外通商口岸，茶叶和丝绸始终是最主要的出口产品，种茶、栽桑殖蚕在当地农村非常普遍。桑树的栽种采取了与养鱼相结合的办法，在鱼塘周围的堤岸土基上栽种桑树，鱼塘淤泥可以肥树，蚕粪则可以喂鱼，多种经营方式结合，相得益彰。

根据地方志资料可知，清代华北商业城镇的数量和规模较明代有了大幅增长。山东、直隶境内有重要的漕运通道，每年承运漕粮的运船有六七千只。按规定，凡漕船出运，除装载正耗粮米外，还可附带一定数量的免税"土宜"（土产货物）。如果每年出运漕船以6000只计，每船平均携带"土宜"150石，则清朝嘉、道年间漕船每年所带的免税商货有90万石之多，加上旗丁、水手携带的走私物品，数量更加可观。这对于运河经济带商品经济的发展和全国物资的交流，具有重要意义。

从"苏松熟，天下足"到"湖广熟，天下足"，显示明清时期粮食生产中心已经由沿海转到了内地，沿海地区的经济功能得到了提升和优化。在传统农业基础上，沿海地区以技术升级和多种经营相结合，以商业和手工业为推手，开创出一条极具转型性质的经济发展模式，迈出了经济重心东向转移的坚实步伐。

经济重心的东向转移

明清时期，中国经济重心开始了新一轮的移动，即由内地向沿海地区尤其是东南沿海地区转移，呈现出一种"V"字形的变化。

明清时期行政区划变化频繁，边疆地区的数据缺失严重，加之本身经济比重不大，所以我们以十八直省的情况来分析。十八直省之中，沿海省份的人口与内地省份基本持平，但辖区面积（114万平方千米）不到内地省份面积（281万平方千米）的一半。沿海省份可耕地面积从1776年的14038万亩，增加到1910年的19152万亩，占全国可耕地面积的45%，说明沿海地区的土地得到了更大程度的精细开发。

清朝延续明朝的政策，除在各直省征收地丁钱粮外，还在山东、河南、江苏、安徽、湖南、湖北、江西和浙江8个省份征收实物税的漕粮。虽然沿海地区只有3个省份要交纳漕粮，道光时期年均却要比内地多交纳近150万石的漕粮。江浙两省每年还需要额外为京师提供18万石的白粮，以供祭祀等重要场合之用。沿海地区的粮食赋税显然超过了内地。这也在很大程度上解释了为何沿海省份在清代是粮食净流入地。

清代沿海地区经济的发展，更重要地体现在商品交易的活跃程度上，厘金和关税这两种商税具有标志性的意义。厘金于咸丰三年（1853）创办，除因太平军占领等特殊原因外，沿海地区的厘金征收量远高于内地。

关税分为常关税和洋关税。常关税的征收对象是国内流通的商品，洋关税主要针对国际贸易流通的商品。如果把二者合并计算，沿海地区的关税征收量是内地的4倍。

如果进一步细分，以直隶和山东为北部沿海地区，江苏和浙江为东部沿海地区，福建、广东和广西为南部沿海地区，则三个区域人口数据的比例，在太平天国起义之前的三个基准年份（1776年、1820年和1851年）为33∶39∶28，太平天国起义之后的两个基准年份（1880年和1910年）为42∶27∶31。这显示，经过太平天国起义的打击，东

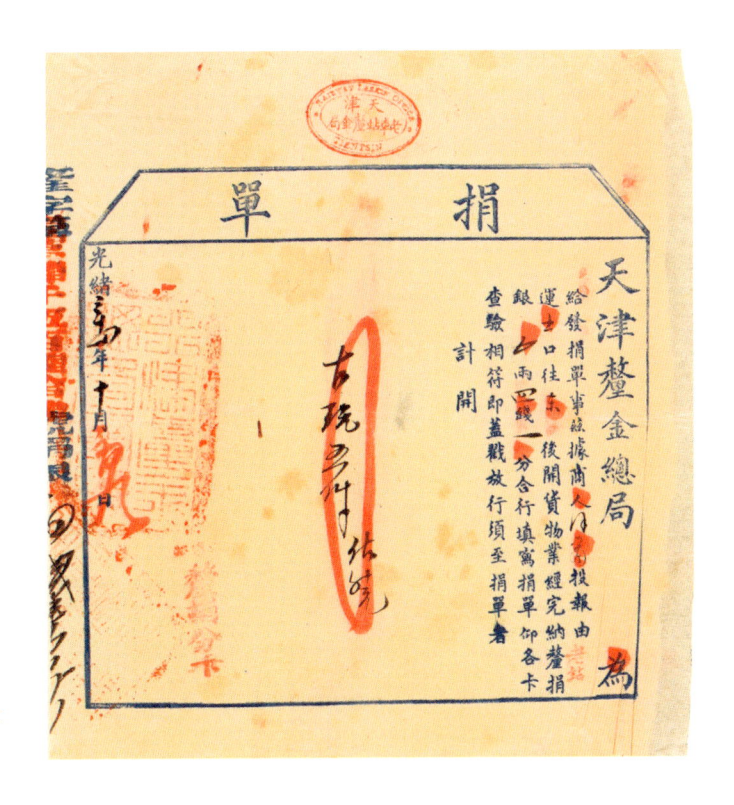

光绪三十四年天津
厘金总局捐单

部沿海地区的人口数量大幅度下降,而北部沿海地区的人口比重极大提升。可耕地面积方面,北部沿海地区所占的比重为48%—59%,比例较高;东部沿海地区在34%左右浮动,约占1/3;南部沿海地区的比重最低,占16%—20%。如果以地丁钱粮计算,则道光时期北部沿海地区所交钱粮比重占33%—45%,东部沿海地区占30%—40%,南部沿海地区占22%。可见,历史上持续了很长时间的清代东部沿海地区"赋重"问题,主要是体现在漕粮征收上,而不是来自地丁钱粮。

从厘金和关税的角度进一步区分沿海地区,则会呈现另外一种面貌。大致而言,如果仅考虑百货厘金,则北部沿海地区的征收最多只占不到5%的比重,几乎可以忽略不计;东部沿海是征收的主体,前期占70%，后期比例下降，但也超过50%；南部沿海地区则由最初的20%左右，持续上升到40%。即使将各种厘金汇总，这种趋势也没有发生大的变化。

　　从常关税的角度来看，北部沿海地区的关税征收有较大幅度增长，从雍正、乾隆时期的不到20%，逐步扩大到50%；东部沿海地区由雍正、乾隆时期的接近60%下降至清末的不到18%，跌幅惊人；南部沿海地区则经历了两头低中间高的趋势，雍正、乾隆时期占比不到20%，嘉、道时期一度增至50%，清末又退回至30%左右。洋关税方面，北部沿海地区从1861年的2%占比，逐步提升至清末的15%，增幅较大；东部沿海地区比较稳定地保持在50%左右；南部沿海的洋关税征收虽然绝对数量有所增加，但占比却由最初的50%逐步下滑至30%，下滑的占比由北部沿海地区承接，这显示以天津为代表的北部沿海地区对外贸易的迅速崛起。也正是从这个角度，我们才说是沿海地区经济的整体发展，而不是仅限于东南沿海地区的局部发展。

　　唐宋之际中国经济重心南移，最重要的标志是人口重心移动，南方人口比重一度达到北方人口的两倍。明清时期经济重心由内地向沿海的东向转移，是中国历史上的第二次经济重心转移。清代的人口重心并没有发生大的改变，经济活跃程度却有了明显改观。在人口数量和可耕地面积小于内地省份的情况下，沿海地区走出了一条商业化的发展道路，经济发展水平超过内地，尤其是在人均水平方面更是如此。

明清中国是全球经济的重要一环

　　明朝建立时，欧洲依然处在中世纪。15世纪末到16世纪初，欧洲开启了所谓的"大航海时代",近代化进程加速,但他们的环球航行比郑和的船队晚了近一个世纪。明中期以后,西方传教士、商业船队相继登陆中国,中西间的政治、经济、宗教和科学技术活动交流日益密切。明代中国生产的瓷器、丝织品和茶叶源源不断涌入西方,西方殖民者从美洲攫取的白银则持续流向中国。有学者估计,整个明代共计流入8000万—9000万两白银。中国是当时世界白银资本市场的中心。

清朝统一台湾后,开放海禁,对外贸易迅速得到恢复和发展。江海关、浙海关、闽海关和粤海关都承接对外贸易,其中粤海关是主体。在很长的时间内,中国在对外贸易中一直处于出超地位。乾隆二十二年(1757),粤海关成为当时唯一拥有国际贸易特权的税关。广州成为全国海路唯一的通商口岸,不仅是外国商品输入的港口,也是国内产品进入国际市场的重要交易场所。

在对外贸易获得发展的同时,清代沿海地区的国内贸易也得到很大发展。清代国内沿海贸易分为南线和北线。南洋航线出吴淞口迤南由浙及闽、粤;北线则自江苏吴淞口迤北由山东、直隶及关东,这也是京杭大运河之外南北物资流通的重要通道。清中叶以后每年沿海贸易的南北海船计有4000只左右,总吨位50万—70万吨,年总载货量170余万吨。因海路通畅而大大加强的南北经济交流,促使沿海地区的经济获得长足发展。不仅东北的大豆、杂粮等农产品源源不断运往南方沿海各省,台湾的稻米、蔗糖也成为与其他各省贸易的主要货物。乾隆年间,海峡两岸每年的贸易额已达数百万元。

晚清时期,中国经济被更深地卷入到全球经济体系中。第一次鸦片战争后,根据《南京条约》,上海成为通商口岸。1850年上海洋货进口值为390.8万元,到1860年增长为3667.9万元,增加8倍多。此

晚清年画《上海新造铁路火轮车开往吴淞》
（上海图书馆藏）

后，江海关在关税收入上很快超过粤海关，成为全国和远东地区最大的国际贸易口岸。

晚清时期沿海地区的其他城市也都得到巨大发展。北至天津，南至广州，包括烟台、宁波、厦门等，无不成为国内贸易的中转站和对外贸易的枢纽。天津本为"海滨荒地"，清雍正年间升府设县。晚清时期，天津成为通商口岸，经济得到迅猛发展。仅仅几十年的时间，天津便由一个近畿的府属县城发展为仅次于上海的全国第二大工商业城市和港口城市。

明清时期，中国经济成为全球经济的重要组成部分；晚清时期，在西方的武力侵略与压迫之下，中国经济被全面卷入全球经济体系。在经济全球一体化进程中，贸易直接拉动中国经济的快速增长，沿海地区由于地缘优势而获得迅速发展，成为经济重心东移的关键因素。

区域经济的形成既是经济不平衡性的表现，也是经济发展的结果。由于自然环境与社会人文环境的差异，数千年来，中国内部各区域经济水平一直呈现差异化的发展面貌。中国经济重心的两次转移，即由北方向南方的转移，以及由内地向沿海地区的转移，都是由于内部条件和外部条件的变化，导致原有的经济不平衡格局被打破，随之出现新的经济重心。

明清时期发生的中国经济重心的第二次转移，显示商品经济发展水平已经逐步超越传统的靠人力投入的农业型社会形态，而向现代化的工商业社会方向迈进。这一次经济重心的东向转移，经济结构更为开放和外向，也更为全面深入地融入全球经济体系之中。这对于塑造沿海地区人民的文化、生活、思想、行为及产业结构，产生了极为重要的影响。相较于在农业结构体系下中国经济重心由北向南的转移，这无疑是一种巨大的历史进步。中国经济重心的第二次转移，成为中国式现代化的历史逻辑起点。

（作者系国家社科基金重大项目"清代商税研究及其数据库建设〔1644—1911〕"首席专家、清华大学历史系教授）

内容简介

本书是一部生动呈现中华民族如何在锦绣大地上创造辉煌文明的普及性读物,由全国哲学社会科学工作办公室邀请著名文史学者、地理学家联手打造。全书由自然编、人文编、中外编三部分组成,简明扼要、图文并茂地讲述广袤中华大地上的自然风物和人文创造,述说大江大河所孕育的厚重文明,展示人文遗产所承载的民族精神;深入浅出地揭示中华民族独特的精神世界和生生不息的文化基因。

审图号:GS(2023)2741 号

图书在版编目(CIP)数据

品读中国:风物与人文 / 全国哲学社会科学工作办公室编. — 北京:中华书局:科学出版社,2023.9
(中华文明书系)
ISBN 978-7-03-076196-5

Ⅰ.①品… Ⅱ.①全… Ⅲ.①中国 – 概况 – 通俗读物 Ⅳ.①K92-49

中国国家版本馆CIP数据核字(2023)第149732号

策划统筹:罗华彤 金 蓉 / 责任校对:邹慧卿
责任编辑:李春伶 余 瑾 / 责任印制:赵 博

中华书局 与 科学出版社 联合出版

北京东黄城根北街16号
邮政编码:100717
http://www.sciencep.com

北京中科印刷有限公司印刷
科学出版社发行 各地新华书店经销
*

2023 年 9 月第 一 版 开本:720×1000 1/16
2024 年 3 月第二次印刷 印张:21
字数:267 000 印数:18 001—28 000 册
定价:98.00 元
(如有印装质量问题,我社负责调换)